제3판

기본에충실한
세무사객관식민법

2024
Tax Accountant Exam 대비

세무사
객관식 민법

고태환 편저

글샘

머리말

이 책은 세무사시험 민법(민법총칙) 대비용 수험서로서 객관식 교재입니다.

세무사 민법시험의 최근 출제경향을 살펴보면 법조문은 당연히 중요하고, 그 법조문을 구체화한 내용의 판례 역시 중점적으로 출제되고 있습니다. 그런데 판례의 양이 워낙 방대하고, 민법총칙이라는 과목의 특성상 민법의 나머지 분과(물권법, 채권법, 가족법)뿐만 아니라 민사소송법 및 민사집행법의 개념까지 아우르는 기초지식이 필요하다는 점에서 수험생으로서는 민법공부가 어렵게 다가오는 것이 현실입니다.

민법이라는 과목이 처음에는 그 분량이 방대한 것처럼 보이지만, 한 번만 제대로 이해한다면 나머지 영역까지 안개가 걷히듯이 자연스럽게 해결되는 부분이 많고, 점차 공부해 갈수록 공부해야 하는 분량이 엄청난 속도로 줄어드는 특성이 있기에 수험전략적으로도 선택과목으로서의 매력이 충분하다고 생각합니다.

이러한 민법의 특성을 고려해 볼 때, 무턱대고 암기하려는 성급한 마음은 피해야 합니다. 강의의 도움을 받거나 체계적으로 서술되어 있는 기본서를 옆에 두고, 조금 멀리 돌아가는 것처럼 보이더라도 이해를 끌어내어 차분하게 접근하신다면 그 어느 선택과목보다도 손쉽게 합격의 영광을 차지하게끔하는 효자 과목의 역할을 할 것입니다.

이 책은 이러한 세무사 수험경향 및 민법과목의 특성에 최대한 부응하는 데 집필의도를 두었습니다. 특히 세무사 민법은 해를 거듭할수록 그 시험경향이 급변하고 있으므로, 가장 최근의 세무사 기출문제(8개년 안팎)를 중심으로 소개하였고, 다른 직렬의 시험경향을 분석하여 세무사시험에 출제예상되는 신작 예상문제도 요소요소에 배치해 두었습니다.

무엇보다도 완벽을 기하기 위하여 각 장의 말미에 필수지문OX를 정리해 두었으니, OX문제의 쟁점도 반드시 정복하시길 권해 드립니다.

부족한 책이나마 따뜻한 배려로 아껴주시고 기다려주신 독자님들께 깊은 감사의 말씀을 전합니다. 부디 이책으로 공부하시는 독자님들의 앞길에 합격의 영광이 함께 하길 기원합니다.

2023년 7월 15일

고태환

객관식 목차[민법총칙]

Chapter 01 민법일반 ·· 1
　제1절　민법의 법원 ··· 3
　제2절　민법의 해석 ··· 7
　제3절　법률관계와 권리·의무 ··· 8
　제5절　권리의 충돌과 경합 ··· 10
　제6절　권리의 행사와 의무의 이행 ·· 11
　필수지문 ··· 19

Chapter 02 법률행위 기초이론 ·· 23
　제1절　법률행위 일반 ··· 25
　제2절　법률행위의 해석 일반론 ··· 27
　필수지문 ··· 29

Chapter 03 행위능력 ·· 31
　제1절　민법상 능력 ··· 33
　제2절　자연인의 행위능력 ··· 34
　필수지문 ··· 45

Chapter 04 법률행위의 목적 ··· 51
　제1절　적 법 성 ··· 53
　제2절　사회적 타당성 ··· 57
　필수지문 ··· 67

Chapter 05 의사표시 ·· 73
　제1절　비진의표시 ··· 75
　제2절　통정허위표시 ··· 79
　제1절　착오로 인한 의사표시 ·· 84
　제3절　사기, 강박에 의한 의사표시 ·· 90
　제4절　의사표시의 효력발생시기 ··· 96
　필수지문 ··· 101

객관식 목차 [민법총칙]

Chapter 06 대 리 111
- 제1절 대리권 113
- 제2절 대리행위 118
- 제3절 대리행위의 효과 125
- 제4절 복대리 127
- 제5절 무권대리 132
- 필수지문 143

Chapter 07 법률행위의 무효와 취소 151
- 제1절 법률행위의 무효 153
- 제2절 법률행위의 취소 161
- 필수지문 171

Chapter 08 법률행위의 조건·기한 179
- 제1절 조 건 181
- 제2절 기 한 184
- 제3절 기간의 계산방법 190
- 필수지문 193

Chapter 09 소멸시효 197
- 제1절 서 설 199
- 제2절 소멸시효의 요건 202
- 제3절 소멸시효의 중단·정지 207
- 제4절 소멸시효의 효력 211
- 필수지문 213

Chapter 10 자연인 227
- 제1절 자연인의 권리능력 229
- 제2절 주소 및 부재와 실종 233
- 필수지문 241

객관식 목차[민법총칙]

Chapter 11 법 인 ·· 247
　제1절　법인 아닌 사단 / 법인 아닌 재단 ································ 249
　제2절　법인의 설립 ··· 254
　제3절　법인의 능력 ··· 260
　제4절　법인의 기관 ··· 263
　제5절　정관의 변경 ··· 271
　제6절　법인의 소멸 ··· 273
　필수지문 ·· 281

Chapter 12 권리의 객체 ·· 293
　제1절　부동산과 동산 ··· 295
　제2절　주물과 종물 ··· 298
　제3절　원물과 과실 ··· 301
　필수지문 ·· 305

Chapter 01
민법일반

기본에 충실한
세무사 객관식민법

Chapter 01 민법일반

제1절 민법의 법원

01. 법원(法源)에 관한 설명으로 옳지 않은 것은? _{세무사 18년}

① 민법의 법원으로서 법률은 형식적 의미의 민법에 한정된다.
② 지방의회가 제정한 조례는 민사에 관한 것이면 민법의 법원이 된다.
③ 대법원규칙은 민사에 관한 것이면 민법의 법원이 된다.
④ 대통령이 발하는 긴급명령이 민사에 관한 것이면 민법의 법원이 된다.
⑤ 일반적으로 승인된 국제법규인 국제조약이 민사에 관한 것이면 민법의 법원이 된다.

○ 해설

① (×) 제1조에서 열거하고 있는 법원으로서의 '법률'은 성문민법 전체를 말한다. 따라서 '형식적 의미의 민법'뿐만 아니라, 주택임대차보호법, 집합건물법 등 민사에 관한 사항을 정하고 있는 성문의 법규 전체가 법원이 된다.
② (○) 조례는 지방의회가 제정한 성문법이다. 따라서 민사에 관한 것을 담고 있으면 성문민법에 해당하여 법원이 된다.
③ (○) 대법원규칙은 대법원이 제정한 성문법이므로, 역시 민사에 관한 것이면 성문민법에 해당하여 법원이 된다.
④ (○) 긴급명령은 대통령이 발하는 성문법이므로, 역시 민사에 관한 것이면 성문민법에 해당하여 법원이 된다.
⑤ (○) 일반적으로 승인된 국제법규는 국내법과 동일한 효력을 가지는 성문법이므로(헌법 제6조 1항), 역시 민사에 관한 것이면 성문민법에 해당하여 법원이 된다.

○ 정답 ①

02. 법원(法源)에 관한 설명으로 옳지 않은 것은? (다툼이 있으면 판례에 따름) _{세무사 19년}

① 법원(法院)의 재판에 의하여 관습법의 존재 및 그 구체적인 내용이 확인되면 그 시점부터 관습법이 성립하였다고 인정된다.
② 관습법은 법령과 같은 효력을 갖는 관습이고, 사실인 관습은 법령으로서의 효력이 없는 단순한 관행으로서 법률행위 당사자의 의사를 보충함에 그친다.
③ 관습법은 법원(法院)이 직권으로 확정하여야 하고, 사실인 관습은 그 존재를 당사자가 주장·증명하여야 한다.
④ 관습이 관습법으로 성립하기 위해서는 전체 법질서에 반하지 않는 것으로 정당성과 합리성이 있어야 한다.
⑤ 여성은 종중원이 될 수 없다는 종중에 관한 관습법은 양성평등을 이념으로 하는 헌법에 위반되어 효력이 없다.

○ 해설

① (×) 관습법의 성립시기는 그 성립요건이 갖추어진 때(관행의 존재 + 법적 확신의 취득)이다. 법원의 판결은 이미 존재하고 있는 관습법을 확인하는 의미를 가질 뿐이다.
② (○) 사실인 관습이란 상당 기간 반복하여 행해진 거래 관행을 말한다. 아직 법적 확신을 취득하지 못한 점에서 관습법과는 구별된다.
③ (○) 법령과 같은 효력을 갖는 **관습법은** 당사자의 주장·입증을 기다림이 없이 법원이 직권으로 이를 확정하여야 하나, **사실인 관습은** 당사자가 그 존재를 주장·증명하여야 한다(대판 1983.6.14. 80다3231)
④ (○), ⑤ (○) 관습법이란 사회의 거듭된 관행으로 생성한 사회생활규범이 사회의 법적 확신과 인식에 의하여 법적 규범으로 승인·강행되기에 이른 것을 말하고, 그러한 관습법은 법원(法源)으로서 법령에 저촉되지 아니하는 한 법칙으로서의 효력이 있는 것이고, 또 사회의 거듭된 관행으로 생성한 어떤 사회생활규범이 법적 규범으로 승인되기에 이르렀다고 하기 위하여는 헌법을 최상위 규범으로 하는 전체 법질서에 반하지 아니하는 것으로서 정당성과 합리성이 있다고 인정될 수 있는 것이어야 한다. ...(중략)...종중 구성원의 자격을 성년 남자만으로 제한하는 종래의 관습법은 이제 더 이상 법적 효력을 가질 수 없게 되었다(대판(전) 2005.7.21. 2002다1178).

○ 정답 ①

03. 법원(法源)에 관한 설명으로 옳지 않은 것은? (다툼이 있으면 판례에 따름) _{세무사 20년}

① 대법원규칙은 민사에 관한 것이면 민법의 법원이 된다.
② 헌법에 의하여 체결·공포된 국제조약은 민사에 관한 것인 때에는 민법의 법원이 된다.
③ 대통령령은 민사에 관한 것인 때에는 민법의 법원이 된다.
④ 헌법재판소의 결정이 민사에 관한 것인 때에는 민법의 법원이 된다.
⑤ 민사에 관한 사실인 관습은 법률행위 해석의 표준으로서 민법의 법원이 된다.

> 해설

① (○) 헌법 제108조에 따라 대법원이 제정한 규칙도 민사에 관한 것은 민법의 법원이 된다(예컨대 부동산등기규칙, 공탁규칙 등이 있다).
② (○) 제1조에서 말하는 '법률'이란, 성문법 전체를 의미하며, 형식적 의미의 법률에 제한되지 않는다. 따라서 대통령령 등도 포함되며, 우리나라가 체결·공포한 조약과 일반적으로 승인된 국제법규는 국내법과 동일한 효력이 있으므로(헌법 제6조 1항), 민사에 관한 것이면 민법의 법원이 될 수 있다.
③ (○) 예컨대 「제312조의 2 단서의 시행에 관한 규정」이 있다.
④ (○) 헌법재판소의 위헌결정은 법원 등을 기속하므로(헌법재판소법 제47조, 제75조), 그 결정의 내용이 민사에 관한 것인 때에는 민법이 법원이 될 수 있다. 그러나 대법원 판례는 일반적인 기속력이 없으므로 법원(法源)이 아니다.
⑤ (×) 관습법은 바로 법원으로서 법령과 같은 효력을 갖는 관습으로서 법령에 저촉되지 않는 한 법칙으로서의 효력이 있는 것이며, 이에 반하여 사실인 관습은 법령으로서의 효력이 없는 단순한 관행으로서 법률행위의 당사자의 의사를 보충함에 그치는 것이다(대판 1983.6.14. 80다3231).

> 정답 ⑤

04. 민법의 법원(法源)에 관한 설명으로 옳은 것은? (다툼이 있으면 판례에 따름) 세무사 22년

① 법률행위 해석의 표준인 사실인 관습은 민법의 법원이 될 수 없다.
② 적법하게 체결·공포된 국제조약이 민사에 관한 것이라 하더라도 민법의 법원이 될 수는 없다.
③ 관습법이 그 적용시점에서 전체 법질서에 부합하지 않는다 하더라도 그 법적 규범으로서의 효력이 부정되지는 않는다.
④ 당사자의 주장이 없음에도 불구하고 법원이 직권으로 관습법의 존재를 확정할 수는 없다.
⑤ 민사에 관한 대통령의 헌법상 긴급명령은 민법의 법원이 될 수 없다.

> 해설

① (○) 관습법은 민법의 법원이 될 수 있지만(제1조), 사실인 관습은 법률행위의 해석표준일 뿐이고 법원이 될 수 없다(제106조).
② (×) 헌법에 의하여 체결·공포된 국제조약은 민사에 관한 것인 때에는 민법의 법원이 된다(헌법 제6조 1항).
③ (×) 사회 구성원들이 그러한 관행의 법적 구속력에 대하여 확신을 갖지 않게 되었다거나, 사회를 지배하는 기본적 이념이나 사회질서의 변화로 인하여 그러한 관습법을 적용하여야 할 시점에 있어서의 전체 법질서에 부합하지 않게 되었다면 그 관습법의 효력은 부정된다. (대판 2005.7.21. 2002다1178 전원합의체)
④ (×) 관습법은 당사자의 주장이 없어도 직권으로 확정한다. 반면에 사실인 관습은 당사자의 주장이 있어야만 한다.
⑤ (×) 긴급명령은 대통령이 발하는 성문법이므로, 역시 민사에 관한 것이면 성문민법에 해당하여 법원이 된다.

> 정답 ①

05. 법원(法源)에 관한 설명으로 옳지 않은 것은? (다툼이 있으면 판례에 따름) 　　세무사 23년

① 헌법에 의하여 체결·공포된 국제조약이 민사에 관한 것인 때에는 민법의 법원이 된다.
② 민사에 관하여 법률에 규정이 없으면 관습법에 의하고 관습법이 없으면 조리에 의한다.
③ 관습법은 당사자의 주장이 없더라도 법원(法院)이 직권으로 확정한다.
④ 헌법재판소의 결정이 민사에 관한 것인 때에는 민법의 법원이 된다.
⑤ 대법원 전원합의체 판결에서 설시된 추상적·일반적 법명제도 법원이 된다.

○ 해설

① (○) 제1조에서 말하는 '법률'이란, 성문법 전체를 의미하며, 형식적 의미의 법률에 제한되지 않는다. 따라서 대통령령 등도 포함되며, 우리나라가 체결·공포한 조약과 일반적으로 승인된 국제법규는 국내법과 동일한 효력이 있으므로(헌법 제6조 1항), 민사에 관한 것이면 민법의 법원이 될 수 있다.
② (○) 제1조.
③ (○) 법령과 같은 효력을 갖는 **관습법**은 당사자의 주장·입증을 기다림이 없이 법원이 직권으로 이를 확정하여야 하나, **사실인 관습**은 당사자가 그 존재를 주장·증명하여야 한다(대판 1983.6.14. 80다3231)
④ (○) ⑤ (×) 헌법재판소의 위헌결정은 법원 등을 기속하므로(헌법재판소법 제47조, 제75조), 그 결정의 내용이 민사에 관한 것인 때에는 민법이 법원이 될 수 있다. 그러나 대법원 판례는 일반적인 기속력이 없으므로 법원(法源)이 아니다.

○ 정답 ⑤

---

06. 관습법에 관한 설명으로 옳지 않은 것은? (다툼이 있으면 판례에 따름) 　　세무사 20년

① 「장사 등에 관한 법률」이 시행됨에 따라 기존에 성립된 분묘기지권의 관습법적 효력은 유지될 수 없게 되었다.
② 관습법이 헌법에 위반되는 경우, 법원은 그 관습법의 효력을 부인할 수 있다.
③ 관습법은 성문의 법률에 반하지 아니하는 경우에 한하여 보충적인 법원이 된다.
④ 관습법은 사회의 거듭된 관행으로 생성한 사회생활규범이 사회의 법적 확신과 인식에 의하여 법적 규범으로 승인·강행되기에 이른 것을 말한다.
⑤ 관습법은 당사자의 주장·입증을 기다림이 없이 법원이 직권으로 이를 확정하여야 한다.

> 해설

① (×) 장사법은 장사법 시행 후에 설치된 분묘에 관하여만 적용되므로, 장사법 시행 전에 설치된 분묘에 대하여는 분묘기지권의 관습법적 효력이 유지된다(대판 2017.1.19. 2013다17292).
② (○) 대판 2003.7.24. 2001다48781.
③ (○) 대판(전) 2005.7.21. 2002다1178.
④ (○) 대판 2003.7.24. 2001다48781.
⑤ (○) 대판 1983.6.14. 80다3231.

> 정답 ①

제2절 민법의 해석

07. 민법의 적용과 해석방법에 관한 설명으로 옳지 않은 것은? (다툼이 있으면 판례에 따름) 세무사 17년

① 민사에 관한 특별법은 민법에 우선하여 적용하여야 한다.
② 민법은 원칙적으로 대한민국의 영토 내에 있는 외국인에 대하여도 적용된다.
③ 민법을 해석함에 있어서 조문의 통상적인 의미에 따라 해석하는 것을 문리해석(문언적 해석, 문법적 해석)이라고 한다.
④ 어떤 법률요건에 관한 규정을 이와 유사한 다른 것에 적용하는 민법의 해석방법을 준용이라고 한다.
⑤ 민법의 해석은 구체적 타당성과 법적 안정성이 조화될 수 있도록 하여야 한다.

> 해설

④ (×) 지문은 '준용'이 아니라, '유추적용'에 대한 설명이다. '준용'이란, 입법기술상의 용어로서 입법자가 이미 규정한 조문을 다른 조문에서 반복하지 않고 인용할 때 쓰는 말이다.

> 정답 ④

제3절 법률관계와 권리·의무

08. 권리의 성질에 관한 설명으로 옳지 않은 것은? 세무사 17년

① 동산에 대한 소유권은 일신전속권이다.
② 저당권은 피담보채권의 종된 권리이다.
③ 임금채권은 청구권이다.
④ 부동산에 대한 소유권은 절대권이다.
⑤ 건물의 소유를 위하여 토지에 설정한 지상권은 지배권이다.

○ 해설

① (×) 소유권은 양도 및 상속이 인정되므로 일신전속권이 아니다. 대부분의 재산권은 일신전속권이 아니다(비전속권). ※ 일신전속권이란, 타인에게 양도하거나 상속될 수 없는 권리를 말한다. 귀속상의 일신전속권(예 가족권·인격권 등)과 권리자 이외의 타인이 그 권리를 행사할 수 없는 행사상의 일신전속권(예 친권, 위자료청구권 등)이 있다.
⑤ (○) 지상권은 물권이다. 물권은 물건을 직접 지배해서 만족을 얻을 수 있으므로 지배권에 해당한다.

○ 정답 ①

09. '권리의 효력'에 따른 분류에 의할 경우, '계약해제권'의 법적 성질은? 세무사 22년

① 지배권   ② 청구권   ③ 형성권   ④ 항변권   ⑤ 인격권

○ 해설

③ (○) 형성권이란, 권리자의 일방적 의사표시만으로 법률관계의 변동을 가져오는 권리이를 말하며, 취소권(제140조), 추인권(제143조), 상계권(제492조), 계약의 해제권과 해지권(제543조), 매매예약완결권(제564조) 등이 이에 해당한다.

○ 정답 ③

10. 형성권에 관한 설명으로 옳지 않은 것은? (다툼이 있으면 판례에 따름) 세무사 23년

① 권리자의 일방적 의사표시로 법률관계의 변동이 생긴다.
② 계약의 합의해지는 형성권의 행사이므로 철회하지 못한다.

③ 상계권의 행사에는 조건 또는 기한을 붙이지 못한다.
④ 재판을 통하여 행사할 수 있는 권리도 포함한다.
⑤ 임차인의 부속물매수청구권은 형성권이다.

> **해설**

① (○) 형성권이란, 권리자의 일방적 의사표시만으로 법률관계의 변동을 가져오는 권리를 가리킨다.
② (×) 합의해지는 계약관계의 소멸에 대한 청약과 승낙의 의사합치로 성립하는 계약이다.
③ (○) 상계권은 형성권으로서 일방적 단독행위이므로, 조건 또는 기한을 붙이지 못하는 것이 원칙이다.
④ (○) 형성권은 재판상 또는 재판외에서 의사표시만으로 효력이 발생하는 것이 원칙이지만, 반드시 재판상으로만 행사하여야 하는 경우도 있다. 예컨대 채권자취소권(제406조), 혼인취소권(제816조), 재판상 이혼청구권(제840조) 등이 이에 해당한다.
⑤ (○) 명칭은 청구권이지만 형성권에 해당하는 경우가 있다. 예컨대 공유물분할청구권(제268조), 지상물매수청구권(제283조), 부속물매수청구권(제316조), 지료증감청구권(제286조) 등은 형성권이다.

> **정답** ②

11. 甲은 출근하는 길에 호의로 회사 동료 乙을 자동차에 태워주기로 약속하였다. 甲과 乙 사이에 법적으로 구속당할 의사가 없는 경우, 이에 관한 설명으로 옳은 것은? (다툼이 있으면 판례에 따름) 세무사 15년

① 甲과 乙의 약속은 법률관계이다.
② 甲이 약속을 어길 경우 乙은 약속을 지킬 것을 법원에 청구할 수 있다.
③ 甲이 자동차에 태워주지 않음으로 인해 乙이 택시비를 지출한 경우 乙은 약속 위반을 이유로 한 손해배상을 청구할 수 있다.
④ 甲이 乙을 자동차에 태우고 가다가 과실로 교통사고를 일으켜 乙이 다친 경우 원칙적으로 乙은 甲에게 손해배상을 청구할 수 있다.
⑤ 甲은 원칙적으로 乙에게 자동차에 태워준 대가를 청구할 수 있다.

> **해설**

① (×) ② (×) ③ (×) ⑤ (×) 법적으로 구속받겠다는 의사가 없으므로 법률관계가 아니라, 호의관계에 불과하다. 따라서 법원에 그 의무이행을 청구할 수 없으며, 계약상 채무불이행책임(손해배상책임)도 물을 수 없다. 대가를 청구할 수 없음도 물론이다.
④ (○) 호의관계에서는 법률문제가 발생하지 않으나 그에 수반하여 손해가 발생한 경우에는 그 손해까지 호의관계인 것은 아니다. 가해자에게 불법행위에 기한 손해배상의 책임(제750조)이 인정될 수는 있다(대판 1996.3.22. 95다24302).

> **정답** ④

제5절 권리의 충돌과 경합

12. 권리의 충돌과 경합에 관한 설명으로 옳은 것은? (다툼이 있으면 판례에 따름) 세무사 17년

① 권리가 경합되는 경우에는 권리자는 그 중 가장 먼저 성립한 권리를 행사하여야 한다.
② 동일한 목적을 위하여 경합되는 권리 중 하나를 행사하여 그 목적을 달성한 경우에는 나머지 권리는 모두 소멸한다.
③ 일반채권이 서로 충돌하는 경우에는 먼저 성립한 채권이 우선한다.
④ 소유권과 제한물권이 충돌하면 소유권이 제한물권에 우선한다.
⑤ 물권과 채권이 충돌하는 경우에는 원칙적으로 채권이 물권에 우선한다.

○ 해설

① (×) ② (○) 권리의 경합이란, 하나의 사실관계에서 동일한 권리주체가 여러 개의 권리를 취득하는 경우를 말한다. 경합하는 여러 개의 권리는 각각 독립해서 존재하므로, 권리자는 그 권리의 성립순서에 관계없이 임의로 선택하여 권리를 행사할 수 있다. 경합하는 여러 개의 권리 중 하나의 권리를 행사함으로써 만족을 얻게 되면 나머지 권리는 그 목적달성으로 인해 소멸한다.
③ (×) 채권상호간에는 우열이 없으므로(**채권자평등의 원칙**), 먼저 행사한 채권자가 우선하여 만족을 얻는다(**선행주의**)
④ (×) 소유권자는 제한물권의 부담을 인정해야 하므로, 제한물권은 소유권에 우선한다.
⑤ (×) 물권은 채권에 우선한다.

○ 정답 ②

제6절 권리의 행사와 의무의 이행

13. 신의성실의 원칙에 관한 설명으로 옳지 않은 것은? 세무사 18년

① 신의성실의 원칙은 합법성의 원칙을 희생해서라도 구체적 신뢰보호의 필요성이 인정되는 경우에 한해 예외적으로 적용되는 것이다.
② 신의성실의 원칙에 반하는 것은 강행규정에 위배되는 것으로서 당사자의 주장이 없더라도 법원이 직권으로 판단할 수 있다.
③ 이사의 지위에서 부득이 회사의 계속적 거래관계로 인한 불확정한 채무에 대하여 보증인이 된 자가 이사의 지위를 떠난 경우, 사정변경을 이유로 보증계약을 해지할 수 없다.
④ 농지를 매수하기로 하는 매매계약을 체결한 농지매수인 자신이 농가가 아니고 자영의 의사도 없다는 이유를 들어 그 농지 매매계약의 무효를 주장하는 것은 신의칙에 위배된다.
⑤ 채권자가 채권을 확보하기 위하여 제3자의 부동산을 채무자에게 명의신탁하도록 한 다음 그 부동산에 대해 강제집행을 하는 행위는 신의칙에 비추어 허용할 수 없다.

○ 해설

① (○) 대판 2004.7.22. 2002두11233
② (○) 대판 1995.12.22. 94다42129
③ (×) 회사의 이사라는 지위에 있었기 때문에 부득이 회사와 은행 사이의 계속적 거래로 인한 회사의 채무에 연대보증인이 된 자가 그 후 회사로부터 퇴직하여 이사의 지위를 상실하게 된 때에는 사회통념상 계속 보증인의 지위를 유지케 하는 것이 부당하므로, 연대보증계약 성립 당시의 사정에 현저한 변경이 생긴 것을 이유로 그 보증계약을 일방적으로 해지할 수 있다. (대판 2000.3.10. 99다61750)
④ (○) 대판 1987.4.28. 85다카971
⑤ (○) 채권자가 채권을 확보하기 위하여 제3자의 부동산을 **채무자에게 명의신탁하도록 한 다음 동 부동산에 대하여 강제집행을** 하는 따위의 행위는 신의칙에 비추어 허용할 수 없다. (대판 1981.7.7. 80다2064)

○ 정답 ③

14. 신의성실의 원칙에 반하는 것은? (다툼이 있으면 판례에 따름) 세무사 19년

① 해고된 후 공탁된 퇴직금을 조건 없이 수령한 근로자가 공탁금 수령 후 8개월이 지나서 해고무효의 확인을 구하는 경우
② 주식회사가 주주 전원의 동의 없이 영업의 전부 또는 중요한 일부를 양도한 후, 주주총회 특별결의가 없었다는 이유를 들어 스스로 약정의 무효를 주장하는 경우
③ 증권회사가 고객 유치를 위하여 수익보장약정을 해준 후, 약정의 무효를 주장하는 경우
④ 상속인이 피상속인과 상속을 포기하기로 약정한 후, 상속개시 후 자신의 상속권을 주장하는 경우
⑤ 사립학교법에 위반되어 무효라는 사실을 알면서 학교교육에 직접 사용되고 있는 학교법인의 재산인 교지, 교사 등을 매도하거나 담보로 제공한 후 그 무효를 주장하는 경우

○ 해설

① (○) 회사가 해고한 근로자에게 지급할 퇴직금 등을 청산하여 변제공탁하고 근로자가 그 공탁금을 조건없이 수령하였다면 근로자는 회사의 해고처분을 유효한 것으로 인정하였다고 할 것이므로 그후 8개월이 지나 제기한 해고무효확인청구는 금반언의 원칙에 위배되어 위법하다.(대판 1989.9.29. 88다카19804).
② (×) 주식회사가 영업의 전부 또는 중요한 일부의 양도행위를 할 때에는 상법 제434조에 따른 주주총회의 특별결의가 있어야 하며 이는 주주의 이익을 보호하려는 강행법규이므로, 위와 같은 무효 주장은 신의성실 원칙에 반하지 않는다(대판 2018.4.26. 2017다288757)
③ (×) 투자수익보장약정은 증권거래법상 강행법규에 위배되어 무효이다. 이러한 경우에 강행법규를 위반한 투자신탁회사 스스로가 그 약정의 무효를 주장하는 것이 신의칙에 위반되는 권리행사라는 이유로 그 주장을 배척한다면, 이는 오히려 강행법규에 의하여 배제하려는 결과를 실현시키는 셈이 되어 입법취지를 완전히 몰각하게 되므로, 신의성실의 원칙에 반하는 것이라고 할 수 없다(대판 1999.3.23. 99다4405).
④ (×) 상속포기는 상속개시(=피상속인의 사망) 후에 하여야 하는 강행법규이므로, 상속인 중의 1인이 피상속인의 생존시에 상속을 포기하기로 약정하였다고 하더라도, 상속개시 후에 적법하게 상속포기를 하지 아니한 이상, 상속이 개시된 후에 자신의 상속권을 주장하는 것은 신의칙에 반하는 권리의 행사라고 할 수 없다(대판 1998.7.24. 98다9021).
⑤ (×) 사립학교법이 학교법인이 학교교육에 직접 사용되는 학교법인의 재산 중 교지, 교사 등은 이를 매도하거나 담보에 제공할 수 없다고 규정한 것은 강행법규이므로, 이와 같은 무효주장을 신의성실 원칙에 반한다고 볼 수 없다(대판 2000.6.9. 99다70860).

○ 정답 ①

15. 신의성실의 원칙에 관한 설명으로 옳은 것은? (다툼이 있으면 판례에 따름) 세무사 20년

① 사적 자치의 영역을 넘어 공공질서를 위하여 공익적 요구를 선행시켜야 할 경우에도 원칙적으로 신의성실의 원칙이 합법성의 원칙보다 우선한다.
② 당사자의 주장이 없음에도 법원이 직권으로 신의성실의 원칙에 반한다고 판단하는 것은 위법하다.
③ 병원은 입원환자의 휴대품 등의 도난을 방지함에 필요한 적절한 조치를 강구해야 할 신의칙상의 보호의무를 진다.
④ 이사가 채무액과 변제기가 특정된 회사채무에 대하여 보증계약을 체결한 경우 이사직 사임이라는 사정변경을 이유로 보증계약을 해지할 수 있다.
⑤ 강행법규를 위반한 자가 스스로 그 약정의 무효를 주장하는 것은 특별한 사정이 없는 한 신의성실 원칙에 반한다.

해설

① (×) 사적 자치의 영역을 넘어 공공질서를 위하여 공익적 요구를 선행시켜야 할 경우 합법성의 원칙은 신의성실의 원칙보다 우월한 것이므로, 신의성실의 원칙은 합법성의 원칙을 희생하여서라도 구체적 신뢰보호의 필요성이 인정되는 경우에 한하여 예외적으로 적용되는 것이다(대판 2014.5.29. 2012다44518).
② (×) 신의성실의 원칙에 반하는 것은 강행규정에 위배되는 것으로서 당사자의 주장이 없더라도 법원이 직권으로 판단할 수 있다(대판 1998.8.21. 97다37821).
③ (○) 대판 2003.4.11. 2002다63275.
④ (×) 회사의 이사가 채무액과 변제기가 특정되어 있는 회사 채무에 대하여 보증계약을 체결한 경우에는 계속적 보증이나 포괄근보증의 경우와는 달리 이사직 사임이라는 사정변경을 이유로 보증인인 이사가 일방적으로 보증계약을 해지할 수 없다(대판 2006.7.4. 2004다30675)).
⑤ (×) 강행법규에 위반한 자가 스스로 그 약정의 무효를 주장하는 것이 신의칙에 위반되는 권리의 행사라는 이유로 그 주장을 배척한다면, 이는 오히려 강행법규에 의하여 배제하려는 결과를 실현시키는 셈이 되어 입법 취지를 완전히 몰각하게 되므로 달리 특별한 사정이 없는 한 위와 같은 주장은 신의칙에 반하는 것이라고 할 수 없다(대판 2004.10.28. 2004다5556).

정답 ③

16. 신의성실의 원칙에 위반되는 행위가 아닌 것은? (다툼이 있으면 판례에 따름) 세무사 20년

① 해제권을 장기간 행사하지 않아 상대방이 해제권은 더 이상 행사되지 않을 것으로 정당하게 신뢰하였음에도 그 해제권을 행사하는 행위
② 상속인이 피상속인 생존 시 상속포기의 약정을 하였으나 상속개시 후 상속포기의 절차를 밟지 않고 자신의 상속권을 주장하는 행위
③ 특별한 사정이 없는 경우, 해고된 근로자가 퇴직금을 이의 없이 수령하고 그로부터 아무런 이의제기 등이 없는 상태에서 오랜 기간이 지난 후에 해고무효의 소를 제기하는 행위
④ 대항력을 갖춘 임차인이 임대인의 근저당권자에게 자신은 임차인이 아니며, 임차인으로서의 권리를 주장하지 않겠다고 확인서를 작성해 준 후 나중에 임차권을 주장하는 행위
⑤ 농지 매매계약을 체결한 매수인이 자신은 농가가 아니고 자영의 의사도 없다는 이유를 들어 그 매매계약의 무효를 주장하는 행위

해설

① (○) 대판 1994.11.25. 94다12234.
② (×) 상속포기는 상속개시(=피상속인의 사망) 후에 하여야 하는 **강행법규**이므로, 상속인 중의 1인이 피상속인의 생존시에 상속을 포기하기로 약정하였다고 하더라도, 상속개시 후에 적법하게 상속포기를 하지 아니한 이상, 상속이 개시된 후에 자신의 상속권을 주장하는 것은 신의칙에 반하는 권리의 행사라고 할 수 없다(대판 1998.7.24. 98다9021).
③ (○) 대판 2005.10.28. 2005다45827.
④ (○) 대판 2016.12.1. 2016다228215.
⑤ (○) 대판 1990.7.24. 89누8224.

정답 ②

---

17. 신의성실의 원칙(신의칙) 및 권리남용에 관한 설명으로 옳은 것은? (다툼이 있으면 판례에 따름) 세무사 21년

① 법정대리인의 동의 없이 신용구매계약을 체결한 미성년자가 사후에 법정대리인의 동의 없음을 이유로 이를 취소하는 것은 신의칙에 위배되지 않는다.
② 채무자의 소멸시효에 기한 항변권의 행사는 신의칙의 지배를 받지 않는다.
③ 신의칙은 당사자의 주장이 없으면 법원이 직권으로 판단할 수 없다.
④ 권리의 행사에 의하여 얻는 이익보다 상대방에게 발생할 손해가 현저히 크다는 사정만으로도 권리남용이 된다.
⑤ 채권자가 유효하게 성립한 계약에 따른 급부의 이행을 청구하는 때에 법원이 신의칙에 따라 급부의 일부를 감축하는 것은 원칙적으로 허용된다.

○ 해설

① (○) 대판 2007.11.16. 2005다71659 등.
② (×) 채무자의 소멸시효에 기한 항변권의 행사도 우리 민법의 대원칙인 신의성실의 원칙과 권리남용금지의 원칙의 지배를 받는다(대판 2002.10.25. 2002다32332).
③ (×) 신의성실의 원칙에 반하는 것은 강행규정에 위배되는 것으로서 당사자의 주장이 없더라도 법원이 직권으로 판단할 수 있다(대판 1998.8.21. 97다37821).
④ (×) 비록 그 권리의 행사에 의하여 권리행사자가 얻는 이익보다 상대방이 잃을 손해가 현저히 크다 하여도 그러한 사정만으로는 이를 권리남용이라 할 수 없다(대판 1998.6.26. 97다42823)
⑤ (×) 유효하게 성립한 계약상의 책임을 공평의 이념 또는 신의칙과 같은 일반원칙에 의하여 제한하는 것은 사적 자치의 원칙이나 법적 안정성에 대한 중대한 위협이 될 수 있으므로, 채권자가 유효하게 성립한 계약에 따른 급부의 이행을 청구하는 때에 법원이 급부의 일부를 감축하는 것은 원칙적으로 허용되지 않는다(대판 2016.12.1. 2016다24053).

○ 정답 ①

18. 권리남용에 관한 설명으로 옳지 않은 것은? (다툼이 있으면 판례에 따름) 세무사 19년

① 소유권의 행사가 권리남용이 되기 위해서는 권리행사의 목적이 오직 상대방에게 고통을 주고 손해를 입히려는 데 있을 뿐, 행사하는 사람에게 아무런 이익이 없는 경우이어야 한다.
② 권리의 행사에 의하여 얻는 이익보다 상대방이 잃을 손해가 현저히 크다는 사정만으로는 권리남용이라 할 수 없다.
③ 권리남용의 주관적 요건은 권리자의 정당한 이익을 결여한 권리행사로 보이는 객관적 사정에 의하여 추인할 수 있다.
④ 토지 소유권 침해를 이유로 하는 건물 철거 청구가 권리남용이 되는 한 건물 소유자는 그 토지 사용에 대하여 부당이득의 반환을 청구하지 못한다.
⑤ 채무자가 상계할 목적으로 부도가 난 채권자가 발행한 어음을 헐값으로 매입하여 자신의 채무와 상계하는 경우, 주관적 요건이 없어도 권리남용이 인정된다.

○ 해설

① (○), ② (○), ③ (○) 권리행사가 권리의 남용에 해당한다고 할 수 있으려면, 주관적으로 그 권리행사의 목적이 오직 상대방에게 고통을 주고 손해를 입히려는 데 있을 뿐 행사하는 사람에게 아무런 이익이 없는 경우이어야 하고, 객관적으로는 그 권리행사가 사회질서에 위반된다고 볼 수 있어야 하는 것이며, 이와 같은 경우에 해당하지 않는 한 비록 그 권리의 행사에 의하여 권리행사자가 얻는 이익보다 상대방이 잃을 손해가 현저히 크다 하여도 그러한 사정만으로는 이를 권리남용이라 할 수 없고, 다만 이러한 주관적 요건은 권리자의 정당한 이익을 결여한 권리행사로 보여지는 객관적인 사정에 의하여 추인할 수 있다(대판 1998.6.26. 97다42823)

④ (×) 법정지상권이 있는 건물의 양수인으로서 장차 법정지상권을 취득할 지위에 있어 대지 소유자의 건물 철거나 대지 인도 청구를 거부할 수 있다 하더라도(편자 주 - 대지소유자의 건물철거청구 등은 권리남용임) 그 대지를 점유·사용함으로 인하여 얻은 이득은 부당이득으로서 대지 소유자에게 반환할 의무가 있다(대판 1996.12.26. 96다34665).

⑤ (○) 상계권 행사를 제한하는 근거에 비추어 볼 때 일반적인 권리 남용의 경우에 요구되는 주관적 요건을 필요로 하는 것은 아니다(대판 2003.4.11. 2002다59481).

○ 정답 ④

19. 신의성실이나 권리남용금지의 원칙에 관한 설명으로 옳지 않은 것은? (다툼이 있으면 판례에 따름)

세무사 23년

① 법정대리인의 동의 없이 신용구매계약을 체결한 미성년자는 그 동의 없음을 이유로 계약을 취소할 수 있다.
② 변호사의 소송위임에 관한 약정 보수액이 부당하게 과다하여 신의성실의 원칙에 반하는 경우, 적당한 범위 내로 제한된다.
③ 공중의 통행에 공용되는 도로 부지의 소유자는 그 도로를 점유·관리하는 지방자치단체를 상대로 도로의 철거를 청구할 수 있다.
④ 신의성실 원칙의 위반과 권리의 남용은 법원의 직권조사사항이다.
⑤ 숙박업자는 고객의 안전을 배려하여야 할 신의칙상 보호의무를 부담한다.

○ 해설

① (○) 대판 2007.11.16. 2005다71659 등.

② (○) 변호사의 약정된 보수액이 부당하게 과다하여 신의성실의 원칙이나 형평의 원칙에 반한다고 볼 만한 특별한 사정이 있는 경우에는, 예외적으로 상당하다고 인정되는 범위 내의 보수액만을 청구할 수 있다(대판 1992.3.31. 91다29804).

③ (×) 어떤 토지가 일반 공중의 통행에 공용되는 도로, 즉 공로가 되면 그 부지의 소유권 행사는 제약을 받게 되며, 이는 소유자가 수인하여야만 하는 재산권의 사회적 제약에 해당한다. 따라서 공로 부지의 소유자가 이를 점유·관리하는 지방자치단체를 상대로 공로로 제공된 도로의 철거, 점유 이전 또는 통행금지를 청구하는 것은 원칙적으로 허용될 수 없는 '권리남용'이다(대판 2021.10.14. 2021다242154).

④ (○) 신의성실의 원칙에 반하는 것은 강행규정에 위배되는 것으로서 당사자의 주장이 없더라도 법원이 직권으로 판단할 수 있다(대판 1998.8.21. 97다37821).

⑤ (○) 숙박계약은 일시 사용을 위한 임대차계약으로서 객실 및 관련 시설은 오로지 숙박업자의 지배 아래 놓여 있는 것이므로 숙박업자는 통상의 임대차와 달리, 고객의 안전을 배려하여야 할 신의칙상의 부수적 의무로서 보호의무를 부담한다(대판 2000.11.24. 2000다38718).

○ 정답 ③

20. 권리실효의 원칙에 관한 설명으로 옳지 않은 것은? (다툼이 있으면 판례에 따름) 세무사 19년

① 포기할 수 없는 권리도 권리 실효는 인정될 수 있다.
② 종전 토지 소유자의 권리 불행사라는 사정은 새로운 소유자에게 실효의 원칙을 적용함에 있어서 고려되지 않는다.
③ 소멸시효에 걸리지 않는 권리라도 권리 실효가 인정되면 더 이상 권리를 행사할 수 없다.
④ 권리 실효가 인정되기 위해서는 의무자인 상대방이 더 이상 권리자가 그 권리를 행사하지 아니할 것으로 믿을 만한 정당한 사유가 있어야 한다.
⑤ 항소권과 같이 소송법상의 권리에도 실효의 원칙이 적용될 수 있다.

○ 해설

① (×) 인지청구권은 본인의 일신전속적인 신분관계상의 권리로서 포기할 수도 없으며 포기하였더라도 그 효력이 발생할 수 없는 것이고, 이와 같이 인지청구권의 포기가 허용되지 않는 이상 거기에 실효의 법리가 적용될 여지도 없다(대판 2001.11.27. 2001므1353).

② (○) 종전 토지 소유자가 자신의 권리를 행사하지 않았다는 사정은 그 토지의 소유권을 적법하게 취득한 새로운 권리자에게 실효의 원칙을 적용함에 있어서 고려하여야 할 것은 아니다(대판 1995.8.25. 94다27069).

③ (○) 장기의 소멸시효기간이 설정된 권리나 소멸시효에 걸리지 않는 권리의 경우에는 실효의 원칙의 적용을 긍정할 실익이 크다.

④ (○), ⑤ (○) 실효의 원칙이라 함은 권리자가 장기간에 걸쳐 그 권리를 행사하지 아니함에 따라 그 의무자인 상대방이 더 이상 권리자가 권리를 행사하지 아니할 것으로 신뢰할 만한 정당한 기대를 가지게 된 경우에 새삼스럽게 권리자가 그 권리를 행사하는 것은 법질서 전체를 지배하는 신의성실의 원칙에 위반되어 허용되지 아니한다는 것을 의미하고, 항소권과 같은 소송법상의 권리에 대하여도 이러한 원칙은 적용될 수 있다(대판 1996.7.30. 94다51840).

○ 정답 ①

필수지문 O✗

◆ 민법의 법원

01 「민사에 관하여」의 의미는 민사에 관한 사건을 의미하는 것으로, 公法人이 私人과 맺은 매매계약의 효력에 관한 다툼은 민사에 관한 사항으로 민사법원에서 다루어지게 된다.

> **해설** '민사에 관하여'란, 사법私法관계의 분쟁, 즉 민사분쟁에 관하여라는 의미이다. 따라서 민사법원에서 다룬다. **정답** O

02 민법 제1조에서의 "법률"은 국회에서 제정된 고유한 의미의 법률뿐만 아니라, 널리 성문법 또는 제정법 전체를 의미하므로, 대통령의 긴급명령이나 위임명령도 이에 포함된다.

> **해설** 성문법 전체를 의미하며, 형식적 의미의 법률에 제한되지 않는다. **정답** ✗

03 사회의 관행으로 생성된 사회생활규범이 관습법으로 되기 위하여는 그것이 사회의 법적 확신과 인식에 의하여 법적 규범으로 승인·강행되기에 이르러야 한다.

> **해설** 관습법이란 ⅰ) 사회의 거듭된 관행으로 생성한 사회생활규범이 ⅱ) 사회의 법적 확신과 인식에 의하여 법적 규범으로 승인·강행되기에 이른 것을 말하고, ⅲ) 헌법을 최상위 규범으로 하는 전체 법질서에 반하지 아니하는 것으로서 정당성과 합리성이 있어야 한다. **정답** O

04 관습법이 사회생활규범으로 승인되었다면 사회를 지배하는 기본적 이념이나 사회질서의 변화로 인하여 그 관습법을 적용하여야 할 시점에 있어서의 전체 법질서에 부합하지 않게 되었더라도 그 법규범으로서의 효력이 인정된다.

> **해설** ⅰ) 사회 구성원들이 그러한 관행의 법적 구속력에 대하여 확신을 갖지 않게 되었다거나, ⅱ) 사회를 지배하는 기본적 이념이나 사회질서의 변화로 인하여 그러한 관습법을 적용하여야 할 시점에 있어서의 전체 법질서에 부합하지 않게 되었다면 그 관습법의 효력은 부정된다. (대판 2005.7.21. 2002다1178 전원합의체) **정답** ✗

05 법원의 판결에 의하여 관습법의 존재 및 그 구체적 내용이 인정되면 그 관행은 법원의 판결이 있는 때로부터 관습법으로서의 지위를 가지게 된다.

> **해설** 관습법이 성립하기 위한 요건으로, '국가의 승인'은 필요 없다. 법원의 판결(국가의 승인)은 이미 존재하고 있는 관습법을 확인하는 의미일 뿐이며, 그 이전에 관습법의 성립요건이 갖추어진 때 이미 관습법은 성립한다. **정답** ×

06 성문법과 관습법의 효력상의 우열에 관하여 변경적 효력설을 취하는 경우, 기존의 성문법과 다른 관습법이 성립한 경우에 양자 사이의 효력의 우열은 "특별법은 일반법에 우선한다."는 원칙에 따라 결정된다.

> **해설** 관습법과 성문법의 우열관계에 대하여 「대등적 효력설」을 취하는 입장(소수설)에서는 양자의 충돌을 '신법우선의 원칙'으로 해결한다. **정답** ×

07 관습법은 법원(法源)으로서 법령과 같은 효력을 갖는 관습이므로 법령에 저촉되지 않는 한 법칙으로서의 효력이 있다.

> **해설** 관습법은 바로 법원으로서 법령과 같은 효력을 갖는 관습으로서 법령에 저촉되지 않는 한 법칙으로서의 효력이 있는 것이며, 이에 반하여 사실인 관습은 법령으로서의 효력이 없는 단순한 관행으로서 법률행위의 당사자의 의사를 보충함에 그치는 것이다. **정답** ○

◆ 권리의 행사와 의무의 이행

08 신의성실의 원칙에 반한다거나 또는 권리남용에 해당된다는 사실은 당사자가 주장하여야 하므로, 법원에서 직권으로 판단해서는 안된다.

> **해설** 신의성실의 원칙에 반하는 것 또는 권리남용은 강행규정에 위배되는 것이므로 당사자의 주장이 없더라도 법원은 직권으로 판단할 수 있다. (대판 1995.12.22. 94다42129) **정답** ×

09 재산권의 거래계약에 있어서 일방 당사자에게 상대방에 대한 고지의무가 인정되는 경우에는 상대방이 고지의무의 대상이 되는 사실을 이미 알고 있는 때에도 여전히 고지의무를 부담한다.

해설 상대방이 고지의무의 대상이 되는 사실을 이미 알고 있거나 스스로 이를 확인할 의무가 있는 경우 또는 거래 관행상 상대방이 당연히 알고 있을 것으로 예상되는 경우 등에는 상대방에게 위와 같은 사정을 알리지 아니하였다고 하여 고지의무를 위반하였다고 볼 수 없다. (대판 2014.7.24. 2013다97076) **정답** ×

10 병원은 입원환자의 휴대품 등의 도난을 방지함에 필요한 적절한 조치를 강구해야 할 신의칙상의 보호의무를 진다.

해설 환자가 병원에 입원하여 치료를 받는 경우, 병원은 진료뿐만 아니라 입원환자의 휴대품 등의 도난을 방지함에 필요한 적절한 조치를 강구하여 줄 신의칙상의 보호의무가 있다. (대판 2003.4.11. 2002다63275) **정답** ○

11 회사의 이사로 재직하면서 회사의 확정채무를 보증한 자는 이사직을 사임한 후에 사정변경을 이유로 그 보증계약을 해지할 수 있다.

해설 확정채무에 대한 보증은 사정변경을 이유로 한 해지는 할 수 없다. 그러나 신의칙에 기하여 그 책임액의 제한은 가능하다(대판 2004.1.27. 2003다45410 참고). **정답** ×

12 계약성립 후 현저한 사정의 변경이 발생하였고, 그러한 사정의 변경이 해제권을 취득하는 당사자에게 책임 없는 사유로 생긴 것으로서, 계약 내용대로의 구속을 인정한다면 신의칙에 현저히 반하는 결과가 생기는 경우에 사정의 변경으로 인한 계약해제가 인정되는데, 여기의 사정에는 상대방에게 알려진 일방 당사자의 주관적 사정도 포함된다.

해설 여기에서 말하는 사정이라 함은 계약의 기초가 되었던 객관적인 사정으로서, 일방 당사자의 주관적 또는 개인적인 사정을 의미하는 것은 아니다(대판 2007.3.29. 2004다31302). 따라서 지방자치단체로부터 매수한 토지가 공공공지에 편입되어 매수인이 의도한 음식점 등의 건축이 불가능하게 되었더라도 매매계약을 해제할 만한 사정변경에 해당하지 않는다. **정답** ×

13 권리행사로 권리행사자가 얻을 이익보다 상대방이 잃을 손해가 현저히 크다는 사정만으로는 이를 권리남용이라 할 수 없다.

해설 권리남용의 요건으로서 판례는 객관적 요건과 더불어, 상대방을 해할 의사, 즉 가해의사 내지 가해목적(쉬카아네)이라는 주관적 요건도 원칙적으로 필요하다고 본다(대판 2003.2.11. 2002다62135 등). **정답** ○

14 권리남용으로 인정되는 경우, 남용의 구체적 효과는 권리의 종류와 남용의 결과에 관계 없이 권리의 박탈이라는 점에서는 동일하다.

> **해설** 권리행사가 권리남용으로 인정되면 그 권리행사의 법률효과가 발생하지 않는다. 권리 자체가 박탈되는 것은 아니다. 그러나 친권의 남용(제924조)과 같이 특별규정이 있으면 권리 자체가 박탈되는 경우도 있다. **정답** ×

15 甲이 자신의 토지에 불법으로 건물을 소유하고 있는 乙을 상대로 건물철거를 청구하는 것이 권리남용에 해당하더라도, 甲은 특별한 사정이 없는 한 乙에 대하여 임료 상당의 부당이득반환을 청구할 수 있다.

> **해설** 소유권에 기한 인도청구(제213조)는 권리남용에 해당하여 허용되지 않더라도, 부당이득반환청구(제741조)는 별개의 문제로서 인정될 수 있다. **정답** ○

16 강행법규를 위반한 자가 스스로 그 약정의 무효를 주장하는 것은 특별한 사정이 없는 한 신의성실 원칙에 반한다.

> **해설** 강행법규위반으로 무효인 경우에는 특별한 사정이 없는 한 「금반언의 원칙」의 적용이 제한된다. 일반 규정인 신의칙보다는 강행법규의 입법 취지를 우선적으로 살리기 위함이다. **정답** ×

17 법정대리인의 동의 없이 신용구매계약을 체결한 미성년자가 사후에 법정대리인의 동의 없음을 이유로 이를 취소하는 것은 신의칙에 위배되지 않는다.

> **해설** 미성년자의 법률행위에 법정대리인의 동의를 요하도록 하는 것은 강행규정인데, 위 규정에 반하여 이루어진 신용구매계약을 미성년자 스스로 취소하는 것을 신의칙 위반을 이유로 배척한다면, 이는 강행규정에 의하여 배제하려는 결과를 실현시키는 셈이 되어 미성년자 제도의 입법 취지를 몰각시킬 우려가 있으므로, 이를 취소하는 것은 신의칙에 위배되지 않는다. (대판 2007.11.16. 2005다71659) **정답** ○

Chapter 02
법률행위 기초이론

Chapter 02
환경화 가이드

Chapter 02 법률행위 기초이론

제1절 법률행위 일반

01. 법률행위의 효력이 유효하기 위한 요건 중에서 특별효력요건에 해당하지 않는 것은? (다툼이 있으면 판례에 따름) 〔세무사 17년〕

① 미성년자의 법률행위에 대한 법정대리인의 동의
② 대리행위에서의 대리권의 존재
③ 시기(始期) 있는 법률행위에서의 기한의 도래
④ 재단법인의 기본재산 처분에 대한 주무관청의 허가
⑤ 법률행위에서 표의자의 의사능력의 존재

> **○ 해설**
> ⑤ (×) 당사자의 권리능력, 의사능력, 행위능력은 법률행위의 일반효력요건이다.
>
> **○ 정답** ⑤

02. 법률행위에 관한 설명으로 옳은 것을 모두 고른 것은? 〔세무사 22년〕

> ㄱ. 대리권의 수여는 비출연행위에 해당한다.
> ㄴ. 소유권의 포기는 상대방 없는 단독행위이다.
> ㄷ. 의사표시의 존재는 법률행위의 성립요건으로서 법률행위의 효과를 주장하는 자가 증명하여야 한다.

① ㄱ
② ㄴ
③ ㄷ
④ ㄴ, ㄷ
⑤ ㄱ, ㄴ, ㄷ

> 해설

ㄱ (○) 대리권의 수여는 단독행위이다. 재산의 출연을 요하지 않고 의사표시만으로 성립하므로 비출연행위이다.

ㄴ (○) 소유권의 포기는 상대방 없는 단독행위이다.

ㄷ (○) 법률행위의 성립요건인 의사표시의 존재는 법률행위의 효과를 주장하는 자가 증명하여야 한다. 반면에 효력발생의 장애사유인 무효, 취소사유는 법률행위의 효과를 부정하는 자가 증명하여야 한다.

> 정답 ⑤

03. 법률행위에 관한 설명으로 옳지 않은 것은? (다툼이 있으면 판례에 따름)   세무사 23년

① 법률행위는 의사표시를 불가결의 요소로 한다.
② 유증은 상대방 없는 단독행위이다.
③ 무권리자와의 거래로 권리를 취득하는 것은 가능하지 않다.
④ 채권양도는 이행의 문제를 남기지 않는 처분행위이다.
⑤ 상호 대가적인 의미가 없는 출연을 내용으로 하는 법률행위는 유상행위라고 할 수 없다.

> 해설

① (○) 법률행위란 일정한 법률효과의 발생을 목적으로 하는 한개 또는 수개의 의사표시를 본질적 요소로 하는 법률요건이다.

② (○) 단독행위는 일방적 의사표시만 존재하는 법률행위를 말하며, 취소행위, 해제행위, 유언행위 등이 여기에 해당한다. 유증은 유언으로 하며, 상대방 없는 단독행위이다.

③ (×) 무권리자부터 권리를 승계취득하는 것은 원칙적으로 인정되지 않는다. 그러나 제108조 2항 등 거래의 안전을 보호하기 위한 특별규정이 있는 경우에는 가능하다.

④ (○) 채권양도는 양도인과 양수인 사이에서 채권의 귀속주체를 직접 변경시키는 처분행위이다.

⑤ (○) 유상행위란 쌍방이 서로 대가적 의미가 있는 출연을 하는 법률행위를 말한다.

> 정답 ③

제2절 법률행위의 해석 일반론

04. 법률행위 해석에 관한 설명으로 옳지 않은 것은? (다툼이 있으면 판례에 따름)   세무사 21년

① 의사표시의 해석은 법률적 판단의 영역에 속한다.
② 당사자 일방이 주장하는 계약의 내용이 상대방에게 중대한 책임을 부과하게 되는 경우에는 그 계약의 해석은 더욱 엄격하게 하여야 한다.
③ 처분문서의 성립의 진정함이 인정되고 그 기재 내용을 부인할 만한 반증이 없으면 법원은 처분문서에 기재된 문언대로 의사표시의 존재와 내용을 인정하여야 한다.
④ 하나의 법률관계에 관해 서로 모순된 내용을 담은 여러 개의 계약서가 순차로 작성되었으나 그 우열관계가 정해지지 않았다면 원칙적으로 먼저 작성된 계약서가 우선한다.
⑤ 쌍방 당사자가 모두 특정의 A토지를 계약의 목적물로 삼았으나 착오로 계약서상 목적물을 B토지로 표시한 경우 계약 목적물은 A토지이다.

○ 해설

① (○) 대판 2014.11.27. 2014다32007.
② (○) 대판 1995.5.23. 95다6465.
③ (○) 대판 1986.2.25. 85다카856.
④ (×) 하나의 법률관계를 둘러싸고 각기 다른 내용을 정한 여러 개의 계약서가 순차로 작성되어 있는 경우 당사자가 그러한 계약서에 따른 법률관계나 우열관계를 명확하게 정하고 있다면 그와 같은 내용대로 효력이 발생한다. 그러나 명확히 정해져 있지 않다면 서로 양립할 수 없는 부분에 관해서는 원칙적으로 **나중에 작성된 계약서**에서 정한 대로 계약 내용이 변경되었다고 해석한다(대판 2020.12.30. 2017다17603).

○ 정답 ④

05. 법률행위의 해석에 관한 설명으로 옳지 않은 것은? (다툼이 있으면 판례에 따름)   세무사 22년

① 동일한 사항에 관하여 내용을 달리하는 문서가 중복하여 작성된 경우, 특별한 사정이 없는 한 마지막에 작성된 문서에 작성자의 최종적인 의사가 담겨 있다고 해석하여야 한다.
② 매매계약사항에 이의가 있을 때 매도인의 해석에 따르기로 하는 약정은 법원을 구속하지 못한다.
③ 임의규정과 다른 관습이 있는 경우, 당사자의 의사가 명확하지 않은 때에는 그 관습에 의한다.
④ 정관의 규범적인 의미내용과 다른 해석이 사원총회의 결의로 표명된 경우, 그 결의에 의한 해석은 사원들을 구속하는 효력이 없다.

⑤ 계약당사자 쌍방이 모두 X물건을 계약의 목적물로 삼았으나 계약서에는 착오로 Y물건을 목적물로 기재한 경우, Y물건에 관하여 계약이 성립한 것으로 보아야 한다.

> **해설**

① (○) 하나의 법률관계를 둘러싸고 각기 다른 내용을 정한 여러 개의 계약서가 순차로 작성되어 있는 경우 특별한 사정이 없는 한, 각각의 계약서에 정해져 있는 내용 중 서로 양립할 수 없는 부분에 관해서는 원칙적으로 나중에 작성된 계약서에서 정한 대로 계약 내용이 변경되었다고 해석하는 것이 합리적이다. (대판 2020.12.30. 2017다17603)

② (○) 대판 1974.9.24. 74다1057.

③ (○) 제106조.

④ (○) 사단법인의 정관은 이를 작성한 사원뿐만 아니라 그 후에 가입한 사원이나 사단법인의 기관 등도 구속하는 점에 비추어 보면 그 법적 성질은 계약이 아니라 자치법규로 보는 것이 타당하므로, 이는 어디까지나 객관적인 기준에 따라 그 규범적인 의미 내용을 확정하는 법규해석의 방법으로 해석되어야 하는 것이지, 작성자의 주관이나 해석 당시의 사원의 다수결에 의한 방법으로 자의적으로 해석될 수는 없다. 따라서 어느 시점의 사단법인의 사원들이 정관의 규범적인 의미 내용과 다른 해석을 사원총회의 결의라는 방법으로 표명하였다 하더라도 그 결의에 의한 해석은 사원들이나 법원을 구속하는 효력이 없다. (대판 2000.11.24. 99다12437)

⑤ (×) 쌍방당사자가 모두 X토지를 매매목적물로 삼기로 합의하였으나, 그 지번 등에 관해 착오를 일으켜 X토지와는 별개인 Y토지로 표시한 경우, 매매계약은 X토지에 관하여 유효하게 성립한다(자연적 해석). [96다19581].

> **정답** ⑤

06. 甲은 乙소유의 X토지를 임차하여 사용하던 중 이를 매수하기로 乙과 합의하였으나, 계약서에는 Y토지로 잘못 기재하였다. 다음 설명 중 옳은 것은?(다툼이 있으면 판례에 따름)

① 매매계약은 X토지에 대하여 유효하게 성립한다.
② 매매계약은 Y토지에 대하여 유효하게 성립한다.
③ X토지에 대하여 매매계약이 성립하지만, 당사자는 착오를 이유로 취소할 수 있다.
④ Y토지에 대하여 매매계약이 성립하지만, 당사자는 착오를 이유로 취소할 수 있다.
⑤ X와 Y 어느 토지에 대해서도 매매계약이 성립하지 않는다.

> **해설**

① (○) ② (×) ③ (×) ⑤ (×) 쌍방당사자가 모두 X토지를 매매목적물로 삼기로 합의하였으나, 그 지번 등에 관해 착오를 일으켜 X토지와는 별개인 Y토지로 표시한 경우, 매매계약은 X토지에 관하여 유효하게 성립한다(자연적 해석). 따라서 Y토지에 관한 매수인 명의로 소유권이전등기는 원인무효이다[96다19581].

④ (×) Y토지에 대하여는 매매계약 자체가 성립하지 않았으므로, 성립을 전제로 하여 검토되는 취소는 논의될 여지가 없다.

⑤ (○) 대판 1993.10.26. 93다2629 등.

> **정답** ①

필수지문 O X

법률행위의 해석 일반론

01 처분문서의 기재내용과 다른 특별한 명시적·묵시적 약정이 있는 사실이 인정되는 경우, 법원은 처분문서의 기재내용의 일부를 달리 인정할 수 없다.

> **해설** 의사표시의 해석은 당사자가 그 표시행위에 부여한 객관적인 의미를 명백하게 확정하는 것으로서, 계약당사자 사이에 어떠한 계약 내용을 처분문서인 서면으로 작성한 경우에는 ⅰ) 문언의 객관적인 의미가 명확하다면, 특별한 사정이 없는 한 문언대로의 의사표시의 존재와 내용을 인정하여야 한다. ⅱ) 다만 처분문서라 할지라도 그 기재 내용과 다른 명시적, 묵시적 약정이 있는 사실이 인정될 경우에는 그 기재 내용과 다른 사실을 인정할 수 있다. (대판 2011.1.27. 2010다81957)
>
> **정답** ×

02 계약사항에 대하여 이의가 생긴 경우에는 일방당사자의 해석에 따른다는 계약서상의 조항은 법원의 법률행위 해석권을 구속할 수 없다.

> **해설** 매매계약서에 계약사항에 대한 이의가 생겼을 때에는 매도인의 해석에 따른다는 조항은 법원의 법률행위 해석권을 구속하는 조항이라고 볼 수 없다. (대판 1974.9.24. 74다1057)
>
> **정답** O

03 하나의 법률관계에 관해 서로 모순된 내용을 담은 여러 개의 계약서가 순차로 작성되었으나 그 우열관계가 정해지지 않았다면 원칙적으로 먼저 작성된 계약서가 우선한다.

> **해설** 여러 개의 계약서에 따른 법률관계 등이 명확히 정해져 있지 않다면 각각의 계약서에 정해져 있는 내용 중 서로 양립할 수 없는 부분에 관해서는 원칙적으로 나중에 작성된 계약서에서 정한 대로 계약 내용이 변경되었다고 해석하는 것이 합리적이다. (대판 2020.12.30. 2017다17603)
>
> **정답** ×

04 규범적 해석의 목적은 원칙적으로 표의자의 내심적 효과의사를 확정하는 것이다.

> **해설** 법률행위의 규범적 해석은 당사자가 그 표시행위에 부여한 객관적 의미를 합리적으로 해석하여야 하는 것이다. (대판 1994.3.25. 93다32668)
>
> **정답** ×

05 부동산의 명의수탁자가 신탁자와 함께 그 부동산에 관한 매매계약서의 매도인란에 자신의 서명 날인을 하고, 매매계약 영수증에도 서명 날인을 한 경우, 명의수탁자의 의사는 신탁자의 매매계약상 매도인의 의무를 자신이 공동으로 부담하겠다는 의미로 해석하여야 한다.

> **해설** 부동산의 명의수탁자가 신탁자와 함께 매매계약서의 매도인란에 자신의 서명 날인을 하고 매매대금 영수증에도 서명 날인을 하여 준 경우, 명의수탁자의 의사는 신탁자의 매매계약상의 매도인으로서의 의무를 자신이 공동으로 부담하겠다는 의미로 해석하여야 한다. (대판 2000.10.6. 2000다27923)
> **정답** O

06 법률행위의 해석기준이 될 수 있는 사실인 관습은 사회의 관행에 의하여 발생한 사회생활규범인 점에서 관습법과 같지만, 사회의 법적 확신이나 인식에 의하여 법적 규범으로서 승인된 정도에 이르지 않았다는 점에서 관습법과 차이가 있다.

> **해설** 대판 1983.6.14. 80다3231.
> **정답** O

07 甲이 乙을 통하여 丙의 부동산을 매수함에 있어 매수인 명의를 乙 명의로 하기로 甲·乙·丙이 합의하였다면 특별한 사정이 없는 한 대외적으로는 乙이 아닌 甲을 매매 당사자로 보아야 함이 원칙이다.

> **해설** 계약을 체결하는 행위자가 타인의 이름으로 법률행위를 한 경우에 행위자 또는 명의인 가운데 누구를 계약의 당사자로 볼 것인가에 관하여는, ⅰ) 우선 행위자와 상대방의 의사가 일치한 경우에는 그 일치한 의사대로 행위자 또는 명의인을 계약의 당사자로 확정하여야 할 것이고, ⅱ) 행위자와 상대방의 의사가 일치하지 않는 경우에는 상대방이 합리적인 사람이라면 행위자와 명의자 중 누구를 계약당사자로 이해할 것인가에 의하여 당사자를 결정하여야 한다.(대판 2003.9.5. 2001다32120) 지문의 경우에는 매수인을 乙로 하는 의사가 일치하므로, 乙이 매매계약의 당사자로 확정된다.
> **정답** ×

Chapter 03
행위능력

기본에 충실한
세무사객관식민법

Chapter 03 행위능력

제1절 민법상 능력

01. 민법상 능력에 관한 설명으로 옳지 않은 것은? (다툼이 있으면 판례에 따름) 세무사 19년

① 사람은 생존한 동안 권리와 의무의 주체가 된다.
② 법인은 법률의 규정에 좇아 정관으로 정한 목적 범위 내에서 권리와 의무의 주체가 된다.
③ 의사능력이란 자신의 행위의 의미나 결과를 정상적인 인식력과 예기력을 바탕으로 합리적으로 판단할 수 있는 정신적 능력 내지 지능을 말한다.
④ 행위능력의 유무는 구체적인 법률행위와 관련하여 개별적으로 판단되어야 한다.
⑤ 법인은 이사 기타 대표자가 그 직무에 관하여 타인에게 가한 손해를 배상할 책임이 있다.

○ 해설

① (○) 제3조.

② (○) 제34조.

③ (○) 의사능력이란 자신의 행위의 의미나 결과를 정상적인 인식력과 예기력을 바탕으로 합리적으로 판단할 수 있는 정신적 능력 내지는 지능을 말하며, 의사능력이 인정되기 위하여는 그 행위의 일상적인 의미뿐만 아니라 **법률적인 의미나 효과에 대하여도** 이해할 수 있을 것을 요한다고 보아야 하고, 의사능력의 유무는 **구체적인** 법률행위와 관련하여 **개별적으로** 판단되어야 한다(대판 2006.9.22. 2006다29358).

④ (×) 「의사능력」의 유무는 구체적인 법률행위와 관련하여 개별적으로 판단하므로, 의사능력이 없음을 이유로 법률행위의 무효를 주장하여 보호받으려면 법률행위 당시에 의사능력이 없었음을 증명하여야 하는데 그것은 매우 어려운 일이다. 여기서 민법은 **객관적·획일적** 기준을 정하여 그 기준에 미달하는 법률행위를 취소할 수 있도록 하고 있는바, 이를 행위능력이라 한다.

⑤ (○) 제35조 1항.

○ 정답 ④

제2절 자연인의 행위능력

02. 미성년자의 행위능력에 관한 설명으로 옳지 않은 것은? (다툼이 있으면 판례에 따름) 세무사 21년

① 혼인한 미성년자에게는 민사소송법상의 소송능력이 인정된다.
② 만18세의 미성년자는 단독으로 유효한 유언을 할 수 있다.
③ 미성년자 자신의 노무제공에 따른 임금의 청구는 미성년자가 독자적으로 할 수 있다.
④ 미성년자는 법정대리인의 동의 없이 타인의 대리인으로서 법률행위를 할 수 있다.
⑤ 법정대리인이 미성년자에게 영업을 허락한 경우 법정대리인은 이를 취소할 수 있고 이로써 선의의 제3자에게 대항할 수 있다.

해설

① (○) 제826조의 2, 민사소송법 제51조.
② (○) 제1061조, 제1062조.
③ (○) 근로기준법 제68조.
④ (○) 제117조.
⑤ (×) 법정대리인은 영업의 허락을 취소 또는 제한할 수 있다. 그러나 선의의 제3자에게 대항하지 못한다 (제8조 2항).

정답 ⑤

03. 미성년자의 법률행위에 관한 설명으로 옳지 않은 것은? (다툼이 있으면 판례에 따름) 세무사 18년

① 의무만을 면하는 법률행위를 하는 경우, 미성년자는 법정대리인의 동의를 얻지 않고 할 수 있다.
② 법정대리인의 동의 없이 신용구매계약을 체결한 미성년자가 사후에 법정대리인의 동의 없음을 사유로 들어 이를 취소하는 것은 신의칙에 위배된다.
③ 만17세에 달한 미성년자는 단독으로 유효한 유언을 할 수 있다.
④ 미성년자는 독자적으로 임금을 청구할 수 있다.
⑤ 미성년자가 법률행위를 함에 있어 요구되는 법정대리인의 동의는 묵시적으로도 가능하다.

> 해설

① (○) 미성년자가 법률행위를 함에는 법정대리인의 동의를 얻어야 하지만, 권리만을 얻거나 의무만을 면하는 행위는 법정대리인의 동의를 얻지 않고 단독으로 할 수 있다(제5조 1항).
② (×) 미성년자의 법률행위에 법정대리인의 동의를 요하도록 하는 것은 강행규정이므로, 법정대리인의 동의 없이 신용구매계약을 체결한 미성년자가 사후에 법정대리인의 동의 없음을 사유로 들어 이를 취소하는 것이 신의칙에 위배된 것이라고 할 수 없다(대판 2007.11.16. 2005다71659).
③ (○) 제1061조.
④ (○) 근로기준법 제68조.
⑤ (○) 미성년자가 법률행위를 함에 있어서 요구되는 법정대리인의 동의는 언제나 명시적이어야 하는 것은 아니고 묵시적으로도 가능하다(대판 2007.11.16. 2005다71659).

> 정답 ②

04. 미성년자가 단독으로 할 수 있는 행위는?   세무사 19년

① 경제적으로 유리한 매매계약의 체결
② 사용대차
③ 부담부 증여계약의 체결
④ 무이자 소비대차
⑤ 소멸시효 중단을 위한 최고

> 해설

① (×) 경제적으로 유리하다 하더라도(즉 시가보다 저렴하게 매수하거나 비싸게 매도하는 경우) **매매계약**은 권리를 취득함과 동시에 의무를 부담하므로 "권리만을 얻거나 의무만을 면하는 행위(제5조 단서)"에 해당하지 않는다.
② (×) 사용대차는 물건의 이용대가를 지급하지 않는 무상·편무계약이다(제609조). 만약 미성년자가 차주이어서 이용대가를 지급하지 않는다고 하더라도 여전히 차용물보관의무와 차용물반환의무 등을 부담하기 때문에, **사용대차**는 권리를 취득함과 동시에 의무를 부담하므로 "권리만을 얻거나 의무만을 면하는 행위(제5조 단서)"에 해당하지 않는다.
③ (×) 부담부 증여는 수증자가 증여를 받으면서 일정한 부담을 이행하기로 하는 증여이다. 미성년자가 수증자로서 계약을 체결하는 경우라도 부담에 관한 급부의무를 부담하므로, 오로지 권리만을 얻는다고 볼 수 없다. 따라서 **부담부 증여계약**의 체결도 "권리만을 얻거나 의무만을 면하는 행위(제5조 단서)"에 해당하지 않는다.
④ (×) 소비대차는, 당사자 일방(대주)이 금전 기타 대체물의 소유권을 상대방(차주)에게 이전할 것을 약정하고 상대방은 동종·동질·동량의 물건을 반환할 것을 내용으로 하는 계약이다(제598조). 소비대차는 이자약정이 없으면 원칙적으로 무상·편무계약이다. 이러한 **무이자 소비대차**의 경우에도 차주는 반환시기가

되면 목적물반환의무를 부담한다(제603조). 따라서 "권리만을 얻거나 의무만을 면하는 행위(제5조 단서)"에 해당하지 않는다.

⑤ (○) 최고는 채무자에 대하여 채무이행을 청구하는 의사의 통지(준법률행위)이다. 최고는 제한적이기는 하지만 시효를 중단시키는 효력을 가진다(제174조). 이렇듯 **시효중단을 위한 최고**는 권리가 시효로 소멸하는 것을 막아주는 이익만을 가져다 주는 행위이므로, "권리만을 얻거나 의무만을 면하는 행위(제5조 단서)"에 해당한다.

○ 정답 ⑤

05. 제한능력자제도에 관한 설명으로 옳지 않은 것은? _{세무사 21년}

① 특정후견은 본인의 의사에 반하여 할 수 없다.
② 가정법원은 한정후견개시의 심판을 할 때 본인의 의사를 고려해야 한다.
③ 제한능력자의 단독행위는 추인이 있을 때까지 상대방이 제한능력자에 대해 이를 거절할 수 있다.
④ 피특정후견인의 행위능력은 특정후견심판에서 정해진 특정후견의 사무범위 내로 제한된다.
⑤ 가정법원은 취소할 수 없는 피성년후견인의 법률행위의 범위를 정할 수 있다.

○ 해설

① (○) 제14조의2 제2항.
② (○) 제12조 2항, 제9조 2항.
③ (○) 제16조 2항.
④ (×) 특정후견은 행위능력을 제한하는 제도가 아니므로 피특정후견인의 행위능력은 제한되지 않는다.
⑤ (○) 제10조 2항.

○ 정답 ④

06. 제한능력제도에 관한 설명으로 옳은 것은? _{세무사 18년}

① 긴급을 요하는 경우에 특정후견은 본인의 의사에 반해서도 할 수 있다.
② 피한정후견인이 속임수로써 법정대리인의 동의가 있는 것으로 믿게 한 경우에도 그 행위를 취소할 수 있다.
③ 피성년후견인이 일용품을 구입하는 경우에 성년후견인의 동의가 필요하다.
④ 가정법원은 한정후견개시심판을 할 때 본인의 의사를 고려할 필요가 없다.
⑤ 특정후견인이 선임되더라도 피특정후견인의 행위능력은 제한되지 않는다.

○ 해설

① (×) 특정후견은 본인의 의사에 반하여 선고할 수 없다(제14조의2 2항).
② (×) 미성년자나 피한정후견인이 속임수로써 법정대리인의 동의가 있는 것으로 믿게 한 경우에는 취소할 수 없다(제17조 2항).
③ (×) 피성년후견인 또는 피한정후견인이 일용품을 구입하는 경우에는 성년후견인의 동의가 필요 없다(제9조 4항, 제12조 4항).
④ (×) 가정법원은 성년후견 또는 한정후견개시심판을 할 때 <u>본인의 의사를 고려하여야</u> 한다(제9조 2항, 제12조 2항)
⑤ (○) 특정후견제도는 행위능력과 무관한 제도이다. 따라서 피특정후견인의 행위능력은 제한되지 않는다.

○ 정답 ⑤

07. 피특정후견인에 관한 설명으로 옳지 않은 것은? 　　　　　세무사 19년

① 피특정후견인이 단독으로 한 법률행위는 특정후견인이 취소할 수 있다.
② 본인의 복리상 필요하더라도 본인의 의사에 반하여 특정후견을 개시할 수 없다.
③ 정신적 제약으로 일시적 후원 또는 특정한 사무에 관한 후원이 필요한 사람에 대하여 특정후견개시심판을 청구할 수 있다.
④ 가정법원은 기간이나 범위를 정하여 특정후견인에게 대리권을 수여하는 심판을 할 수 있다.
⑤ 특정후견은 별도의 종료 심판 없이 기간의 종료나 정해진 사무처리의 종결로 종료한다.

○ 해설

① (×) 특정후견은 제한능력과 무관한 제도이므로, 특정후견인에게는 동의권이나 취소권이 없다.
② (○) 특정후견은 <u>본인의 의사에 반하여</u> 할 수 없다(제14조의2 2항).
③ (○) 제14조의2 1항
④ (○) 제14조의2 3항
⑤ (○) 특정후견 심판은 기간이나 사무의 범위를 정하여 하므로, 그 정한 기간이나 사무가 종료하면 당연 종료되므로, 별도의 종료심판이 필요 없다.

○ 정답 ①

제2절 민법의 법원 자연인의 행위능력

08. 성년후견에 관한 설명으로 옳지 않은 것은? 세무사 19년

① 피성년후견인은 일상생활에 필요하고 대가가 과도하지 않은 일용품은 단독으로 구입할 수 있다.
② 피성년후견인은 혼인, 협의상 이혼은 단독으로 할 수 있다.
③ 미성년후견인도 성년후견개시심판을 청구할 수 있다.
④ 피성년후견인이 행한 재산상 법률행위는 성년후견인이 추인하면 유효하게 된다.
⑤ 가정법원은 취소할 수 없는 피성년후견인의 행위의 범위를 정할 수 있다.

> **해설**
> ① (○) 제10조 4항.
> ② (×) 성년후견인의 동의가 있어야 한다(제808조, 제835조).
> ③ (○) 제9조 1항.
> ④ (○) 제143조 1항.
> ⑤ (○) 제10조 2항.
>
> **정답** ②

09. 성년후견제도에 관한 설명으로 옳지 않은 것은? 세무사 20년

① 피성년후견인이 일용품의 구입 등 일상생활에 필요하고 그 대가가 과도하지 아니한 법률행위를 한 경우, 성년후견인은 이를 취소할 수 없다.
② 한정후견인은 한정후견감독인의 동의를 얻어 피한정후견인이 한정후견인의 동의를 받아야 하는 행위의 범위를 변경할 수 있다.
③ 가정법원은 필요한 경우 피한정후견인의 청구에 의하여 한정후견인의 동의를 갈음하는 허가를 할 수 있다.
④ 특정후견의 심판을 하는 경우, 가정법원은 특정후견의 기간 또는 사무의 범위를 정하여야 한다.
⑤ 피특정후견인이 치매로 인해 사무를 처리할 능력을 지속적으로 상실하게 된 경우, 특정후견인은 성년후견개시의 심판을 청구할 수 있다.

> **해설**
> ① (○) 제10조 4항.
> ② (×) **가정법원**은 본인, 배우자, 4촌 이내의 친족, 한정후견인, 한정후견감독인, 검사 또는 지방자치단체의 장의 청구에 의하여 <u>한정후견인의 동의를 받아야만 할 수 있는 행위의 범위를 변경</u>할 수 있다(제13조 2항).

③ (○) 제13조 3항.
④ (○) 제14조의2 제3항.
⑤ (○) 제9조 1항.

[정답] ②

10. 민법상 성년후견제도에 관한 설명으로 옳은 것은? (다툼이 있으면 판례에 따름) 세무사 22년

① 법인은 성년후견인이 될 수 없다.
② 가정법원은 본인의 의사를 고려하지 않고 성년후견개시의 심판을 할 수 있다.
③ 가정법원은 취소할 수 없는 피성년후견인의 법률행위의 범위를 정한 후에는 본인의 청구가 있더라도 그 범위를 변경할 수 없다.
④ 가정법원은 본인이 성년후견개시를 청구하고 있더라도 의사(醫師)의 감정(鑑定) 결과 등에 비추어 한정후견 개시의 심판을 할 수 있다.
⑤ 가정법원은 피특정후견인에 대하여 특정후견의 종료 심판 없이 한정후견개시의 심판을 할 수 있다.

[해설]

① (×) 법인도 성년후견인이 될 수 있다.
② (×) 가정법원은 성년후견 또는 한정후견개시심판을 할 때 본인의 의사를 고려하여야 한다(제9조 2항, 제12조 2항).
③ (×) 가정법원은 본인, 배우자, 4촌 이내의 친족, 성년후견인, 성년후견감독인, 검사 또는 지방자치단체의 장의 청구에 의하여 '취소할 수 없는 행위'의 범위를 변경할 수 있다(제10조 3항).
④ (○) 성년후견이나 한정후견에 관한 심판 절차는 가사비송사건으로서, 가정법원이 당사자의 주장에 구애받지 않고 후견적 입장에서 합목적적으로 결정할 수 있다. 따라서 한정후견의 개시를 청구한 사건에서 의사의 감정 결과 등을 고려하여 성년후견을 개시할 수 있고, 성년후견 개시를 청구하고 있더라도 한정후견을 개시할 수 있다. (대판 2021.6.10. 2020스596)
⑤ (×) 가정법원이 피성년후견인 또는 피특정후견인에 대하여 한정후견개시의 심판을 할 때에는 종전의 성년후견 또는 특정후견의 종료 심판을 하여야 한다(제14조의3 2항).

[정답] ④

11. 후견에 관한 설명으로 옳지 않은 것은?

① 가정법원은 성년후견개시의 심판을 할 때 본인의 의사를 고려하여야 한다.
② 가정법원이 피성년후견인에 대하여 한정후견개시의 심판을 할 때에는 종전의 성년후견의 종료 심판을 하여야 한다.
③ 피성년후견인의 법률행위는 원칙적으로 취소할 수 있지만, 가정법원은 취소할 수 없는 법률행위의 범위를 정할 수 있다.
④ 가정법원은 피한정후견인이 한정후견인의 동의를 받아야 하는 행위의 범위를 정할 수 있다.
⑤ 가정법원은 정신적 제약으로 특정한 사무에 관하여 후원이 필요한 자에 대하여는 본인의 의사에 반하더라도 특정후견의 심판을 할 수 있다.

> **○ 해설**
> ① (○) 가정법원은 성년후견 또는 한정후견개시심판을 할 때 본인의 의사를 고려하여야 한다(제9조 2항, 제12조 2항).
> ② (○) 가정법원이 피성년후견인 또는 피특정후견인에 대하여 한정후견개시의 심판을 할 때에는 종전의 성년후견 또는 특정후견의 종료 심판을 하여야 한다(제14조의3 제2항).
> ③ (○) 피성년후견인의 법률행위는 원칙적으로 취소할 수 있다(제10조 1항). 그러나 가정법원은 취소할 수 없는 피성년후견인의 법률행위의 범위를 정할 수 있다(동조 2항).
> ④ (○) 피한정후견인의 법률행위는 원칙적으로 유효하다. 그러나 가정법원은 피한정후견인이 한정후견인의 동의를 받아야 하는 행위의 범위를 정할 수 있으며(제13조 1항), 이 경우 한정후견인의 동의가 필요한 법률행위를 피한정후견인이 한정후견인의 동의 없이 하였을 때에는 그 법률행위는 취소할 수 있다(동조 4항).
> ⑤ (×) 특정후견은 본인의 의사에 반하여 할 수 없다(제14조의2 2항).
>
> **○ 정답** ⑤

12. 제한능력자에 관한 설명으로 옳지 않은 것은? (다툼이 있으면 판례에 따름) 　세무사 23년

① 가정법원은 성년후견개시가 청구되더라도 필요하다면 한정후견을 개시할 수 있다.
② 가정법원은 한정후견개시의 심판을 할 때 본인의 의사를 고려해야 한다.
③ 피성년후견인이 속임수로써 법정대리인의 동의가 있는 것으로 믿게 하여 매매계약을 체결하였다면 성년후견인은 계약을 취소할 수 없다.
④ 특정후견의 심판이 있더라도 피특정후견인의 행위능력이 제한되지 않는다.
⑤ 한정후견종료의 심판은 장래에 향하여 효력을 가진다.

○ 해설

① (○) 성년후견이나 한정후견에 관한 심판 절차는 가사비송사건으로서, 가정법원이 당사자의 주장에 구애받지 않고 후견적 입장에서 합목적으로 결정할 수 있다. 따라서 한정후견의 개시를 청구한 사건에서 의사의 감정 결과 등을 고려하여 성년후견을 개시할 수 있고, 성년후견 개시를 청구하고 있더라도 한정후견을 개시할 수 있다. (대판 2021.6.10. 2020스596)
② (○) 가정법원은 성년후견 또는 한정후견개시심판을 할 때 본인의 의사를 고려하여야 한다(제9조 2항, 제12조 2항).
③ (×) 미성년자 및 피한정후견인과 달리, '피성년후견인'은 비록 속임수로써 법정대리인의 동의가 있는 것으로 믿게 하였더라도 취소권이 배제되지 않는다(제17조 2항의 반대해석).
④ (○) 특정후견인은 완전한 행위능력자이다. 일시적으로 또는 특정사무에 대하여 후원을 받을 뿐이다.
⑤ (○) 후견종료심판은 장래를 향하여 행위능력을 회복시키는 제도이다.

○ 정답 ③

13. 제과점을 경영하는 자가 단독으로 제빵용 기계를 새로 구입하는 계약을 체결하였으나, 그 계약을 취소하고자 한다. 제한능력자임을 이유로 취소권을 행사할 수 있는 경영자인 경우는? 세무사 17년

① 미성년자이지만 법정대리인으로부터 제과점의 영업허락을 얻은 경우
② 미성년자이지만 혼인한 경우
③ 법원으로부터 취소할 수 없는 법률행위의 범위를 지정받지 않은 피성년후견인이지만 혼인한 경우
④ 부동산 거래로 국한하여 후견범위가 정하여진 피특정후견인인 경우
⑤ 법률행위를 함에 있어서 한정후견인의 동의를 받을 필요가 없는 피한정후견인인 경우

○ 해설

① (×) 법정대리인이 미성년자에게 제과점이라는 특정한 영업을 허락하였으므로, 미성년자의 그 영업에 관한 행위의 범위에서는 성년자와 동일한 완전한 행위능력을 가진다(제8조 1항). 따라서 기계구입 계약을 미성년임을 이유로 취소할 수 없다.
② (×) 미성년자가 혼인하면 성년으로 간주되므로(제826조의2) 미성년임을 이유로 취소할 수 없다.
③ (○) 피성년후견인은 (혼인 여부와는 무관하게) 성년후견종료의 심판을 받지 않는 한 원칙적으로 행위능력이 제한된다(제10조). 따라서 피성년후견인임을 이유로 취소할 수 있다.
④ (×) 피특정후견인은 원칙적으로 행위능력이 제한되지 않는다. 즉 제한능력자가 아니다. 따라서 법원에서 정한 후견범위와 상관없이 제한능력을 이유로 취소할 수 없다.
⑤ (×) 피한정후견인은 원칙적으로는 행위능력자이지만 예외적으로 법원에서 정한 범위 내에서 행위능력이 제한된다(제13조 1항). 그런데 지문의 경우 후견인의 동의를 받을 필요가 없는 피한정후견인이라고 하였으므로 원칙이 적용된다. 따라서 제한능력을 이유로 취소할 수 없다.

○ 정답 ③

14. 18세의 甲은 법정대리인 乙의 동의 없이 중고레코드 도매업자 丙에게서 1960년대 재즈레코드판 50장을 1장당 1만원에 사는 계약을 체결하고 대금은 1주일 후에 지급하기로 하였다. 이에 관한 설명으로 옳은 것은?   세무사 20년

① 재즈레코드판이 사실 1장당 20만원의 가치가 있었던 경우, 乙은 계약을 취소할 수 없다.
② 甲이 그 대금을 乙에게서 받은 세뱃돈으로 지급한 경우, 甲은 계약을 취소할 수 있다.
③ 위 계약이 체결되기 전에 乙이 甲에게 중고레코드 소매업을 하도록 허락한 경우, 甲은 계약을 취소할 수 있다.
④ 甲이 매수한 레코드를 乙이 다른 사람에게 매도하고 인도한 경우, 甲은 계약을 취소할 수 없다.
⑤ 甲이 계약 후 혼인을 한 경우, 甲은 계약을 취소할 수 없다.

○ 해설

① (×) 경제적으로 유리한 매매계약 체결은 이익을 얻을 뿐만 아니라 의무를 부담하는 것이어서 제5조 1항 단서의 "단순히 권리만을 얻거나 또는 의무만을 면하는 행위"에 해당하지 않기 때문에, 결국 미성년자가 단독으로 할 수 없다.
② (×) 세뱃돈은, 제6조의 "법정대리인이 범위를 정하여 처분을 허락한 재산"에 해당하여 미성년자가 임의로 처분할 수 있다. 따라서 그 임의처분한 행위는 취소할 수 없다.
③ (×) 제8조 1항.
④ (○) 제145조 5호.
⑤ (×) 성년의제(제826조의 2)로 인하여 이미 발생한 제5조 2항의 취소권이 소멸하는 것은 아니다.

○ 정답 ①

15. 제한능력자의 상대방 보호에 관한 설명으로 옳지 않은 것은? (다툼이 있으면 판례에 따름)   세무사 20년

① 상대방은 1개월 이상의 기간을 정하여 그 취소할 수 있는 행위에 대한 추인 여부의 확답을 제한능력자에게 촉구할 수 있다.
② 제한능력자와 계약을 맺은 상대방은 법정대리인의 추인이 있으면 자신의 의사표시를 철회할 수 없다.
③ 상대방은 제한능력자의 단독행위에 대한 거절의 의사표시를 제한능력자에 대하여 할 수 있다.
④ 제한능력자임을 알면서 계약을 맺은 상대방에게는 추인 여부와 관계없이 철회권이 인정되지 않는다.
⑤ 제한능력자가 주민등록증을 위조하여 자기를 능력자로 믿게 하고 법률행위를 한 경우에는 취소할 수 없다.

○ 해설

① (×) 제한능력자는 그가 능력자로 된 후에만 확답촉구의 상대방이 될 수 있고(제15조 1항), 그가 아직 능력자로 되지 못한 경우에는 그의 법정대리인이 상대방이 된다(제15조 2항).
② (○) 상대방의 철회권은 제한능력자 쪽에서 추인하기 전까지 행사할 수 있는 권리이다(제16조 1항).
③ (○) 제16조 3항.
④ (○) 제16조 1항 단서.
⑤ (○) 제17조 1항.

○ 정답 ①

16. 미성년자 甲은 그 소유의 X토지를 법정대리인 丙의 동의 없이 乙에게 매도하는 계약을 체결하였다. 이에 관한 설명으로 옳지 않은 것은? (다툼이 있으면 판례에 따름) 　세무사 22년

① 甲은 매매계약을 취소할 수 있다.
② 丙이 乙로부터 매매대금의 일부를 수령한 경우에도 丙은 甲이 제한능력자임을 이유로 매매계약을 취소할 수 있다.
③ 甲은 丙의 동의가 있더라도 단독으로 매매대금의 이행을 구하는 소를 제기할 수 없다.
④ 甲이 丙의 동의가 있는 것처럼 속여서 乙이 이를 믿고 매매계약을 체결한 경우, 丙은 매매계약을 취소할 수 없다.
⑤ 丙이 매매계약을 추인하기 전에는, 甲이 미성년자임을 알지 못하였던 乙은 매매의 의사표시를 철회할 수 있다.

○ 해설

① (○) 미성년자가 법정대리인의 동의 없이 한 법률행위이므로 취소할 수 있으며(제5조 2항), 이 경우 미성년자 자신도 취소권을 행사할 수 있다(제140조).
② (×) 법정대리인이 전부나 일부의 이행을 받은 경우에는 법정추인으로 간주되므로(제145조 1호), 그 이후에는 취소할 수 없다.
③ (○) 미성년자는 소송능력이 없다.
④ (○) 제17조 2항.
⑤ (○) 선의의 상대방은 철회할 수 있다(제16조 1항).

○ 정답 ②

17. 고등학생 甲(18세)은 자신 소유의 X토지를 법정대리인 乙의 동의 없이 건설업자 丙에게 매도하는 계약을 체결하였다. 이에 관한 설명으로 옳지 않은 것은? (다툼이 있으면 판례에 따름)

세무사 23년

① 甲이 미성년상태에서 매매계약을 추인하더라도 乙은 甲이 미성년자임을 이유로 계약을 취소할 수 있다.
② 丙이 매매계약 체결시 甲이 미성년자임을 몰랐더라면 추인이 있기 전에 자신의 의사표시를 철회할 수 있다.
③ 甲은 자신이 미성년자임을 이유로 단독으로 매매계약을 취소할 수 있다.
④ 丙이 매매계약 체결시 甲이 미성년자임을 알았더라면 乙에게 매매계약의 추인여부에 대한 확답을 촉구할 수 없다.
⑤ 甲이 신분증을 위조하여 丙으로 하여금 자신을 성년자로 믿게 한 경우, 乙은 매매계약을 취소할 수 없다.

○ 해설

※ 미성년자가 법정대리인의 동의 없이 법률행위를 한 경우이므로 甲의 법률행위는 취소할 수 있다.
① (○) ③ (○) 추인은 '취소의 원인이 소멸한 후'에 하여야 하므로(제144조 1항) 甲의 추인은 효력이 없다. 따라서 여전히 취소할 수 있으며, 취소는 법정대리인(乙)뿐만 아니라 미성년자(甲)도 할 수 있다(제140조).
② (○) 선의의 상대방(丙)은 추인이 있기 전까지 철회할 수 있다(제16조).
④ (×) 확답촉구권은 선의·악의를 불문하고 인정된다(제15조).
⑤ (○) 신분증을 위조하여 성년자로 믿게 한 행위는 '적극적 기망수단'을 사용하여 자신을 능력자로 믿게 한 것이므로, 甲의 법률행위는 취소할 수 없다(제17조 1항; 대판 1971.12.14. 71다2045).

○ 정답 ④

필수지문 O X

의사능력

01 법률행위가 일상적인 의미만을 이해해서는 알기 어려운 특별한 법률적 의미나 효과가 부여되어 있는 경우, 의사능력이 인정되기 위해서는 일상적 의미뿐만 아니라 법률적인 의미나 효과에 대하여도 이해할 수 있을 것을 요한다.

> **해설** 의사능력이란 자신의 행위의 의미나 결과를 정상적인 인식력과 예기력을 바탕으로 합리적으로 판단할 수 있는 정신적 능력 내지는 지능을 말하는바, 특히 어떤 법률행위가 그 일상적인 의미만을 이해하여서는 알기 어려운 특별한 법률적인 의미나 효과가 부여되어 있는 경우 의사능력이 인정되기 위하여는 그 행위의 일상적인 의미뿐만 아니라 법률적인 의미나 효과에 대하여도 이해할 수 있을 것을 요한다. (대판 2006.9.22. 2006다29358) **정답** O

02 의사무능력 여부는 개별적·구체적으로 판정되는 것으로서 성년후견개시심판이나 한정후견개시심판을 받았는지 여부와 일치하지 않는다.

> **해설** 의사능력의 유무는 구체적인 법률행위와 관련하여 개별적으로 판단되어야 할 것이다. (대판 2006.09.22. 2006다29358) **정답** O

자연인의 행위능력

03 미성년자의 법률행위에 대한 법정대리인의 동의가 있었다는 증명책임은 그 동의가 있었음을 이유로 법률행위의 유효를 주장하는 자에게 있다.

> **해설** 미성년자가 토지매매행위를 부인하고 있는 이상, 미성년자가 그 법정대리인의 동의를 얻었다는 점에 관한 증명책임은 미성년자에게 없고 이를 주장하는 상대방에게 있다. (대판 1970.2.24. 69다1568) **정답** O

04 미성년자가 법정대리인의 동의 없이 카드발행계약을 체결할 후, 丙 가맹점에서 카드로 물품을 구입한 경우, 미성년자 甲이 신용카드가입계약을 취소하더라도 乙 카드회사는 이미 지급한 대금의 반환을 丙에게 청구할 수 없다.

> **해설** 신용카드 이용계약이 취소됨으로써 원고(제한능력자)들은 신용카드발행인인 피고(제한능력자의 상대방)들이 가맹점에 대신 지급하였던 물품·용역대금채무를 면제받았으므로 피고들에게 위 물품·용역대금 상당액을 부당이득으로서 반환할 의무가 있으며, 원고들이 가맹점과의 매매계약을 통하여 취득한 물품과 제공받은 용역이 부당이득반환의 대상이 되는 것이 아니다.
> **정답** O

05 미성년자는 법정대리인의 동의가 없는 한 단독으로 유효하게 채무변제를 수령할 수 없다.

> **해설** 채무변제의 수령은 채권소멸의 효과를 가져오므로, 권리만을 얻거나 의무만을 면하는 행위(제5조 1항 단서)에 해당하지 않는다.
> **정답** O

06 법정대리인이 사용목적을 정하여 처분을 허락한 재산에 대하여 미성년자는 그 목적과 다른 용도로 유효하게 처분할 수 있다.

> **해설** 법정대리인이 범위를 정하여 처분을 허락한 재산은 미성년자가 임의로 처분할 수 있으며(제6조), 이 경우 법정대리인은 사용목적을 제한할 수 없다.
> **정답** O

07 미성년자가 자신의 월 소득범위에서 신용카드로 신용구매계약을 체결한 경우, 그에 대해 법정대리인의 명시적 동의가 없었다면 미성년자는 이를 취소할 수 있다.

> **해설** 미성년자가 월 소득범위 내에서 신용구매계약을 체결한 사안에서, 스스로 얻고 있던 월 소득에 대하여는 법정대리인의 묵시적 처분허락이 있었다고 본다. (대판 2007.11.16. 2005다71659)
> **정답** ×

08 영업이 허락된 미성년자의 그 영업에 관한 행위, 혼인을 한 미성년자의 행위에 있어 미성년자는 성년자와 같은 행위능력을 가진다.

> **해설** 미성년자가 법정대리인으로부터 허락을 얻은 특정한 영업에 관하여는 성년자와 동일한 행위능력이 있으며(제8조 1항), 미성년자가 혼인한 경우에는 성년으로 의제된다.
> **정답** O

09 법정대리인이 미성년자에게 영업의 종류를 특정하여 영업을 허락하였다면, 법정대리인은 허락한 영업과 관련된 행위를 스스로 대리할 수 없다.

○ 해설 법정대리인으로부터 영업이 허락된 경우, 미성년자는 성년자와 동일한 행위능력이 있으므로, 그 영업에 관하여는 법정대리권 자체가 소멸한다. ○ 정답 ○

10 미성년자인 甲이 여행경비를 마련하기 위하여 친권자의 동의 없이 가족이 사용하는 컴퓨터를 乙에게 100만 원에 팔기로 하고 계약금 10만 원을 수령한 경우, 甲은 미성년 상태에서도 친권자의 동의 없이 그 계약을 유효하게 취소할 수 있다.

○ 해설 제한능력자가 자신의 법률행위를 행위무능력을 이유로 스스로 취소하는 행위는 단독으로 가능하다(제140조). ○ 정답 ○

11 미성년자의 법정대리인은 그를 대리하여 근로계약을 체결할 수 있다.

○ 해설 미성년자의 근로계약은 대리할 수 없으므로(근로기준법 제67조 1항), 미성년자가 법정대리인의 동의를 얻어 스스로 체결하여야 한다. ○ 정답 ×

12 미성년자는 자신의 노무제공에 따른 임금청구를 단독으로 유효하게 할 수 있다.

○ 해설 미성년자의 근로계약은 대리할 수 없으므로(근로기준법 제67조 1항), 미성년자가 법정대리인의 동의를 얻어 스스로 체결하여야 한다. 나아가 임금은 근로자에게 직접 지급하여야 하며(동법 제43조 1항), 미성년자이더라도 단독으로 임금을 청구할 수 있다(동법 제68조). ○ 정답 ○

13 가정법원은 취소할 수 없는 피성년후견인의 법률행위의 범위를 정한 경우에도 본인의 청구에 의해 그 범위를 변경할 수 있다.

○ 해설 제10조 3항. ○ 정답 ○

14 질병, 장애, 노령, 그 밖의 사유로 인한 정신적 제약으로 사무를 처리할 능력이 지속적으로 결여된 자를 피성년후견인이라 한다.

> **해설** 표의자가 법률행위 당시 심신상실이나 심신미약상태에 있어 피성년후견심판 또는 피한정후견심판을 받을 만한 상태에 있었다고 하여도 법원으로부터 피성년후견심판 또는 피한정후견심판을 받은 사실이 없는 이상 제한능력자가 아니다. (대판 1992.10.13. 92다6433)
> **정답** ✕

15 피성년후견인의 법률행위는 언제든지 취소할 수 있으나, 성년후견인의 동의를 받아 한 행위는 취소할 수 없다.

> **해설** 피성년후견인은 법정대리인의 동의를 받더라도 법률행위를 할 수 없으므로 행위능력이 제한된다. 다만, 가정법원이 정한 범위에서는 단독으로 법률행위를 할 수 있다(제10조 2항 등).
> **정답** ✕

16 특정후견인의 행위능력은 특정후견심판에서 정해진 특정후견의 사무 범위내로 제한된다.

> **해설** 피특정후견인은 완전한 행위능력자이다. 일시적으로 또는 특정사무에 대하여 후원을 받을 뿐이다. 따라서 특정후견인이 대리권을 수여받은 영역의 행위이더라도 피특정후견인은 단독으로 유효하게 법률행위를 할 수 있다.
> **정답** ✕

17 가정법원이 피특정후견인에 대하여 성년후견개시의 심판을 할 때에는 종전의 특정후견의 종료심판을 한다.

> **해설** 제14조의3.
> **정답** ○

18 미성년자와 매매계약을 체결한 성년자 甲은 미성년자의 법정대리인인 친권자에 대하여 1월 이상의 기간을 정하여 그 취소할 수 있는 행위의 추인 여부의 확답을 최고할 수 있고, 친권자가 그 기간 내에 확답을 발하지 아니한 때에는 그 행위를 추인한 것으로 본다.

> **해설** 제15조 1항.
> **정답** ○

19 제한능력자와 거래한 상대방이 법률행위 당시 제한능력자임을 알고 있었을 경우 상대방은 확답촉구권이나 철회권, 거절권을 행사할 수 없다.

> **해설** 악의의 상대방은 철회권을 행사할 수 없다. 그러나 확답촉구권이나 거절권은 선악을 불문하고 인정된다(제16조).
> **정답** ✕

20 상대방은 제한능력자측에서 추인하기 전까지 그의 의사표시를 철회할 수 있지만, 제한능력자에 대하여는 능력자로 된 경우에만 철회의 의사표시를 할 수 있다.

> **해설** 철회나 거절의 의사표시는 제한능력자에게도 할 수 있다(제16조 3항). 확답촉구권은 행위능력자 또는 법정대리인에게 해야 하는 점과 구별하여야 한다. **정답** ×

21 피성년후견인이 속임수로써 법정대리인의 동의가 있는 것처럼 믿게 한 경우 그 행위를 취소하지 못한다.

> **해설** 피성년후견인은 법정대리인의 동의가 있더라도 단독으로 유효한 법률행위를 할 수 없으므로, 제17조 2항이 적용되지 않는다. **정답** ×

22 18세인 甲이 컴퓨터대리점에 들러 컴퓨터를 매수하면서 대리점 주인에게 자신은 대학 3학년으로 21세라고 하였다 하더라도, 그 다음날 자신이 미성년자라는 이유로 위 매매계약을 취소할 수 있다.

> **해설** 제17조에 이른바 "제한능력자가 속임수로써 능력자로 믿게 한 때"에 있어서의 속임수를 쓴 것이라 함은 적극적으로 사기수단을 쓴 것을 말하는 것이고 단순히 자기가 능력자라 사언함은 속임수를 쓴 것이라고 할 수 없다. (대판 1971.12.14. 71다2045) **정답** ○

Chapter 04
법률행위의 목적

기본에 충실한
세무사객관식민법

Chapter 04
생명의 존속

Chapter 04 법률행위의 목적

제1절 적법성

01. 다음 중 임의규정에 해당하는 것을 모두 고른 것은? (다툼이 있으면 판례에 따름) 세무사 20년

> ㄱ. 미성년자의 법률행위에 법정대리인의 동의를 요구하는 규정
> ㄴ. 천연과실의 귀속에 관한 규정
> ㄷ. 일부무효의 법리에 관한 규정

① ㄱ   ② ㄷ
③ ㄱ, ㄴ   ④ ㄴ, ㄷ   ⑤ ㄱ, ㄴ, ㄷ

해설

ㄱ (×) 제한능력자의 보호를 위한 규정이므로 강행규정이다.
ㄴ (○), ㄷ (○) 임의규정이다.

정답 ④

02. 법률행위의 목적에 관한 설명으로 옳은 것은? (다툼이 있으면 판례에 따름) 세무사 17년

① 법률행위가 성립하기 위해서는 법률행위 당시에 그 목적이 확정되어 있어야 한다.
② 법률행위는 효력규정에 위반한 경우는 물론이고 단속규정에 위반한 경우에도 무효로 된다.
③ 법률행위의 목적 실현이 후발적으로 불가능하게 되더라도 그로 인하여 법률행위가 무효로 되는 것은 아니다.
④ 동기가 불법인 경우에는 그 동기가 표시되지 않아 상대방이 인식하지 못더라도 법률행위는 무효로 된다.
⑤ 법률행위의 목적이 사회적 타당성을 결여하였더라도 개별적인 강행법규에 위반하지 않았다면 그 법률행위는 유효하다.

○ 해설

① (×) 법률행위의 내용 내지 목적은 확정되어 있거나 확정할 수 있는 것이어야 한다. 그러나 법률행위의 성립 당시에 확정될 필요는 없으며, 목적이 실현될 시점까지 확정될 수 있으면 된다.
② (×) 법률행위가 효력규정에 위반한 경우만 그 사법상 효력이 무효이며, 단속규정에 위반한 경우에는 유효하고 과태료 등의 제재만 받을 뿐이다.
④ (×) 「법률행위의 동기」는 법률행위를 하게 된 이유일 뿐이므로, 법률행위의 내용이 아니다. 따라서 이러한 동기가 사회질서에 위반되더라도 법률행위가 무효로 되지는 않는 것이 원칙이다. 다만 예외적으로 동기가 표시되거나 상대방에게 알려진 경우에는 제103조가 적용되어 법률행위 자체가 무효로 될 수 있다 (대법원 1984.12.11. 선고 84다카1402).
⑤ (×) 법률행위의 목적(내용)이 사회적 타당성에 위배되는 경우 그 법률행위는 무효이다(제103조).

○ 정답 ③

03. 법률행위에 관한 설명으로 옳지 않은 것은? (다툼이 있으면 판례에 따름) 세무사 19년

① 강행법규에 위반한 계약에는 계약상대방이 선의·무과실이더라도 비진의표시의 법리 또는 표현대리 법리가 적용될 여지가 없다.
② 세무사법을 위반하여 세무사와 세무사 자격이 없는 사람 사이에 이루어진 세무대리의 동업 및 이익분배 약정은 무효이다.
③ 강행법규를 위반한 자가 스스로 그 약정의 무효를 주장하는 것은 특별한 사정이 없는 한 권리남용에 해당되거나 신의성실 원칙에 반한다.
④ 법률행위의 일부가 강행법규인 효력규정에 위반되어 무효가 되는 경우, 개별 법령에 일부 무효의 효력에 관한 규정이 없다면 원칙적으로 법률행위의 전부가 무효가 된다.
⑤ 사법상의 계약 기타 법률행위가 일정한 행위를 금지하는 법규정에 위반하여 행하여진 경우, 그 법률행위가 무효인가 또는 그 효력이 제한되는가의 여부는 당해 법규정의 해석에 따라 정해진다.

○ 해설

① (○) 강행법규에 위반한 계약은 무효이므로 계약상대방이 선의·무과실이라 하더라도 제107조의 비진의표시의 법리 또는 표현대리 법리가 적용될 여지는 없다(대판 2016.5.12, 2013다49381).
② (○) 대판 2015.4.9. 2013다35788.
③ (×) 강행법규인 국토이용관리법을 위반하였을 경우에 있어서 위반한 자 스스로가 무효를 주장함이 신의성실의 원칙에 위배되는 권리의 행사라는 이유로 이를 배척한다면 강행법규의 입법취지를 완전히 몰각시키는 결과가 되므로, 특별한 사정이 없는 한 그러한 무효주장은 신의성실의 원칙에 반하지 않는다(대판 1997.11.11. 97다33218).

④ (○) 제137조는 임의규정으로서 의사자치의 원칙이 지배하는 영역에서 적용된다고 할 것이므로, 법률행위의 일부가 강행법규인 효력규정에 위반되어 무효가 되는 경우 그 부분의 무효가 나머지 부분의 유효·무효에 영향을 미치는가의 여부를 판단함에 있어서는 개별 법령이 일부무효의 효력에 관한 규정을 두고 있는 경우에는 그에 따라야 하고, 그러한 규정이 없다면 원칙적으로 제137조가 적용될 것이나 당해 효력규정 및 그 효력규정을 둔 법의 입법 취지를 고려하여 볼 때 나머지 부분을 무효로 한다면 당해 효력규정 및 그 법의 취지에 명백히 반하는 결과가 초래되는 경우에는 나머지 부분까지 무효가 된다고 할 수는 없다 (대판 2004.6.11, 2003다1601).

⑤ (○) 사법상의 계약 기타 법률행위가 일정한 행위를 금지하는 법규정을 위반하여 행하여진 경우에 법률행위가 무효인가 여부는 당해 법규정이 가지는 넓은 의미에서의 법률효과에 관한 문제의 일환으로서, 법규정의 해석 여하에 의하여 정하여진다(대판 2019.6.13. 2018다258562).

정답 ③

04. 법률행위의 목적에 관한 설명으로 옳은 것은? (다툼이 있으면 판례에 따름) _{세무사 22년}

① 법률행위가 성립하기 위해서는 성립 당시에 이미 법률행위의 목적이 확정되어 있어야 한다.
② 법률행위의 목적이 물리적으로 가능하더라도 사회통념상 불가능한 것은 불능에 해당한다.
③ 법률행위의 목적이 사회적 타당성을 결여하였더라도 개별적인 강행법규에 위반하지 않았다면 그 법률행위는 유효하다.
④ 법률행위는 효력규정뿐만 아니라 단속규정에 위반하는 경우에도 무효로 된다.
⑤ 강행규정을 위반하여 계약이 무효라도 계약상대방이 선의·무과실이라면 진의 아닌 의사표시의 법리가 적용될 수 있다.

해설

① (×) 법률행위의 내용 내지 목적은 확정되어 있거나 확정할 수 있는 것이어야 한다. 그러나 법률행위의 성립 당시에 확정될 필요는 없으며, 목적이 실현될 시점까지 확정될 수 있으면 된다.
② (○) 법률행위의 목적의 불능 여부의 판단은 물리적 불능이 아니라, 사회통념에 의해 결정된다.
③ (×) 사회적 타당성, 즉 선량한 풍속 기타 사회질서에 위반한 사항을 내용으로 하는 법률행위는 무효이다 (제103조).
④ (×) 강행법규는 효력규정과 단속규정으로 나뉘는데, 그 중 효력규정에 위반된 법률행위만을 무효로 한다 (제105조).
⑤ (×) 강행법규에 위반한 계약은 무효이므로 계약상대방이 선의·무과실이라 하더라도 제107조의 비진의표시의 법리 또는 표현대리 법리가 적용될 여지는 없다(대판 2016.5.12, 2013다49381).

정답 ②

제1절 적법성 055

05. 법률행위의 성립 및 효력에 관한 설명으로 옳은 것은? (다툼이 있으면 판례에 따름) 세무사 23년

① 매매계약은 성립 당시에 당사자가 누구인지가 구체적으로 특정되어 있어야 성립할 수 있다.
② 강행법규에 위반하여 무효인 법률행위라도 당사자는 추인을 통하여 그 법률행위에 효력을 부여할 수 있다.
③ 매매계약이 강행법규에 위반되어 무효인 경우에도 표현대리가 성립할 수 있다.
④ 공인중개사 자격이 없는 자가 우연한 기회에 단 1회 타인 간의 거래행위를 중개한 경우, 그에 따른 중개수수료 지급약정이 부동산 중개보수 제한에 관한 규정들에 위반하였다면 중개보수 약정은 규정의 한도를 초과하는 부분에서 무효이다.
⑤ 법률행위의 효력요건은 원칙적으로 법률행위의 효과를 주장하는 자가 증명하여야 한다.

○ 해설

① (○) 매매계약은 매도인이 재산권을 이전하는 것과 매수인이 대금을 지급하는 것에 관하여 쌍방 당사자가 합의함으로써 성립하므로 ⅰ) 매매계약 체결 당시에 반드시 매매목적물과 대금을 구체적으로 특정할 필요는 없지만, ⅱ) 적어도 매매계약의 당사자인 매도인과 매수인이 누구인지는 구체적으로 특정되어 있어야만 매매계약이 성립할 수 있다. (대판 2021.1.14. 2018다223054)

② (×) 무효인 법률행위는 추인하더라도 그 법률행위가 유효하게 되는 것이 아니다(제139조 본문). 다만, 당사자가 무효임을 알고 추인한 때에는 그때부터 새로운 법률행위를 한 것으로 볼 수 있는데(제139조 단서), 이는 무효의 원인이 없어진 것을 전제로 하여 추인 그 자체를 새로운 법률행위로 본다는 의미이다.

③ (×) 강행법규에 위반한 계약은 무효이므로 계약상대방이 선의·무과실이라 하더라도 제107조의 비진의표시의 법리 또는 표현대리 법리가 적용될 여지는 없다(대판 2016.5.12, 2013다49381).

④ (×) 공인중개사 자격이 없는 자가 우연한 기회에 단 1회 타인 간의 거래행위를 중개한 경우 등과 같이 '중개를 업으로 한' 것이 아니라면 그에 따른 중개수수료 지급약정이 강행법규에 위배되어 무효라고 할 것은 아니다(대판 2012.6.14. 2010다86525).

⑤ (×) ⅰ) 법률행위의 성립요건에 대한 증명책임은 법률행위의 효력발생을 주장하는 자가 부담한다. 반면에 ⅱ) 법률행위의 효력요건에 대한 증명책임은 법률행위의 효력발생을 저지하려는 자가 부담한다.

○ 정답 ①

제2절 사회적 타당성

06. 반사회질서의 법률행위에 관한 설명으로 옳은 것을 모두 고른 것은? (다툼이 있으면 판례에 따름)

세무사 21년

> ㄱ. 법률행위의 성립과정에 강박이라는 불법적 방법이 사용된 것만으로도 반사회질서의 법률행위로서 무효이다.
> ㄴ. 표시된 법률행위의 동기가 반사회질서적인 경우, 그 법률행위는 반사회질서 법률행위이다.
> ㄷ. 반사회적 법률행위는 무효이며, 이는 선의의 제3자에게도 대항할 수 있다.

① ㄱ
② ㄷ
③ ㄱ, ㄴ
④ ㄴ, ㄷ
⑤ ㄱ, ㄴ, ㄷ

○ 해설

ㄱ (×) 단지 법률행위의 성립 과정에서 불법적 방법이 사용된 데 불과한 때에는, 의사표시의 하자를 이유로 그 효력을 논의할 수는 있을지언정, 반사회질서의 법률행위로서 무효라고 할 수는 없다. (대판 2002.9.10. 2002다21509)

ㄴ (○) 법률행위의 동기가 불법한 경우 원칙적으로 법률행위가 무효로 되지는 않는다. 다만 그 불법동기가 표시되거나 상대방에게 알려진 경우에는 제103조 위반이 되어 무효로 될 수 있다(대판 1984.12.11. 84다카1402).

ㄷ (○) 제103조에는 선의의 제3자 보호규정이 없으므로 절대적 무효이다.

○ 정답 ④

07. 반사회질서의 법률행위가 아닌 것은?

세무사 18년

① 변호사가 아닌 자가 승소를 조건으로 소송당사자로부터 소송 목적물의 일부를 양도받기로 한 경우
② 수증자가 매도인의 배임행위에 적극 가담하여 그로부터 매매목적물을 증여받은 경우
③ 해외연수 근로자가 귀국 후 일정기간 근무하지 않으면 그 소요경비를 배상한다는 약정을 한 경우
④ 보험계약자가 다수의 보험계약을 통하여 보험금을 부정 취득할 목적으로 보험계약을 체결한 경우
⑤ 부첩관계의 종료를 해제조건으로 하여 증여계약이 체결된 경우

○ 해설

① (○) 변호사법 위반행위에 해당하고 반사회적 법률행위로 본다(대판 1990.5.11. 89다카10514).
② (○) 매도인의 배임행위에 적극 가담하여 이루어진 법률행위는 반사회질서 법률행위에 해당한다(대판 1994.3.11. 93다55289).
③ (×) 해외파견된 근로자가 귀국일로부터 일정기간 소속회사에 근무하여야 한다는 사규나 약정은 제103조 또는 제104조에 위반된다고 할 수 없다(대판 1982.6.22. 82다카90).
④ (○) 보험계약자가 다수의 보험계약을 통하여 보험금을 부정취득할 목적으로 보험계약을 체결한 경우, 다수의 선량한 보험가입자들의 희생을 초래하여 보험제도의 근간을 해치게 되므로, 보험계약은 제103조 소정의 선량한 풍속 기타 사회질서에 반하여 무효이다. (대판 2005.07.28. 2005다23858)
⑤ (○) 부첩관계인 부부생활의 종료를 해제조건으로 하는 증여계약은 그 조건만이 무효인 것이 아니라 증여계약 자체가 무효이다. (대판 1966.06.21. 66다530)

○ 정답 ③

08. 반사회질서의 법률행위에 해당하는 것은? (다툼이 있으면 판례에 따름) 세무사 20년

① 부첩관계 단절을 정지조건으로 하는 금전지급약정
② 강제집행을 면할 목적으로 부동산에 허위의 근저당권설정등기를 마친 행위
③ 양도소득세를 회피하기 위해 자신 앞으로 소유권이전등기를 하지 않은 채로 체결한 매매계약
④ 수사기관에 허위진술을 해주는 대가로 금전을 지급하기로 하는 약정
⑤ 비자금을 소극적으로 은닉하기 위한 임치계약

○ 해설

① (×) 부첩관계인 부부생활의 종료를 해제조건으로 하는 증여계약은 그 조건만이 무효인 것이 아니라 증여계약 자체가 제103조에 위배되어 무효이다(대판 1966.06.21. 66다530).
② (×) 강제집행을 면할 목적으로 부동산에 허위의 근저당권설정등기를 경료하는 행위는 제103조의 선량한 풍속 기타 사회질서에 반하는 법률행위로 볼 수 없다(대판 2004.5.28. 2003다70041).
③ (×) 양도소득세의 회피 및 투기의 목적으로 자신 앞으로 소유권이전등기를 하지 아니하고 미등기인 채로 매매계약을 체결하였다 하여 그것만으로 사회질서에 반하는 법률행위로서 무효라고 할 수 없다(대판 1993.5.25. 93다296).
④ (○) 수사기관에서 참고인으로 진술하면서 자신이 잘 알지 못하는 내용에 대하여 허위의 진술을 하는 대가로 작성된 각서에 기한 급부의 약정은 국가사회의 공공질서이익에 반하는 행위이므로 제103조의 반사회적질서행위로 무효이다(대판 2001.4.24. 2000다71999).
⑤ (×) 대판 2001.4.10. 2000다49343.

○ 정답 ④

09. 법률행위에 관한 설명으로 옳지 않은 것은? (다툼이 있으면 판례에 따름) 　　세무사 19년

① 표시되거나 상대방에게 알려진 법률행위의 동기가 반사회질서적인 경우, 그 법률행위는 무효이다.
② 부동산의 이중매매에서 제2매수인이 매도인의 배임행위에 적극적으로 가담한 경우, 매도인과 제2매수인과의 매매계약은 무효이다.
③ 동기의 착오를 이유로 표의자가 법률행위를 취소하려면 당사자들 사이에 별도로 그 동기를 의사표시의 내용으로 삼기로 하는 합의까지 이루어져야 한다.
④ 조건이 선량한 풍속 기타 사회질서에 위반한 것인 때에는 그 법률행위는 무효로 한다.
⑤ 부동산의 이중매매계약이 반사회적 법률행위에 해당하는 경우에는 절대적 무효이다.

해설

① (○) 제103조에 의하여 무효로 되는 반사회질서행위는 법률행위의 목적인 권리의무내용이 선량한 풍속 기타 사회질서에 위반되는 경우 분만 아니라 그 내용자체는 반사회질서적인 것이 아니라고 하여도 법률적으로 이를 강제하거나 그 법률행위에 반사회질서적인 조건 또는 금전적 대가가 결부됨 으로써 반사회질서적 성질을 띠게 되는 경우 및 표시되거나 상대방에게 알려진 법률행위의 동기가 반사회질서적인 경우를 포함한다(대판 1984.12.11. 84다카1402).

② (○) 부동산의 이중매매가 반사회적 법률행위로서 무효가 되기 위하여는 매도인의 배임행위와 매수인이 매도인의 배임행위에 적극 가담한 행위로 이루어진 매매로서, 그 적극가담하는 행위는 매수인이 다른 사람에게 매매목적물이 매도된 것을 안다는 것만으로는 부족하고, 적어도 그 매도사실을 알고도 매도를 요청하여 매매계약에 이르는 정도가 되어야 한다(대판 1994.3.11. 93다55289).

③ (×) 동기의 착오가 법률행위의 내용의 중요부분의 착오에 해당함을 이유로 표의자가 법률행위를 취소하려면 그 동기를 당해 의사표시의 내용으로 삼을 것을 상대방에게 표시하고 의사표시의 해석상 법률행위의 내용으로 되어 있다고 인정되면 충분하고 당사자들 사이에 별도로 그 동기를 의사표시의 내용으로 삼기로 하는 합의까지 이루어질 필요는 없지만, 그 법률행위의 내용의 착오는 보통 일반인이 표의자의 입장에 섰더라면 그와 같은 의사표시를 하지 아니하였으리라고 여겨질 정도로 그 착오가 중요한 부분에 관한 것이어야 한다(대판 2000.5.12. 2000다12259).

④ (○) 제151조 1항.

⑤ (○) 부동산의 이중매매가 반사회적 법률행위에 해당하는 경우에는 이중매매계약은 절대적으로 무효이므로, 당해 부동산을 제2매수인으로부터 다시 취득한 제3자는 설사 제2매수인이 당해 부동산의 소유권을 유효하게 취득한 것으로 믿었더라도 이중매매계약이 유효하다고 주장할 수 없다(대판 1996.10.25. 96다29151).

정답 ③

10. 반사회질서의 법률행위에 관한 설명으로 옳지 않은 것은? (다툼이 있으면 판례에 따름) 세무사 22년

① 법률행위가 반사회질서의 법률행위로서 무효가 되는지는 법률행위 당시를 기준으로 판단하여야 한다.
② 어떠한 경우에도 이혼하지 않겠다는 약정은 반사회질서의 법률행위에 해당한다.
③ 반사회질서의 법률행위에 의하여 조성된 비자금을 소극적으로 은닉하기 위하여 임치한 것은 반사회질서의 법률행위로 볼 수 없다.
④ 상대방에게 표시된 법률행위의 동기가 사회질서에 반하는 경우에는 반사회질서의 법률행위가 성립할 수 있다.
⑤ 계약당사자의 자유의사에 의하여 불가항력으로 인한 손해를 계약당사자의 일방만이 부담한다는 특약을 한 경우, 특별한 사정이 없는 한 반사회질서의 법률행위에 해당한다.

○ 해설

① (○) 대판 2013.9.26. 2011다53683·53690 전원합의체.
② (○) 어떠한 경우에도 이혼하지 않겠다는 약정은 개인의 자유를 심하게 제한하므로, 반사회질서의 법률행위에 해당한다.
③ (○) 대판 2001.4.10. 2000다49343.
④ (○) 법률행위의 동기가 불법한 경우 원칙적으로 법률행위가 무효로 되지는 않는다. 다만 그 불법동기가 표시되거나 상대방에게 알려진 경우에는 제103조 위반이 되어 그 법률행위는 무효이다(대판 1984.12.11. 84다카1402).
⑤ (×) 불가항력으로 인한 손해를 계약당사자의 일방만이 부담한다는 내용의 특약을 하였다 하더라도 이를 당연무효라고 할 수 없다(대판 1963.5.15. 63다111).

○ 정답 ⑤

11. 반사회적 법률행위에 관한 설명으로 옳지 않은 것은? (다툼이 있으면 판례에 따름) 세무사 23년

① 당사자 일방의 반사회적 동기가 법률행위 당시에 이미 상대방에게 알려졌다면 그 법률행위는 무효이다.
② 강제집행을 면할 목적으로 부동산에 허위의 근저당권설정등기를 경료하는 행위는 반사회적 법률행위로 볼 수 없다.
③ 해외파견된 근로자가 귀국일로부터 일정기간 소속회사에 근무하여야 한다는 사규나 약정은 반사회적 법률행위라고 할 수 없다.
④ 의무의 강제에 의하여 얻어지는 채권자의 이익에 비하여 약정된 위약벌이 과도하게 무겁다면 반사회적 법률행위가 될 수 있다.
⑤ 법률행위의 성립과정에서 강박이라는 불법적 방법이 사용되었다는 이유만으로도 반사회적 법률행위가 될 수 있다.

○ 해설

① (O) 법률행위의 동기가 불법한 경우 원칙적으로 법률행위가 무효로 되지는 않는다. 다만 그 불법동기가 **표시되거나** 상대방에게 **알려진** 경우에는 제103조 위반이 되어 그 법률행위는 무효이다(대판 1984.12.11. 84다카1402).

② (O) 대판 2004.5.28. 2003다70041.

③ (O) 해외파견된 근로자가 귀국일로부터 일정기간 소속회사에 근무하여야 한다는 사규나 약정은 제103조 또는 제104조에 위반된다고 할 수 없다(대판 1982.6.22. 82다카90).

④ (O) 위약벌은 손해배상액의 예정에 관한 민법 제398조 제2항을 유추적용하여 그 액을 감액할 수 없고, 다만 그 의무의 강제로 얻는 채권자의 이익에 비하여 약정된 벌이 과도하게 무거울 때에는 그 일부 또는 전부가 공서양속에 반하여 무효로 된다(대판 2022.7.21. 2018다248855 전원합의체).

⑤ (×) 단지 법률행위의 성립 과정에서 불법적 방법이 사용된 데 불과한 때에는, 의사표시의 하자를 이유로 제110조의 취소를 논의할 수는 있을지언정, 반사회질서의 법률행위로서 무효라고 할 수는 없다(대판 2002.9.10. 2002다21509).

○ 정답 ①

12. 甲은 자신의 X토지를 乙에게 매도하고 중도금을 수령한 후, 다시 丙에게 매도하고 소유권이전등기까지 경료해 주었다. 다음 설명 중 틀린 것은?(다툼이 있으면 판례에 따름)

① 특별한 사정이 없는 한 丙은 X토지의 소유권을 취득한다.
② 특별한 사정이 없는 한 乙은 최고 없이도 甲과의 계약을 해제할 수 있다.
③ 丙이 甲의 乙에 대한 배임행위에 적극 가담한 경우, 乙은 丙을 상대로 직접 등기의 말소를 청구할 수 없다.
④ 甲과 丙의 계약이 사회질서 위반으로 무효인 경우, 丙으로부터 X토지를 전득한 丁은 선의이더라도 그 소유권을 취득하지 못한다.
⑤ 만약 丙의 대리인 戊가 丙을 대리하여 X토지를 매수하면서 甲의 배임행위에 적극 가담하였다면, 그러한 사정을 모르는 丙은 그 소유권을 취득한다.

○ 해설

① (O) 이중매매는 제2매수인이 매도인의 배임행위에 적극 가담하였다는 등의 특별한 사정이 없는 한, 원칙적으로 유효하다.

② (O) 甲의 乙에 대한 X토지의 소유권이전의무는 사회통념상 이행불능이 되었으므로, 乙은 이행불능을 이유로 계약을 해제할 수 있다. 이행불능을 이유로 하는 해제에는 최고를 필요로 하지 않는다.

③ (O) 제1매수인은 매매계약상의 채권자일 뿐이다. 따라서 제3자인 제2매수인에게 소유권이전등기를 직접 청구할 권원이 없다(채권의 상대적 효력). 다만, 매도인(채무자)을 대위하여 제2매수인에게 말소등기를 청구하는 것은 가능하다(제404조).

제2절 사회적 타당성

④ (O) 제103조 위반의 무효는 절대적 무효이므로, 부동산을 제2매수인으로부터 취득한 제3자는 선의라고 하더라도 보호되지 않는다.
⑤ (×) 의사표시의 효력이 의사의 흠결, 사기, 강박 또는 어느 사정을 알았거나 과실로 알지 못한 것으로 인하여 영향을 받을 경우에 그 사실의 유무는 대리인을 표준으로 결정한다. 대리인(戊)이 매도인(甲)의 배임행위에 적극 가담한 경우, 제2매수인인 본인(丙)이 설령 선의일지라도 소유권을 취득할 수 없다.

> **핵심** **이중매매의 법률관계**
>
> ① 원 칙 : 제1매매와 제2매매는 원칙적으로 모두 유효함. 제1매수인과 제2매수인 모두 매도인에 대한 채권을 가질 뿐이므로 우열관계가 없으며, 먼저 소유권이전등기를 경료한 자가 우선함(물권의 대세적 효력, 채권의 대인적 효력).
> ② 예 외 : 제2매수인이 매도인의 배임행위에 적극 가담한 경우에는 제2매매는 무효가 되므로 제2매수인을 소유권이전등기를 경료하여도 소유권을 취득하지 못함(제103조). 제2매매가 무효인 경우의 구체적 법률관계는 아래와 같음.
> ㉠ 제1매수인은 매도인을 대위하여 제2매수인에게 말소등기청구 ○. 직접 청구 ×.
> ㉡ 제2매수인으로부터의 전득자(제3자)는 소유권취득 X (절대적 무효, 등기의 공신력 부정).

O 정답 ⑤

13. 반사회적 법률행위나 불공정한 법률행위에 관한 설명으로 옳지 않은 것은? (다툼이 있으면 판례에 따름)

세무사 19년

① 경매에는 불공정한 법률행위의 법리가 적용되지 않는다.
② 대리인에 의한 법률행위의 경우, 경솔 또는 무경험은 대리인을 기준으로 판단하지만 궁박의 여부는 본인을 기준으로 판단한다.
③ 불공정한 법률행위로 무효가 되면 추인에 의해서도 법률행위가 유효로 될 수 없다.
④ 형사사건에 관하여 2019년 현재 체결된 성공보수약정은 반사회적 법률행위에 해당하지 않는다.
⑤ 양도소득세를 줄이기 위해 매매계약서를 실제 거래금액보다 낮은 금액으로 작성하는 행위는 반사회적 법률행위가 아니다.

해설

① (○) 경매에 있어서는 불공정한 법률행위 또는 채무자에게 불리한 약정에 관한 것으로서 효력이 없다는 제104조, 제608조는 적용될 여지가 없다(대결 1980.3.21. 80마77)..

② (○) 제104조의 불공정한 법률행위에 해당하는지 여부를 판단함에 있어서 **경솔과 무경험은** 대리인을 기준으로 하여 판단하고, **궁박은** 본인의 입장에서 판단한다(대판 2002.10.22. 2002다38927).

③ (○) 불공정한 법률행위로서 무효인 경우에는 추인에 의하여 무효인 법률행위가 유효로 될 수 없다(대판 1994.6.24. 94다10900).

④ (×) 형사사건에서의 성공보수약정은 수사·재판의 결과를 금전적인 대가와 결부시킴으로써, 기본적 인권의 옹호와 사회정의의 실현을 사명으로 하는 변호사 직무의 공공성을 저해하고, 의뢰인과 일반 국민의 사법제도에 대한 신뢰를 현저히 떨어뜨릴 위험이 있으므로, 선량한 풍속 기타 사회질서에 위배된다(대판(전) 2015.7.23. 2015다200111)"

⑤ (○) 대판 2007.6.14. 2007다3285.

정답 ④

---

14. 불공정한 법률행위(민법 제104조)에 관한 설명으로 옳지 않은 것은? (다툼이 있으면 판례에 따름)

세무사 21년

① 불공정한 법률행위로서 무효인 경우에도 무효행위의 전환에 관한 민법 규정이 적용될 수 있다.
② 경매에도 민법 제104조가 적용된다.
③ 어떠한 법률행위가 불공정한 법률행위에 해당하는지는 법률행위 당시를 기준으로 판단하여야 한다.
④ 불공정한 법률행위가 성립하기 위한 요건인 궁박, 경솔, 무경험은 그중 일부만 갖추어져도 충분하다.
⑤ 대리인에 의하여 법률행위가 이루어진 경우, 경솔과 무경험은 대리인을 기준으로 판단하고, 궁박은 본인의 입장에서 판단해야 한다.

해설

① (○) 약정된 매매대금의 과다로 말미암아 매매계약이 제104조 '불공정한 법률행위'에 해당하여 무효인 경우에도 무효행위의 전환규정(제138조)이 적용될 수 있다. 따라서 당사자 쌍방이 무효를 알았더라면 합의하였을 것이라고 인정되는 대금액을 내용으로 매매계약이 유효하게 성립한다. (대판 2010.7.15. 2009다50308)

② (×) 경매에는 제104조가 적용되지 않는다(대결 1980.3.21. 80마77).

③ (○) 대판 1965.6.15. 65다610.

④ (○) 대판 1993.10.12. 93다19924.

⑤ (○) 대판 2002.10.22. 2002다38927.

정답 ②

15. 불공정한 법률행위의 요건에 관한 설명으로 옳지 않은 것은? (다툼이 있으면 판례에 따름) 세무사 23년

① 궁박에는 경제적인 궁박뿐만 아니라 정신적·심리적인 궁박도 포함된다.
② 무경험은 일반적인 생활경험이 아니라 해당 법률행위가 속한 특정영역에서의 경험부족을 의미한다.
③ 대리인에 의한 법률행위에서 궁박은 본인을 기준으로 판단한다.
④ 불공정한 법률행위가 성립하기 위해서는 폭리행위자가 상대방의 궁박, 경솔 또는 무경험을 이용하려는 의사가 있어야 한다.
⑤ 불공정한 법률행위가 성립하기 위해서는 급부와 반대급부 사이에 현저한 불균형이 존재하여야 한다.

○ 해설

① (○) 대판 1996.6.14. 94다46374.
② (×) '무경험'이라 함은 일반적인 생활체험의 부족을 의미하는 것으로서, 어느 특정영역에 있어서의 경험부족이 아니라 거래일반에 대한 경험부족을 뜻한다(대판 2002.10.22. 2002다38927).
③ (○) 대리인에 의하여 법률행위가 이루어진 경우, 그 법률행위가 제104조의 불공정한 법률행위에 해당하는지 여부를 판단함에 있어서 경솔과 무경험은 대리인을 기준으로 하여 판단하고, 궁박은 본인의 입장에서 판단하여야 한다(대판 2002.10.22. 2002다38927).
④ (○) 대판 2002.10.22. 2002다38927.
⑤ (○) 대판 2000.2.11. 99다56833.

○ 정답 ②

16. 불공정한 법률행위에 관한 설명으로 옳지 않은 것은? (다툼이 있으면 판례에 따름) 세무사 20년

① 경매에 대해서도 불공정한 법률행위에 관한 규정이 적용된다.
② 궁박은 급박한 곤궁을 말하는 것으로 경제적 원인뿐만 아니라 정신적, 심리적 원인에 기인할 수 있다.
③ 불공정한 법률행위가 대리인에 의하여 행해진 경우 궁박 상태는 본인을 기준으로 판단하여야 한다.
④ 불공정한 법률행위가 인정되기 위해서는 폭리자가 피해자의 궁박이나 경솔, 무경험을 알고서 이를 이용하려는 의사가 있어야 한다.
⑤ 불공정한 법률행위는 추인에 의해서도 유효하게 될 수 없다.

○ 해설

① (×) 경매에 있어서는 불공정한 법률행위 또는 채무자에게 불리한 약정에 관한 것으로서 효력이 없다는 제104조, 제608조는 적용될 여지가 없다(대결 1980.3.21. 80마77).

② (○) 대판 1996.6.14. 94다46374.

③ (○) 대판 2002.10.22. 2002다38927.

④ (○) 대판 1996.11.12. 96다34061.

⑤ (○) 대판 1994.6.24. 94다10900.

○ 정답 ①

17. 불공정한 법률행위에 관한 설명으로 옳지 않은 것은? (다툼이 있으면 판례에 따름) 세무사 22년

① 불공정한 법률행위의 성립을 위해서는 폭리자에게 피해자의 궁박, 경솔 또는 무경험을 알고서 이를 이용하려는 의사가 있어야 한다.
② 급부와 반대급부 사이에 현저한 불균형이 존재한다는 것만으로 피해자의 궁박, 경솔 또는 무경험이 추정되는 것은 아니다.
③ 불공정한 법률행위에 관한 민법의 규정은 비법인사단의 총회 결의에는 적용될 수 없다.
④ 불공정한 법률행위로서 무효인 경우, 피해자는 자기가 이행한 것의 반환을 청구할 수 있다.
⑤ 대리인에 의한 법률행위에서 궁박 여부는 대리인이 아닌 본인을 기준으로 판단하여야 한다.

○ 해설

① (○) 대판 2002.10.22. 2002다38927.

② (○) 대판 1969.7.8. 69다594.

③ (×) 비법인사단의 총회결의에도 적용된다. 즉, 종중재산의 분배에 관한 종중총회의 결의 내용이 현저하게 불공정하거나 선량한 풍속 기타 사회질서에 반하는 경우 또는 종원의 고유하고 기본적인 권리의 본질적인 내용을 침해하는 경우 그 결의는 무효이다. (대판 2010.9.9. 2007다42310,42327)

④ (○) 폭리행위로 인한 급부는 제746조의 '불법원인급여'에 해당한다. 다만 불법성이 폭리자에게만 있으므로 폭리행위자는 그 반환을 청구할 수 없으나(제746조 본문), 그 상대방인 피해자는 반환을 청구할 수 있다(제746조 단서).

⑤ (○) 대리인에 의하여 법률행위가 이루어진 경우, 그 법률행위가 제104조의 불공정한 법률행위에 해당하는지 여부를 판단함에 있어서 경솔과 무경험은 대리인을 기준으로 하여 판단하고, 궁박은 본인의 입장에서 판단하여야 한다(대판 2002.10.22. 2002다38927).

○ 정답 ③

필수지문 OX

확정성 / 실현가능성 / 적법성 / 사회적 타당성

01 공인중개사 자격 없이 부동산중개업을 하는 자와 부동산중개를 의뢰한 자간 부동산중개수수료 지급에 관한 약정은 무효이다.

> **해설** 공인중개사 자격이 없어 중개사무소 개설등록을 하지 아니한 채 부동산중개업을 한 자에게 형사적 제재를 가하는 것만으로는 부족하고 그가 체결한 중개수수료 지급약정에 의한 경제적 이익이 귀속되는 것을 방지하여야 할 필요가 있다. 따라서 중개사무소 개설등록에 관한 부동산중개업법 관련 규정들은 공인중개사 자격이 없는 자가 중개사무소 개설등록을 하지 아니한 채 부동산중개업을 하면서 체결한 중개수수료 지급약정의 효력을 제한하는 이른바 강행법규에 해당한다. (대판 2010.12.23. 2008다75119) **정답** O

02 단지 법률행위의 성립과정에 강박이라는 불법적 방법이 사용된 데 불과한 경우, 강박에 의한 의사표시의 하자나 의사의 흠결을 이유로 법률행위의 무효나 취소를 주장할 수 있을 뿐, 반사회질서의 법률행위로서 무효라고 주장할 수 없다.

> **해설** 제103조에 의하여 무효로 되는 반사회질서행위는 ⅰ) 법률행위의 목적인 권리의무 내용이 선량한 풍속 기타 사회질서에 위반되는 경우 뿐만 아니라 ⅱ) 그 내용자체는 반사회질서적인 것이 아니라고 하여도 ① 법률적으로 이를 강제하거나 그 법률행위에 ② 반사회질서적인 조건 또는 금전적 대가가 결부됨으로써 반사회 질서적 성질을 띠게 되는 경우 및 ③ 표시되거나 상대방에게 알려진 법률행위의 동기가 반사회질서적인 경우를 포함하지만, 이상의 각 요건에 해당하지 아니하고 단지 법률행위의 성립 과정에서 불법적 방법이 사용된 데 불과한 때에는, 의사표시의 하자를 이유로 그 효력을 논의할 수는 있을지언정, 반사회질서의 법률행위로서 무효라고 할 수는 없다. (대판 2002.9.10. 2002다21509) **정답** O

03 제1매수인으로부터 부동산의 매매대금 전부를 지급받은 매도인이 이 사실을 알고 있는 제2매수인과 그 부동산에 대한 매매계약을 체결한 경우, 특별한 사정이 없는 한 그 제2매수인과의 부동산매매계약은 유효이다.

> **해설** 부동산의 이중매매가 반사회적 법률행위로서 무효가 되기 위하여는 매수인이 매도인의 배임행위에 적극 가담하여야 한다. 여기서 매수인의 적극가담이 있었다고 평가하기 위해서는 다른 사람에게 매매목적물이 매도된 것을 매수인이 안다는 것만으로는 부족하고, 적어도 그 매도사실을 알고도 매도를 요청하여 매매계약에 이르는 정도가 되어야 한다. (대판 1994.3.11. 93다55289) **정답** O

04 甲이 그 소유 부동산을 乙에게 매도하였는데, 丙의 대리인 丁이 그 사실을 알면서도 甲의 배임행위에 적극 가담하여 이중으로 매수한 경우, 丙이 그러한 사정을 몰랐더라도 甲과 丙의 매매계약은 사회질서에 반하여 무효이다.

> **해설** 대리인이 본인을 대리하여 매매계약을 체결함에 있어서 매매대상 토지에 관한 저간의 사정을 잘 알고 그 배임행위에 가담하였다면, 대리행위의 하자 유무는 대리인을 표준으로 판단하여야 하므로, 설사 본인이 미리 그러한 사정을 몰랐거나 반사회성을 야기한 것이 아니라고 할지라도 그로 인하여 매매계약이 가지는 사회질서에 반한다는 장애사유가 부정되는 것은 아니다. (대판 1998.2.27. 97다45532)
>
> **정답** ○

05 성매매알선 등 행위에 관하여 동업계약을 체결한 당사자 일방이 상대방에게 그 동업계약에 따라 성매매의 권유·유인·강요의 수단으로 이용되는 선불금 등 명목으로 사업자금을 제공한 경우에는 그 반환을 청구할 수 있다.

> **해설** 성매매알선 등 행위에 관하여 동업계약을 체결한 당사자 일방이 상대방에게 그 동업계약에 따라 성매매의 권유·유인·강요의 수단으로 이용되는 선불금 등 명목으로 사업자금을 제공하였다면 그 사업자금 역시 불법원인급여에 해당하여 반환을 청구할 수 없다. (대판 2013.8.14. 2013도321)
>
> **정답** ×

06 부첩관계를 해소하면서 상대방의 장래 생활대책 마련을 위해 복수의 부동산 중 한 필지를 증여하기로 하는 당사자 간의 약정은 유효이다.

> **해설** 부첩관계를 해소하기로 하면서 그동안 상대방이 바친 노력과 비용 등의 희생을 배상 내지 위자하고 또 장래 생활대책을 마련해 준다는 뜻에서 금원을 지급하기로 약정한 것이라면, 위와 같은 의미의 금전지급약정은 공서양속에 반하지 않는다. (대판 1980.6.24. 80다458)
> 〈비교〉 부첩관계인 부부생활의 종료를 해제조건으로 하는 증여계약은 그 조건만이 무효인 것이 아니라 증여계약 자체가 무효이다. (대판 1966.06.21. 66다530)
>
> **정답** ○

07 어떠한 사실을 알고 있는 사람과의 사이에 소송에서 사실대로 증언하여 줄 것을 조건으로 어떠한 급부를 할 것을 약정한 경우에는 허위의 증언을 부탁한 경우와는 달리 민법 제103조 소정의 반사회질서행위에 해당할 여지가 없다.

> **해설** 소송사건에서 증인으로 출석하여 증언할 것을 조건으로 어떤 대가를 받을 것을 약정한 경우, 증인은 진술할 의무가 있는 것이므로 그 대가의 내용이 통상적으로 용인될 수 있는 수준(예컨대 증인에게 일당과 여비가 지급되기는 하지만 증인이 법원에 출석함으로써 입게 되는 손해에는 미치지 못하는 경우 그러한 손해를 전보해 주는 정도)을 초과하는 경우에는 제103조의 반사회질서행위에 해당하여 무효이다. (대판 1999.4.13. 98다52483)

〈비교판례〉 수사기관에서 참고인으로 진술하면서 자신이 잘 알지 못하는 내용에 대하여 허위의 진술을 하는 대가로 일정한 급부를 받기로 하는 약정은 그 급부의 상당성 여부를 판단할 필요 없이 제103조의 반사회적질서행위에 해당하여 무효이다. (대판 2001.4.24. 2000다71999)

○ 정답 ×

08 형사사건에 관한 성공보수약정은 선량한 풍속 기타 사회질서에 위배되는 것으로 평가할 수 있다.

○ 해설 형사사건에서의 성공보수약정은 수사·재판의 결과를 금전적인 대가와 결부시킴으로써, 변호사 직무의 공공성을 저해하고, 의뢰인과 일반 국민의 사법제도에 대한 신뢰를 현저히 떨어뜨릴 위험이 있으므로, 선량한 풍속 기타 사회질서에 위배된다. (대판 2015.7.23. 2015다200111 전원합의체)

○ 정답 ○

09 지방자치단체가 골프장사업계획승인과 관련하여 사업자로부터 기부금을 받기로 하는 증여계약은 공무수행과 결부된 금전적 대가이지만, 그 조건이나 동기가 사회질서에 반한다고 할 수 없으므로 무효라고 할 수 없다.

○ 해설 지방자치단체가 골프장사업계획승인과 관련하여 사업자로부터 기부금을 지급받기로 한 증여계약은 공무수행과 결부된 금전적 대가로서 그 조건이나 동기가 사회질서에 반하므로 제103조에 의해 무효이다. (대판 2009.12.10. 2007다63966)

○ 정답 ×

10 도박채무의 변제를 위하여 채무자로부터 부동산의 처분을 위임받은 도박 채권자가 그 부동산을 제3자에게 매도한 경우, 그 제3자가 도박 채권자를 통하여 그 부동산을 매수한 행위는 그 제3자가 계약 당시 위와 같은 사정을 알지 못하였더라도 반사회질서의 법률행위로서 무효이다.

○ 해설 도박채무 부담행위 및 그 변제약정이 제103조의 선량한 풍속 기타 사회질서에 위반되어 무효라 하더라도, 그 무효는 변제약정의 이행행위에 해당하는 위 부동산을 제3자에게 처분한 대금으로 도박채무의 변제에 충당한 부분에 한정되고, 위 변제약정의 이행행위에 직접 해당하지 아니하는 부동산 처분에 관한 대리권을 도박 채권자에게 수여한 행위 부분까지 무효라고 볼 수는 없다. (대판 1995.7.14. 94다40147)

○ 정답 ×

11 매도인이 양도소득세의 일부를 회피할 목적으로 매매계약서에 실제로 거래한 가액을 매매대금으로 기재하지 아니하고 그보다 낮은 금액을 매매대금으로 기재한 경우, 그것만으로도 그 매매계약은 반사회질서의 법률행위로서 무효로 된다.

○ 해설 양도소득세의 일부를 회피할 목적으로 매매계약서에 실제로 거래한 가액을 매매대금으로 기재하지 아니하고 그보다 낮은 금액을 매매대금으로 기재하였다 하여, 그것만으로 그 매매계약이 사회질서에 반하는 법률행위로서 무효로 된다고 할 수는 없다. (대판 2007.6.14. 2007다3285) ○ 정답 ×

12 甲이 반사회적 행위에 의하여 조성된 비자금을 소극적으로 은닉하기 위하여 이를 乙에게 소비임치한 경우, 乙은 甲의 소비임치계약에 의한 반환청구를 거부할 수 없다.

○ 해설 반사회적 행위에 의하여 조성된 재산인 이른바 비자금을 소극적으로 은닉하기 위하여 임치한 것은 사회질서에 반하는 법률행위로 볼 수 없으므로 불법원인급여가 아니다. (대판 2001.4.10. 2000다49343) ○ 정답 ○

13 보험계약자가 다수의 보험계약을 통하여 보험금을 부정취득 할 목적으로 보험계약을 체결한 경우, 이러한 보험계약은 선량한 풍속 기타 사회질서에 위반하여 무효이다.

○ 해설 보험계약자가 다수의 보험계약을 통하여 보험금을 부정취득할 목적으로 보험계약을 체결한 경우, 이러한 목적으로 체결된 보험계약에 의하여 보험금을 지급하게 하는 것은 보험계약을 악용하여 부정한 이득을 얻고자 하는 사행심을 조장함으로써 사회적 상당성을 일탈하게 될 뿐만 아니라, 또한 합리적인 위험의 분산이라는 보험제도의 목적을 해치고 위험발생의 우발성을 파괴하며 다수의 선량한 보험가입자들의 희생을 초래하여 보험제도의 근간을 해치게 되므로, 이와 같은 보험계약은 제103조 소정의 선량한 풍속 기타 사회질서에 반하여 무효이다. (대판 2005.07.28. 2005다23858) ○ 정답 ○

14 불공정한 법률행위를 이유로 무효를 주장하는 자는 피해자의 궁박, 경솔과 무경험을 모두 증명해야 한다.

○ 해설 궁박, 경솔 또는 무경험 중의 어느 하나만 증명하면 된다(제104조 참고). ○ 정답 ×

15 계약체결시를 기준으로 불공정한 행위가 아니라면 그 후 외부환경의 급격한 변화로 계약당사자 일방에게 큰 손실이 발생하고 상대방에게 그에 상응하는 큰 이익이 발생한다 하더라도 불공정한 법률행위가 되지 않는다.

○ 해설 어떠한 법률행위가 불공정한 법률행위에 해당하는지는 법률행위시를 기준으로 판단하여야 한다. 따라서 사후에 외부적 환경의 급격한 변화에 따라 계약당사자 일방에게 큰 손실이 발생하고 상대방에게는 그에 상응하는 큰 이익이 발생할 수 있는 구조라고 하여 그 계약이 당연히 불공정한 계약에 해당한다고 말할 수 없다. (대판 2013.9.26. 2011다53683·53690 전원합의체) ○ 정답 ○

16 매매계약 당시 매수인에게 궁박한 사정이 있다는 점을 매도인이 알고 있었다고 하더라도, 매도인이 이를 이용하려는 의사가 없었다면 매수인은 매매계약이 민법 제104조의 불공정 법률행위임을 주장할 수 없다.

> **해설** 피해 당사자가 궁박, 경솔 또는 무경험의 상태에 있었다고 하더라도 그 상대방 당사자에게 그와 같은 피해 당사자측의 사정을 알면서 이를 이용하려는 의사, 즉 폭리행위의 악의가 없었다거나 또는 객관적으로 급부와 반대급부 사이에 현저한 불균형이 존재하지 아니한다면 불공정 법률행위는 성립하지 않는다. (대판 2002.10.22. 2002다38927) **정답** ○

17 급부와 반대급부 사이에 현저한 불균형이 있으면 당사자의 궁박, 경솔 또는 무경험으로 인한 법률행위가 추정된다.

> **해설** 불공정한 법률행위를 주장하는 자는 스스로 궁박, 경솔, 무경험으로 인하였음을 증명하여야 하고, 그 법률행위가 현저하게 공정을 잃었다 하여 곧 그것이 경솔하게 이루어졌다고 추정하거나 궁박한 사정이 인정되는 것이 아니다. (대판 1969.7.8. 69다594) **정답** ×

18 불공정한 법률행위로서 무효인 경우에도 추인하면 유효로 된다.

> **해설** 불공정한 법률행위로서 무효인 경우에는 추인에 의하여 유효로 될 수 없다. (대판 1994.6.24. 94다10900) **정답** ×

19 아무런 대가관계나 부담 없이 당사자 일방이 상대방에게 일방적인 급부를 하는 법률행위는 불공정한 법률행위가 아니다.

> **해설** 증여계약과 같이 아무런 대가관계 없이 당사자 일방이 상대방에게 일방적인 급부를 하는 법률행위(무상행위)는 그 공정성 여부를 논의할 수 있는 성질의 법률행위가 아니다. (대판 2000.2.11. 99다56833) **정답** ○

20 경매에서 경매부동산의 매각대금이 시가에 비하여 현저히 저렴한 경우, 불공정한 법률행위에 해당하여 무효이다.

> **해설** 경매에 있어서는 불공정한 법률행위 또는 채무자에게 불리한 약정에 관한 것으로서 효력이 없다는 제104조, 제608조는 적용될 여지가 없다. (대판 1980.3.21. 80마77) **정답** ×

Chapter 05
의사표시

Chapter 05 의사표시

제1절 비진의표시

01. 진의 아닌 의사표시에 관한 설명으로 옳은 것은? (다툼이 있으면 판례에 따름) 세무사 20년

① 진의는 표의자가 진정으로 마음 속에서 바라는 사항을 말한다.
② 객관적으로 보아 명백히 사교적인 농담의 경우에도 상대방이 그 표시를 믿었다면 효력이 발생한다.
③ 민법 제107조 제1항 단서의 진의 아닌 의사표시의 무효에 관한 규정은 공법행위에 적용되지 않는다.
④ 진의 아닌 의사표시의 무효에 대항할 수 있기 위해서 제3자는 선의이며 무과실이어야 한다.
⑤ 대리인에 의하여 이루어진 진의 아닌 의사표시가 제3자의 이익을 위한 배임적인 것임을 상대방이 알았더라도 그 의사표시의 효력은 본인에게 미친다.

○ 해설

① (×) 비진의의사표시에 있어서의 진의란 특정한 내용의 의사표시를 하고자 하는 표의자의 생각을 말하는 것이지 표의자가 진정으로 마음속에서 바라는 사항을 뜻하는 것은 아니다(대판 1993.7.16. 92다41528).
② (×) 비진의표시가 인정되기 위해서는 우선 의사표시가 존재하여야 하는바, 일정한 효과의사를 추단할 만한 가치 있는 행위가 있어야 한다는 것이다. 따라서 사교상의 명백한 농담의 경우 의사표시가 있다고 할 수 없으므로, 비진의표시가 문제될 여지가 없다.
③ (○) 대판 1997.12.12. 97누13963.
④ (×) 무과실은 요구되지 않는다(제102조 2항).
⑤ (×) 진의아닌 의사표시가 대리인에 의하여 이루어지고 그 대리인의 진의가 본인의 이익이나 의사에 반하여 자기 또는 제3자의 이익을 위한 배임적인 것임을 그 상대방이 알거나 알 수 있었을 경우에는 제107조 1항 단서의 유추해석상 그 대리인의 행위는 본인의 대리행위로 성립할 수 없다 하겠으므로 본인은 대리인의 행위에 대하여 아무런 책임이 없다(대판 1987.7.7. 86다카1004).

○ 정답 ③

02. 진의 아닌 의사표시에 관한 설명으로 옳지 않은 것은? (다툼이 있으면 판례에 따름) 세무사 21년

① 공무원이 한 사직의 의사표시와 같은 사인의 공법행위에는 비진의표시에 관한 규정이 적용되지 않는다.
② 법률상 장애로 자기 명의로 대출받을 수 없는 자를 위하여 대출금채무자로서의 명의를 빌려준 자의 대출기관에 대한 채무부담의 의사표시는 원칙적으로 비진의표시이다.
③ 비진의표시가 무효인 경우, 그 무효는 선의의 제3자에게 대항하지 못한다.
④ 상대방이 표의자의 진의 아님을 알았거나 이를 알 수 있었을 경우 그 비진의표시는 무효이다.
⑤ 비진의표시에 있어서의 진의란 특정한 내용의 의사표시를 하고자 하는 표의자의 생각을 말한다.

○ 해설

① (○) 대판 1998.12.12. 97누13962.
② (×) 법률상 또는 사실상의 장애로 자기 명의로 대출받을 수 없는 자를 위하여 대출금채무자로서의 명의를 빌려준 자에게 그와 같은 채무부담의 의사가 없는 것이라고는 할 수 없으므로 그 의사표시를 비진의표시에 해당한다고 볼 수 없다(대판 1996.9.10. 96다18182).
③ (○) 제107조 2항.
④ (○) 제107조 1항 단서.
⑤ (○) 대판 1993.7.16. 92다41528 등.

○ 정답 ②

---

03. 진의 아닌 의사표시에 관한 설명으로 옳지 않은 것은? (다툼이 있으면 판례에 따름) 세무사 17년

① 진의 아닌 의사표시는 표시된 대로 효력이 발생하는 것이 원칙이다.
② 진의와 표시가 일치하지 않음을 표의자가 알지 못한 경우에도 진의 아닌 의사표시가 성립할 수 있다.
③ 상대방이 표의자의 진의 아님을 알았거나 알 수 있었던 경우에는 무효이다.
④ 객관적으로 보아 명백히 사교적인 농담의 경우에는 상대방이 그 표시를 믿었더라도 효력이 발생하지 않는다.
⑤ 어떠한 의사표시가 진의 아닌 의사표시라는 것을 이유로 무효라고 주장하는 경우에 그 입증책임은 그 주장자에게 있다.

o 해설

① (○) 제107조 1항.
② (×) 진의 아닌 의사표시(제107조)는 표의자가 진의와 표시가 일치하지 않음을 알면서 하는 의사표시이다. 모르는 경우에는 착오(제109조)에 해당한다.
③ (○) 제107조 1항 단서.
④ (○) 명백한 사교상의 농담은 의사표시 자체가 있다고 볼 수 없으므로 비진의표시가 문제될 여지도 없다.
⑤ (○) 대판 1992.5.22. 92다2295

o 정답 ②

04. 진의 아닌 의사표시에 관한 설명으로 옳지 않은 것은? (다툼이 있으면 판례에 따름) 세무사 19년

① 공무원이 진정으로 사직의 의사가 없음에도 사직서를 제출하여 의원면직된 경우에는 그대로 효력이 발생한다.
② 표의자가 의사표시의 내용을 진정으로 의욕하지는 않았더라도 당시의 상황에서 그것이 최선이라고 판단하여 그 의사표시를 하였을 경우에는 진의 아닌 의사표시로 볼 수 없다.
③ 사용자가 사직의 의사가 없는 근로자로 하여금 어쩔 수 없이 사직서를 제출케 하여 의원면직한 경우, 그 사직의 의사표시는 무효이다.
④ 甲이 乙로 하여금 甲의 명의로 대출계약을 체결하게 한 경우, 甲의 내심의 의사가 법률상의 효과는 자신에게 귀속시키고 경제적 효과는 乙에게 귀속시키는 것이라면, 대출계약상 甲의 의사표시는 진의 아닌 의사표시에 해당하지 않는다.
⑤ 대리행위로 진의 아닌 의사표시를 한 대리인의 진의가 본인의 이익에 반하는 것임을 그 상대방이 과실로 알 수 없었을 경우에는 그 대리행위에 대하여 본인은 책임을 진다.

o 해설

① (○) 공무원이 사직의 의사표시를 하여 의원면직처분을 하는 경우 그 사직의 의사표시는 그 법률관계의 특수성에 비추어 외부적·객관적으로 표시된 바를 존중하여야 할 것이므로, 비록 사직원제출자의 내심의 의사가 사직할 뜻이 아니었다고 하더라도 진의 아닌 의사표시에 관한 제107조는 그 성질상 사직의 의사표시와 같은 사인의 공법행위에는 준용되지 아니하므로 그 의사가 외부에 표시된 이상 그 의사는 표시된 대로 효력을 발한다(대판 1997.12.12. 97누13962).
② (○) 진의 아닌 의사표시에 있어서의 '진의'란 특정한 내용의 의사표시를 하고자 하는 표의자의 생각을 말하는 것이지 표의자가 진정으로 마음 속에서 바라는 사항을 뜻하는 것은 아니므로 표의자가 의사표시의 내용을 진정으로 마음 속에서 바라지는 아니하였다고 하더라도 당시의 상황에서는 그것이 최선이라고 판단하여 그 의사표시를 하였을 경우에는 진의 아닌 의사표시라고 할 수 없다(대판 2001.1.19. 2000다51919).
③ (○) 사용자가 사직의 의사 없는 근로자로 하여금 어쩔 수 없이 사직서를 작성·제출하게 한 후 이를 수리

하는 이른바 의원면직의 형식을 취하여 근로계약관계를 종료시키는 경우처럼 근로자의 사직서 제출이 진의 아닌 의사표시에 해당하는 등으로 무효이어서 사용자의 그 수리행위를 실질적으로 사용자의 일방적 의사에 의하여 근로계약관계를 종료시키는 해고라고 볼 수 있다(대판 2000.4.25. 99다34475).

④ (○) 대판 1980.7.8. 80다639.

⑤ (×) 진의아닌 의사표시가 대리인에 의하여 이루어지고 그 대리인의 진의가 본인의 이익이나 의사에 반하여 자기 또는 제3자의 이익을 위한 배임적인 것임을 그 상대방이 알거나 알 수 있었을 경우에는 제107조 1항 단서의 유추해석상 그 대리인의 행위는 본인의 대리행위로 성립할 수 없다 하겠으므로 본인은 대리인의 행위에 대하여 아무런 책임이 없다(대판 1987.7.7. 86다카1004).

정답 ⑤

05. 진의 아닌 의사표시에 관한 설명으로 옳은 것은? (다툼이 있으면 판례에 따름) 〈세무사 22년〉

① 진의 아닌 의사표시는 원칙적으로 무효이다.
② 강박에 의해 증여를 한 경우, 증여의 의사가 있더라도 그 증여는 진의 아닌 의사표시가 된다.
③ 공무원이 사직의 의사표시를 하여 의원면직처분을 한 경우, 진의 아닌 의사표시에 관한 민법 규정이 준용되지 않는다.
④ 법률상 장애로 자기 명의로 대출받을 수 없는 자를 위해 대출금 채무자로서의 명의를 빌려 준 자의 대출기관에 대한 채무부담의 의사표시는 원칙적으로 진의 아닌 의사표시가 된다.
⑤ 진의와 표시가 일치하지 않음을 표의자가 알지 못한 경우에도 진의 아닌 의사표시가 성립할 수 있다.

해설

① (×) 진의 아닌 의사표시는 원칙적으로 유효하다(제107조 1항 본문).

② (×) 비진의의사표시에서의 진의란 표의자가 진정으로 마음속에서 바라는 사항을 뜻하지 않으므로, 비록 재산을 강제로 뺏긴다는 것이 표의자의 본심으로 잠재되어 있었다 하여도 표의자가 강박에 의하여서나마 증여를 하기로 하고 그에 따른 의사표시를 한 이상 증여의 내심의 효과의사가 결여된 것이라고 할 수는 없다. (대판 1993.7.16. 92다41535)

③ (○) 진의 아닌 의사표시에 관한 제107조는 사직의 의사표시와 같은 사인의 공법행위에는 준용되지 아니하므로 그 의사가 외부에 표시된 이상 그 의사는 표시된 대로 효력을 발한다. (대판 1997.12.12. 97누13962)

④ (×) 명의대여에 있어서는 경제적인 효과는 타인에게 귀속시키되, 법률상의 효과는 대여자 자신에게 귀속시키려는 진의가 있으므로 비진의표시가 아니다.(대판 1996.9.10. 96다18182)

⑤ (×) 비진의표시란 표시행위의 의미가 표의자의 진의와 다르다는 것, 즉 의사와 표시의 불일치를 표의자가 스스로 알면서 하는 의사표시를 말한다. 표의자가 진의와 표시가 일치하지 않음을 스스로 알고 있다는 점에서 이를 모르는 착오(제109조)와 구별된다.

정답 ③

06. 진의 아닌 의사표시에 관한 설명으로 옳은 것은? (다툼이 있으면 판례에 따름) 세무사 23년

① 진의 아닌 의사표시의 규정은 상대방 있는 단독행위에도 적용된다.
② 진의 아닌 의사표시는 표시된 의사와 내심의 의사가 다르다는 것을 표의자가 인식하지 못한 경우도 포함한다.
③ 진의 아닌 의사표시임을 표의자의 상대방이 알고 있었다면 그 의사표시는 효력이 있다.
④ 혼인할 의사 없이 혼인의 청약을 하였고 상대방이 청약을 믿고 승낙하였다면 혼인의 합의는 유효하다.
⑤ 특정 물건을 매도할 의사로 증여한다는 청약을 하였는데 상대방이 청약을 믿고 승낙을 하였다면 매매계약이 체결된 것이다.

> **해설**

① (○) 제107조는 '상대방 있는 의사표시'뿐만 아니라 '상대방 없는 의사표시'에도 적용된다. 다만, 제1항 단서는 상대방 없는 의사표시에는 적용되지 않으므로 항상 유효하게 된다.
② (×) 비진의표시의 표의자가 진의와 표시의 불일치를 알고 있는 경우를 말한다.
③ (×) 상대방이 표의자의 진의 아님을 알았거나 이를 알 수 있었을 경우에는 비진의표시는 무효이다(제107조 1항 단서).
④ (×) 혼인 등 가족법상의 신분행위는 당사자의 진의가 중요하므로, 비진의표시에 관한 제107조는 그 적용이 없다. 따라서 진의와 다른 신분행위는 상대방의 선의·악의를 묻지 않고 무효이다.
⑤ (×) 비진의표시는 상대방이 선의·무과실인 한 유효하므로(제107조 1항), 상대방이 증여의 청약을 믿고 승낙한 경우에는 증여계약이 성립한다.

> **정답** ①

제2절 통정허위표시

07. 통정허위표시의 성립요건이 아닌 것은? (다툼이 있으면 판례에 따름) 세무사 17년

① 사회통념상 의사표시로 인정될 수 있는 법률사실이 있어야 한다.
② 진의와 표시가 일치하지 않아야 한다.
③ 진의와 표시가 일치하지 않음을 표의자가 알고 있어야 한다.
④ 표시된 법률행위와 다른 법률행위를 은닉할 목적으로 하여야 한다.
⑤ 상대방과 통정하여 의사표시를 하여야 한다.

> **해설**

④ (×) 통정허위표시에 의하여 진정으로 의욕한 다른 행위를 숨기는 경우가 있는데, 이를 은닉행위라 한다. 은닉행위는 통정허위표시와는 별개의 행위이다(특별한 사유가 없는 한 유효함). 따라서 통정행위가 성립하기 위하여 반드시 은닉행위가 있어야 하는 것은 아니다.

> **정답** ④

08. 통정허위표시의 효과에 관한 설명으로 옳지 않은 것은? (다툼이 있으면 판례에 따름) 세무사 17년

① 당사자 사이의 의사표시가 통정허위표시에 해당하는 경우, 그 의사표시에 따른 권리와 의무가 발생하지 않는다.
② 통정허위표시인 매매계약에 따라 대금을 지급한 경우, 그 대금의 반환을 청구할 수 없다.
③ 통정허위표시에 따른 법률행위도 채권자취소권의 대상이 될 수 있다.
④ 어떤 행위가 통정허위표시에 해당하는 경우, 허위의 의사표시를 한 자도 상대방에 대하여 그 의사표시가 무효임을 주장할 수 있다.
⑤ 허위의 의사표시를 한 자는 통정허위표시의 무효를 가지고 선의의 제3자에게 대항하지 못한다.

> **해설**

① (○) 통정허위표시는 무효이므로(제108조), 그에 따른 권리와 의무는 발생하지 않는다.
② (×) 통정허위표시는 무효이므로, 그에 따라 지급한 대금은 법률상 원인이 없게 되어 부당이득으로 반환하여야 한다(제741조).
③ (○) 무효인 법률행위도 그 외관을 제거할 필요성이 있으므로 취소를 인정한다(대판 1984.7.24, 84다카68). 이를 무효와 취소의 이중효라고 한다.
⑤ (○) 제108조 2항.

> **정답** ②

09. 통정한 허위의 의사표시에서 제3자에 해당하지 않는 자는? (다툼이 있으면 판례에 따름) 세무사 20년

① 가장매매로 양도된 부동산에 대하여 저당권을 설정받은 자
② 허위로 양도된 임대차보증금반환채권에 대하여 채권압류 및 추심명령을 받은 자
③ 파산채무자가 통정한 허위의 의사표시를 통하여 가장채권을 보유하는 중 파산이 선고 된 경우의 파산관재인

④ 가장 소비대차의 계약상 지위를 이전받은 자
⑤ 허위의 전세권설정계약에 따라 설정된 전세권에 저당권을 설정받은 자

해설

② (○) 대판 2014.4.10. 2013다59753.
③ (○) 대판 2010.4.29. 2009다96083.
④ (×) 대판 2004.1.15. 2002다31537.
⑤ (○) 대판 1998.9.4. 98다20981.

정답 ④

10. 통정한 허위의 의사표시에 관한 설명으로 옳지 않은 것은? (다툼이 있으면 판례에 따름) 세무사 21년

① 상대방과 통정한 허위의 의사표시는 무효이고, 누구든지 그 무효를 주장할 수 있는 것이 원칙이다.
② 상대방과 통정한 허위의 의사표시의 무효는 선의의 제3자에게 과실이 있는 경우에도 그 제3자에게 대항하지 못한다.
③ 통정허위표시의 제3자는 허위표시에 의하여 외형상 형성된 법률관계를 토대로 실질적으로 새로운 법률상 이해관계를 맺은 자이다.
④ 선의의 제3자에 대하여는 통정허위표시의 당사자뿐만 아니라 그 누구도 허위표시의 무효로 대항하지 못한다.
⑤ 제3자가 악의이면 제3자로부터의 전득자가 선의라도 전득자에게 통정허위표시의 무효로 대항할 수 있다.

해설

① (○) 대판 1996.4.26. 94다12074.
② (○) 대판 2004.5.28. 2003다70041.
③ (○) 대판 1996.4.26. 94다12074.
④ (○) 대판 1996.4.26. 94다12074.
⑤ (×) 제3자로부터의 전득자도 제108조 2항의 제3자에 해당한다. 따라서 전득자가 선의이면, 그 앞의 제3자가 악의이더라도 전득자는 보호받는다(대판 2013.2.15. 2012다49292).

정답 ⑤

11. 통정허위표시에 관한 설명으로 옳지 않은 것은? (다툼이 있으면 판례에 따름)   세무사 19년

① 허위표시는 상대방 있는 단독행위에도 적용된다.
② 대리인이 상대방과 통정하여 허위표시를 한 경우, 상대방은 본인이 선의이면 허위표시의 무효를 주장할 수 없다.
③ 추심을 위한 채권양도는 허위표시가 아니다.
④ 허위표시에서 선의의 제3자로부터 권리를 전득한 자는 전득시 악의이더라도 유효하게 권리를 취득한다.
⑤ 허위표시로 인한 무효는 과실 있는 선의의 제3자에게도 대항할 수 없다.

○ 해설

① (○) 제108조는 계약뿐만 아니라 상대방 있는 단독행위에도 적용된다. 한편 통정허위표시로 인정되기 위한 요건의 하나로「상대방과의 통정이 있을 것」이 필요하다는 점 때문에, 상대방 없는 단독행위에도 제108조가 적용되는가 논의가 있다.
② (×) 제116조 1항. 대리에 있어서 법률행위의 당사자는 대리인이므로 의사표시의 요건은 본인이 아니고 대리인을 표준으로 하여 판단하여야 한다.
③ (○) 추심을 위한 채권양도는 일종의 신탁행위로서 허위표시가 아니다. 신탁행위에 있어서는 권리를 이전하려는 진의가 있기 때문이다.
④ (○) 선의의 제3자로부터 다시 권리를 전득한 자는 설사 전득시에 악의였을지라도 허위표시의 무효를 가지고 대항하지 못한다. 즉 이 경우 선의의 제3자의 취득에 의하여 하자는 치유되었다고 해석할 수 있다 (엄폐물의 법칙).
⑤ (○) 제108조 2항은 제3자가 보호되기 위한 요건을 선의만을 규정할 뿐 무과실을 요구하지 않는다(대판 2006.3.10, 2002다1321 등).

○ 정답 ②

12. 통정허위표시에 관한 설명으로 옳지 않은 것은? (다툼이 있으면 판례에 따름)   세무사 23년

① 통정허위표시의 무효는 원칙적으로 누구든지 주장할 수 있다.
② 민법 제108조 제2항의 선의의 제3자에 대하여는 누구도 통정허위표시의 무효를 주장하지 못한다.
③ 허위의 전세권설정계약에 기하여 등기가 마쳐진 전세권에 저당권을 설정받은 자는 민법 제108조 제2항의 제3자에 해당한다.
④ 가장의 채권양도에서 아직 채무를 변제하지 않은 채무자는 민법 제108조 제2항의 제3자에 해당한다.
⑤ 파산자가 통정한 허위의 의사표시를 통하여 발생한 가장채권을 보유하던 중 파산이 선고된 경우, 파산관재인은 민법 제108조 제2항의 제3자에 해당한다.

○ 해설

① (○) ② (○) 상대방과 통정한 허위의 의사표시는 무효이고 누구든지 그 무효를 주장할 수 있는 것이 원칙이나, 민법 제108조 제2항의 선의의 제3자에 대하여는 허위표시의 당사자뿐만 아니라 그 누구도 허위표시의 무효를 대항하지 못하고, 따라서 선의의 제3자에 대한 관계에 있어서는 허위표시도 그 표시된 대로 효력이 있다(대판 1996.4.26. 94다12074).

③ (○) 대판 1998.9.4. 98다20981.

④ (×) 채권자가 채권을 가장양도한 경우 채무자가 양수인에게 채무를 이행하지 않고 있는 동안에 채권양도계약이 허위표시임이 밝혀진 이상 채무자는 민법 제108조 제2항의 제3자에 해당하지 않는다(대판 1983.1.18. 82다594).

⑤ (○) 대판 2010.4.29. 2009다96083.

○ 정답 ④

13. 통정허위표시에 관한 설명으로 옳지 않은 것을 모두 고른 것은? (다툼이 있으면 판례에 따름)

세무사 22년

> ㄱ. 남편 甲이 동거하는 배우자 乙에게 X토지를 매도하고 소유권이전등기를 마친 경우, 특별한 사정이 없는 한 그 매매계약은 가장매매로 추정될 수 있다.
> ㄴ. 甲으로부터 가장행위로 자금을 차용한 乙의 차용금채무를 연대보증한 丙이 그 보증채무를 이행하여 구상권을 취득한 경우, 丙은 통정허위표시를 기초로 새로운 이해관계를 맺은 제3자에 해당하지 않는다.
> ㄷ. 乙이 甲으로부터 그 소유의 X토지를 가장매수한 후 악의의 丙에게 매도한 경우, 甲은 丙으로부터 이를 전득한 선의의 丁에게 허위표시의 무효를 주장할 수 없다.

① ㄱ ② ㄴ
③ ㄷ ④ ㄱ, ㄷ ⑤ ㄴ, ㄷ

○ 해설

ㄱ (○) 부부라는 특수관계에 비추어 통정허위표시로 추정될 수도 있다.

ㄴ (×) 보증인이 주채무자의 기망행위에 의하여 주채무가 있는 것으로 믿고 보증계약을 체결한 다음 그에 따라 보증채무자로서 그 채무까지 이행한 경우, 그 보증인은 주채무자에 대한 구상권 취득에 관하여 법률상의 이해관계를 가지게 되었다고 볼 것이므로 제108조 2항 소정의 '제3자'에 해당한다. (대판 2000.7.6. 99다51258)

ㄷ (○) 전득자도 제108조 2항의 제3자에 해당한다(대판 2013.2.15. 2012다49292). 따라서 丙이 악의이더라도, 그로부터 전득한 丁이 선의라면 제108조 2항에 따라 보호된다.

○ 정답 ②

제1절 착오로 인한 의사표시

14. 착오에 관한 설명으로 옳지 않은 것은? (다툼이 있으면 판례에 따름) 세무사 19년

① 사자(使者)가 甲에게 전달할 의사표시를 乙에게 전달한 경우 착오로 보지 않는다.
② 상대방이 표의자의 착오를 알고 이용한 경우에는 표의자에게 중과실이 있더라도 의사표시를 취소할 수 있다.
③ 착오로 인한 취소권의 행사는 당사자들의 합의에 의하여 배제할 수 없다.
④ 매매계약에 따른 양도소득세 산정에 착오가 있었으나 관계 법령이 개정되어 위 착오로 인한 불이익이 소멸한 경우, 의사표시의 취소는 신의칙상 허용될 수 없다.
⑤ 착오를 이유로 법률행위를 취소한 경우, 표의자에게 경과실이 있더라도 상대방은 불법행위로 인한 손해배상을 청구할 수 없다.

해설

① (○) 이 경우는 의사표시의 부도달이 문제될 뿐이다.
② (○) 상대방이 표의자의 착오를 알고 이를 이용한 경우에는 착오가 표의자의 중대한 과실로 인한 것이라고 하더라도 표의자는 의사표시를 취소할 수 있다(대판 2014.11.27, 2013다49794).
③ (×) 당사자의 합의로 착오로 인한 의사표시 취소에 관한 제109조 1항의 적용을 배제될 수 있다(대판 2016.4.15. 2013다97694).
④ (○) 대판 1995.3.24. 94다44620.
⑤ (○) 대판 1997.8.22. 97다13023.

정답 ③

15. 착오에 관한 설명으로 옳은 것은?(다툼이 있으면 판례에 따름)

① 매도인이 계약을 적법하게 해제한 후에도 매수인은 계약해제에 따른 불이익을 면하기 위하여 중요부분의 착오를 이유로 취소권을 행사하여 계약 전체를 무효로 할 수 있다.
② 표의자가 착오를 이유로 의사표시를 취소한 경우, 취소된 의사표시로 인해 손해를 입은 상대방은 불법행위를 이유로 손해배상을 청구할 수 있다.
③ 착오에 의한 의사표시로 표의자가 경제적 불이익을 입지 않더라도 착오를 이유로 그 의사표시를 취소할 수 있다.
④ 착오가 표의자의 중대한 과실로 인한 경우에는 상대방이 표의자의 착오를 알고 이용하더라도 표의자는 의사표시를 취소할 수 없다.
⑤ 표의자의 중대한 과실 유무는 착오에 의한 의사표시의 효력을 부인하는 자가 증명하여야 한다.

○ 해설

① (O) 매도인이 매수인의 채무불이행을 이유로 매매계약을 적법하게 해제한 후라도 매수인으로서는 손해배상책임을 지거나 계약금의 반환을 받을 수 없는 불이익을 면하기 위하여 착오를 이유로 한 취소권을 행사하여 매매계약 전체를 무효로 돌리게 할 수 있다(95다24982,24999).
② (×) 제109조에서 중과실이 없는 착오자의 착오를 이유로 한 의사표시의 취소를 허용하고 있는 이상, 표의자가 과실로 인하여 착오에 빠졌다고 하더라도, 법률행위를 취소한 것이 위법하다고 할 수는 없다(대판 1997.8.22. 97다13023). 따라서 불법행위책임(제750조)을 지지 않는다.
③ (×) 착오로 인하여 표의자가 무슨 경제적인 불이익을 입은 것이 아니라면 법률행위 내용의 중요 부분의 착오라고 할 수 없으므로 취소할 수 없다(2006다41457).
④ (×) 상대방이 표의자의 착오를 알고 이를 이용한 경우에는 착오가 표의자의 중대한 과실로 인한 것이라고 하더라도 취소할 수 있다(대판 2014.11.27. 2013다49794).
⑤ (×) 착오에 의한 취소(제109조)에서 ① 법률행위 내용의 착오, ② 중요 부분이라는 사실은 표의자가 증명책임을 부담하고, ③ 중과실의 증명책임은 상대방이 부담한다(대판 2008.1.17. 2007다74188).

○ 정답 ①

16. 착오로 인한 의사표시에 관한 설명으로 옳지 않은 것은? (다툼이 있으면 판례에 따름) 세무사 22년

① 대리인이 의사표시를 하는 경우, 착오의 유무는 대리인을 표준으로 판단하여야 한다.
② 동기의 착오가 상대방에 의해 유발된 경우, 동기의 표시 여부와 무관하게 의사표시의 취소가 인정될 수 있다.
③ 착오로 인한 의사표시의 취소에 관한 민법 제109조 제1항의 적용을 배제하기로 하는 당사자의 합의는 유효하다.
④ 착오로 인하여 표의자가 경제적 불이익을 입은 것이 아니라면 이를 법률행위 내용의 중요 부분의 착오라고 할 수 없다.
⑤ 상대방이 표의자의 착오를 알면서 이를 이용한 경우라도 표의자에게 중과실이 있으면, 표의자는 착오에 의한 의사표시를 취소할 수 없다.

○ 해설

① (O) 의사표시의 효력이 의사의 흠결, 사기, 강박 또는 어느 사정을 알았거나 과실로 알지 못한 것으로 인하여 영향을 받을 경우에 그 사실의 유무는 대리인을 표준하여 결정한다(제116조 1항).
② (O) 동기는 원칙적으로 법률행위의 내용이 되지 못하지만, 동기가 「표시」되어 법률행위의 내용으로 편입된 경우 또는 표시되지 않았더라도 상대방으로부터 유발·제공된 경우(대판 1990.7.10. 90다카7460)에는 '제109조가 적용될 수 있다.
③ (O) 민법상 의사표시에 관한 규정(제107조 내지 제110조)은 임의규정이므로, 당사자의 특약에 의하여 그 적용을 배제할 수 있다.

④ (○) 착오로 인하여 표의자가 무슨 경제적인 불이익을 입은 것이 아니라면 법률행위 내용의 중요 부분의 착오라고 할 수 없으므로 취소할 수 없다(2006다41457).

⑤ (×) 상대방이 표의자의 착오를 알고 이를 이용한 경우에는 착오가 표의자의 중대한 과실로 인한 것이라고 하더라도 취소할 수 있다(2013다49794).

정답 ⑤

17. 착오로 인한 의사표시에 관한 설명으로 옳지 않은 것은? (다툼이 있으면 판례에 따름) 세무사 21년

① 계약당사자들이 착오를 이유로 한 취소권을 배제하기로 합의한 경우에는 착오를 이유로 취소할 수 없다.
② 부동산중개업자가 다른 점포를 매매 목적물로 잘못 소개하여 매수인이 매매 목적물에 관하여 착오를 일으킨 경우, 법률행위 내용의 중요부분의 착오에 해당한다.
③ 경과실로 착오에 빠진 표의자가 착오를 이유로 법률행위를 취소하면 표의자는 불법행위책임을 진다.
④ 상대방이 표의자의 착오를 알고 이를 이용한 경우에는 착오가 표의자의 중대한 과실로 인한 것이라고 하더라도 표의자는 의사표시를 취소할 수 있다.
⑤ 표의자의 중대한 과실 유무에 관한 주장과 증명책임은 착오자의 상대방에게 있다.

해설

① (○) 당사자의 합의로 착오로 인한 의사표시 취소에 관한 제109조 1항의 적용을 배제할 수 있다(대판 2016.4.15. 2013다97694).

② (○) 대판 1997.11.28. 97다32772 등.

③ (×) 불법행위로 인한 손해배상책임이 성립하기 위하여는 가해자의 고의 또는 과실 이외에 행위의 위법성이 요구되므로, 제109조에서 중과실이 없는 착오자의 착오를 이유로 한 의사표시의 취소를 허용하고 있는 이상, 표의자가 과실로 인하여 착오에 빠졌다고 하더라도, 법률행위를 취소한 것이 위법하다고 할 수는 없다(대판 1997.8.22. 97다13023).

④ (○) 대판 2014.11.27. 2013다49794.

⑤ (○) 대판 2005.5.12. 2005다6228.

정답 ③

18. 의사표시의 착오에 있어서 중대한 과실에 관한 설명으로 옳지 않은 것은? (다툼이 있으면 판례에 따름)

세무사 23년

① 토지의 매수인은 측량을 하거나 지적도와 대조하는 등의 방법으로 매매목적물이 지적도상의 그것과 정확히 일치하는지 여부를 미리 확인하여야 할 주의의무가 없다.
② 토지를 임차하여 공장을 신설하려는 자가 공장신설허가가 불가능한 토지에 대하여 관할관청에 알아보지도 않고 임대차계약을 체결하였다면 그에게 중대한 과실이 인정된다.
③ 신용보증기금의 신용보증서를 담보로 금융채권자금을 대출해 준 금융기관이 위 대출자금이 모두 상환되지 않았음에도 착오로 신용보증기금에게 신용보증서 담보설정 해지를 통지하였다면 금융기관에게 중대한 과실이 인정된다.
④ 취소를 원하는 표의자는 자신의 착오에 중대한 과실이 없음을 스스로 증명하여야 한다.
⑤ 중대한 과실에 의한 착오가 표의자에게 있음을 상대방이 알면서 이를 이용하였다면 그 의사표시는 취소할 수 있다.

해설

① (○) 민법 제109조 착오 취소의 요건으로서 '중대한 과실'이란 표의자의 직업, 행위의 종류, 목적 등에 비추어 보통 요구되는 주의를 현저히 게을리한 것을 의미한다. 토지매매에서 특별한 사정이 없는 한 매수인에게 측량을 하거나 지적도와 대조하는 등의 방법으로 매매목적물이 지적도상의 그것과 정확히 일치하는지 여부를 미리 확인하여야 할 주의의무가 있다고 볼 수 없다(대판 2020.3.26. 2019다288232).
② (○) 토지를 임차하여 공장을 신설하려는 자는 먼저 공장의 신설이 가능한지를 관할관청에 알아 보아야 할 주의의무가 있고, 이를 알아보았다면 쉽게 공장신설허가가 불가능하다는 사실을 알 수 있었던 경우에는 중대한 과실이 있다(대판 1992.11.24. 92다25830).
③ (○) 신용보증기금의 신용보증서를 담보로 금융채권자금을 대출해 준 금융기관이 대출자금이 모두 상환되지 않았음에도 착오로 신용보증기금에게 신용보증서 담보설정 해지를 통지한 경우, 그 해지의 의사표시는 중대한 과실에 기한 것이므로 착오를 이유로 취소할 수 없다(대판 2000.5.12. 99다64995).
④ (×) 착오에 의한 취소(제109조)에서 ① 법률행위 내용의 착오, ② 중요 부분이라는 사실은 표의자가 증명책임을 부담하고, ③ 중과실의 증명책임은 상대방이 부담한다(대판 2008.1.17. 2007다74188).
⑤ (○) 상대방이 표의자의 착오를 알고 이를 이용한 경우에는 착오가 표의자의 중대한 과실로 인한 것이라고 하더라도 취소할 수 있다(대판 2014.11.27. 2013다49794).

정답 ④

19. 착오에 의한 의사표시에 해당하지 않은 것은? (다툼이 있으면 판례에 따름) 세무사 17년

① 본인이 대리인에게 A토지에 대한 매수대리권을 수여하였으나 대리인이 평소 자신이 눈여겨 보아왔던 B토지를 매수한 경우
② 토지에 대한 매매계약을 체결하면서 3.3㎡당 10,000원인 가격을 100,000원으로 잘못 기재한 경우
③ 신원보증서류에 서명한다는 착각에 빠진 상태로 연대보증서류에 서명한 경우
④ 고려청자로 알고 고가로 매수한 도자기가 진품이 아닌 것으로 밝혀진 경우
⑤ 공부상의 표시를 믿고 농지인 것으로 오해하여 매수하였지만 실제로는 하천부지인 경우

○ 해설
① (×) 대리행위에서 착오의 존재 여부는 행위자인 대리인을 기준으로 판단한다. B토지에 대한 대리인의 진의와 표시가 일치하므로 착오에 해당하지 않는다.
③ (○) 기명날인의 착오이다. 대판 2005.5.27. 2004다43824.

○ 정답 ①

20. 착오로 인한 의사표시에 관한 설명으로 옳지 않은 것은? (다툼이 있으면 판례에 따름) 세무사 23년

① 동기가 법률행위의 내용이 되기 위하여 당사자 사이에 그 동기를 의사표시의 내용으로 한다는 합의까지 있을 필요는 없다.
② 동기의 착오가 상대방에 의하여 유발된 경우에는 동기가 상대방에 표시되지 않았더라도 법률행위를 취소할 수 있다.
③ 착오를 이유로 한 의사표시의 취소는 선의의 제3자에게 대항하지 못한다.
④ 매매계약 내용의 중요 부분에 착오가 있는 경우 매수인은 매도인의 하자담보책임이 성립하는지와 상관없이 착오를 이유로 매매계약을 취소할 수 있다.
⑤ 과실로 인한 착오를 이유로 법률행위를 취소한 자는 그 취소로 발생한 상대방의 손해를 배상하여야 한다.

○ 해설
① (○) ② (○) 동기는 원칙적으로 법률행위의 내용이 되지 못하지만, 동기가 「표시」되어 법률행위의 내용으로 편입된 경우 또는 표시되지 않았더라도 상대방으로부터 유발·제공된 경우(대판 1990.7.10. 90다카7460)에는 '제109조가 적용될 수 있다. 당사자들 사이에 별도로 그 동기를 의사표시의 내용으로 삼기로 하는 합의까지 이루어질 필요는 없다(대판 2000.5.12. 2000다12259).
③ (○) 제109조 2항.

④ (○) 착오로 인한 취소 제도와 매도인의 하자담보책임 제도는 취지가 서로 다르고 요건과 효과도 구별된다. 따라서 매매계약 내용의 중요 부분에 착오가 있는 경우 매수인은 매도인의 하자담보책임이 성립하는지와 상관없이 착오를 이유로 매매계약을 취소할 수 있다(대판 2018.9.13. 2015다78703).

⑤ (×) 불법행위로 인한 손해배상책임이 성립하기 위하여는 가해자의 고의 또는 과실 이외에 행위의 위법성이 요구되므로, 제109조에서 중과실이 없는 착오자의 착오를 이유로 한 의사표시의 취소를 허용하고 있는 이상, 표의자가 과실로 인하여 착오에 빠졌다고 하더라도, 법률행위를 취소한 것이 위법하다고 할 수는 없다(대판 1997.8.22. 97다13023).

O 정답 ⑤

21. 甲은 X토지의 경계를 잘못 인식한 채로 X토지의 소유자 乙로부터 이를 매수하는 계약을 체결하였다. 이에 관한 설명으로 옳은 것을 모두 고른 것은? (다툼이 있으면 판례에 따름) 세무사 20년

ㄱ. 甲이 중요부분에 착오를 일으켰지만 과실이 없는 경우, 甲은 특별한 사정이 없는 한 자신의 의사표시를 취소할 수 있다.
ㄴ. X토지에 대하여 표시된 지적과 비교했을 때 실면적이 부족하더라도 그 차이가 지극히 근소하다면 중요부분의 착오가 인정되지 않는다.
ㄷ. 중요부분의 착오는 일반인이 아닌 甲을 기준으로 판단해야 한다.
ㄹ. 특별한 사정이 없는 한 甲은 X토지가 지적도와 정확히 일치하는지 여부를 미리 확인하여야 할 주의의무가 있다.

① ㄱ, ㄴ
② ㄴ, ㄷ
③ ㄷ, ㄹ
④ ㄱ, ㄴ, ㄷ
⑤ ㄱ, ㄴ, ㄹ

O 해설

ㄱ (○) 법률행위의 내용에 관한 착오이므로 중과실이 없는 한 취소할 수 있다(제109조 1항).
ㄴ (○) 토지매매에서 면적은 특별한 사정이 없는 한 중요부분이 아니다.
ㄷ (×) 일반인을 기준으로 한다.
ㄹ (×) 그러한 주의의무는 없다.

O 정답 ①

제3절 사기, 강박에 의한 의사표시

22. 사기·강박에 의한 의사표시에 관한 설명으로 옳은 것은? (다툼이 있으면 판례에 따름) 세무사 20년

① 사기에 의한 의사표시의 경우, 의사와 표시에 불일치가 존재한다.
② 강박행위가 위법하지 않아도 강박에 의한 의사표시로서 취소할 수 있다.
③ 기망행위로 인한 동기의 착오의 경우, 표의자는 자신의 의사표시를 사기에 의한 의사표시로서 취소할 수 없다.
④ 특별한 사정이 있다면 강박에 의한 법률행위는 하자 있는 의사표시로서 취소되는 것에 그치지 않고 무효가 될 수도 있다.
⑤ 강박에 의한 의사표시로서 취소하기 위해서는 고의 또는 과실에 의한 강박행위가 있어야 한다.

○ 해설

① (×) "사기에 의한 의사표시란 타인의 기망행위로 말미암아 착오에 빠지게 된 결과 어떠한 의사표시를 하게 되는 경우이므로 거기에는 의사와 표시의 불일치가 있을 수 없고, 단지 의사의 형성과정 즉 의사표시의 동기에 착오가 있는 것에 불과"하다(대판 2005.5.27. 2004다43824).
② (×) 취소권이 발생하는 강박에 의한 의사표시로 되기 위해서는, 강박행위의 위법성이 인정되어야 한다.
③ (×) 기망행위로 인하여 법률행위의 내용으로 표시되지 아니한 의사결정의 동기에 관하여 착오를 일으킨 경우에도 표의자는 사기에 의한 의사표시로서 취소할 수 있다(대판 1985.4.9, 85도167).
④ (○) 대판 2003.5.13. 2002다75708.
⑤ (×) 고의에 의한 강박행위가 있어야 한다.

○ 정답 ④

23. 사기에 의한 의사표시에 관한 설명으로 틀린 것은? (다툼이 있으면 판례에 따름)

① 아파트분양자가 아파트단지 인근에 공동묘지가 조성되어 있다는 사실을 분양계약자에게 고지하지 않은 경우에는 기망행위에 해당한다.
② 아파트분양자에게 기망행위가 인정된다면, 분양계약자는 기망을 이유로 분양계약을 취소하거나 취소를 원하지 않을 경우 손해배상만을 청구할 수도 있다.
③ 분양회사가 상가를 분양하면서 그곳에 첨단 오락타운을 조성하여 수익을 보장한다는 다소 과장된 선전광고를 하는 것은 기망행위에 해당한다.

④ 제3자의 사기에 의해 의사표시를 한 표의자는 상대방이 그 사실을 알았거나 알 수 있었을 경우에 그 의사표시를 취소할 수 있다.
⑤ 대리인의 기망행위에 의해 계약이 체결된 경우, 계약의 상대방은 본인이 선의이더라도 계약을 취소할 수 있다.

○ 해설

① (O) 아파트 분양자는 아파트 인근에 대규모의 공동묘지가 조성되어 있다면, 그 사실을 알려야 할 신의칙상 의무를 부담하고, 이러한 고지의무 위반은 부작위에 의한 기망행위에 해당한다[2004다48515].
② (O) 법률행위가 사기에 의한 것으로서 취소되는 경우에 그 법률행위가 동시에 불법행위를 구성하는 때에는 취소의 효과로 생기는 부당이득반환청구권과 불법행위로 인한 손해배상청구권은 경합하여 병존하는 것이므로, 채권자는 어느 것이라도 선택하여 행사할 수 있지만 중첩적으로 행사할 수는 없다[92다56087].
③ (×) 상가를 분양하면서 첨단 오락타운을 조성하고 전문경영인에 의한 위탁경영을 통하여 일정 수익을 보장한다는 취지의 다소 과장된 광고를 하였다고 하여 이를 위법한 기망행위로 볼 수 없다[99다55601].
④ (O) 제110조 2항.
⑤ (O) 제110조 2항에서 정한 제3자에 해당되지 않는다고 볼 수 있는 자란 그 의사표시에 관한 상대방의 대리인 등 상대방과 동일시할 수 있는 자만을 의미한다. 따라서 대리인의 사기에 의하여 상대방이 의사표시를 한 경우, 본인이 그 사실을 알든, 모르든 상대방은 기망에 인한 의사표시를 취소할 수 있다[4291민상101].

○ 정답 ③

24. 사기·강박에 의한 의사표시에 관한 설명으로 옳지 않은 것은? (다툼이 있으면 판례에 따름)

세무사 21년

① 계약당사자 사이에 신의칙상 고지의무가 인정되는 경우, 고지의무 위반은 부작위에 의한 기망행위가 될 수 있다.
② 상품의 선전 광고에 다소의 과장 허위가 수반되는 것은 그것이 일반 상거래의 관행과 신의칙에 비추어 시인될 수 있는 한 기망성이 결여된다.
③ 부정행위에 대한 고소가 부정한 이익의 취득을 목적으로 하는 경우에는 위법한 강박행위로 되는 경우가 있다.
④ 강박으로 인한 의사무능력 상태에서의 법률행위는 무효이다.
⑤ 상대방의 피용자가 대리권이 없다면 그 피용자의 사기는 제3자의 사기에 해당하지 않는다.

○ 해설

① (○) 신의칙상 고지의무가 인정되는 경우에는 부작위 내지 침묵도 기망행위가 될 수 있다. (대판 1997.11.28. 97다26098)
② (○) 상품의 선전 광고에 있어서 ⅰ) 거래의 중요한 사항에 관하여 구체적 사실을 신의성실의 의무에 비추어 비난받을 정도의 방법으로 허위로 고지한 경우에는 기망행위에 해당한다고 할 것이나, ⅱ) 다소의 과장 허위가 수반되는 것은 일반 상거래의 관행과 신의칙에 비추어 시인될 수 있는 한 기망행위에 해당하지 않는다. (대판 2001.5.29. 99다55601·55618)
③ (○) 대판 1992.12.24. 92다25120.
④ (○) 대판 1984.12.11. 84다카1402.
⑤ (×) 대리인이 아니라 단순히 상대방의 피용자라면 상대방과 동일시할 수 없어 제110조 2항의 제3자에 해당한다(대판 1998.1.23. 96다41496).

○ 정답 ⑤

25. 사기 및 강박에 의한 의사표시에 관한 설명으로 옳지 않은 것은? (다툼이 있으면 판례에 따름)

세무사 23년

① 제3자의 기망에 의하여 연대보증서류를 신원보증서류로 알고 서명날인한 경우 사기를 이유로 이를 취소하지 못한다.
② 아파트단지 인근에 쓰레기 매립장이 건설예정인 사실을 알고도 분양자가 이를 모르는 수분양자에게 고지하지 않은 경우, 사기를 이유로 분양계약의 취소가 가능하다.
③ 상대방 있는 의사표시에 관하여 제3자가 사기를 행한 경우에 상대방이 그 사실을 알 수 없었다고 하더라도 표의자는 그 의사표시를 취소할 수 있다.
④ 의사결정의 자유가 완전히 박탈될 정도의 강박에 의한 의사표시는 무효로 보아야 한다.
⑤ 목적이 정당하더라도 수단이 부당한 때에는 위법한 강박에 해당할 수 있다.

○ 해설

① (○) 사기에 의한 의사표시에는 의사와 표시의 불일치가 있을 수 없고, 단지 의사의 형성과정 즉 의사표시의 동기에 착오가 있는 것에 불과하며, 이 점에서 고유한 의미의 착오에 의한 의사표시와 구분되는데, 신원보증서류에 서명날인한다는 착각에 빠진 상태로 연대보증의 서면에 서명날인한 경우, 표시상의 착오에 해당하므로, 상대방이 그러한 제3자의 기망행위 사실을 알았거나 알 수 있었을 경우가 아닌 한 취소할 수 없다는 제110조 제2항을 적용할 것이 아니라, 착오에 의한 의사표시에 관한 법리만을 적용하여 취소 가부를 가려야 한다. (대판 2005.5.27. 2004다43824)
② (○) 아파트 단지 인근에 쓰레기 매립장이 건설예정인 사실은 신의칙상 분양자가 분양계약자들에게 고지하여야 할 대상이므로, 이를 고지하지 않은 경우 부작위에 의한 사기에 해당한다. (대판 2006.10.12. 2004다48515)

③ (×) 상대방 있는 의사표시에 관하여 제3자가 사기나 강박을 행한 경우에는 상대방이 그 사실을 알았거나 알 수 있었을 경우에 한하여 그 의사표시를 취소할 수 있다(제110조 2항).

④ (○) 대판 2003.5.13. 2002다73708·73715.

⑤ (○) 강박행위의 위법성은 목적과 수단의 상관관계에 의하여 판단한다. ⅰ) 정당한 권리의 행사는 비록 표의자에게 공포심을 야기하더라도 위법한 강박행위가 아니지만, ⅱ) 그 목적이나 수단이 정당하지 않은 경우에는 위법한 강박행위가 될 수 있다.(대판 1992.12.24. 92다25120).

정답 ③

26. 사기·강박에 의한 의사표시에 관한 설명으로 옳지 않은 것은? (다툼이 있으면 판례에 따름)

세무사 19년

① 상대방의 과실 있는 기망행위로 표의자가 착오에 빠져 의사표시를 한 경우, 표의자는 사기에 의한 의사표시를 이유로 취소할 수 없다.
② 부작위에 의한 기망행위로도 사기에 의한 의사표시가 성립할 수 있다.
③ 소송행위가 강박에 의하여 이루어진 것임을 이유로 취소할 수는 없다.
④ 의사결정의 자유를 완전히 박탈하는 정도의 강박에 의한 의사표시는 무효이다.
⑤ 상대방의 대리인이 기망행위를 한 경우에는 상대방이 그 기망사실에 대해 선의·무과실이라도 표의자는 의사표시를 취소할 수 없다.

해설

① (○) 제110조 1항에 따라 취소권이 인정되는 사기에 의한 의사표시가 되려면, 사기자에게 고의가 있어야 한다. 여기의 고의는 2단의 고의, 즉 표의자를 기망하여 착오에 빠지게 하려는 고의와 다시 그 착오에 기하여 표의자로 하여금 구체적인 의사표시를 하게 하려는 고의가 있어야 한다. 따라서 과실 있는 기망행위로 표의자를 착오에 빠져 의사표시를 하게 한 경우는 사기에 의한 의사표시라고 할 수 없다.

② (○) 만일 리스이용자와 공급자 사이에서 미리 결정된 매매가격이 거래관념상 극히 고가로 이례적인 것이어서 리스회사에게 불측의 손해를 가할 염려가 있는 경우와 같은 특별한 사정이 있는 경우에는, 리스물건 공급자는 리스회사에게 그 매매가격의 내역을 고지하여 승낙을 받을 신의칙상의 주의의무를 부담하며 리스회사는 이를 고지받지 못한 경우 위 부작위에 의한 기망을 이유로 매매계약을 취소할 수 있다(대판 1997.11.28. 97다26098).

③ (○) 민법상의 법률행위에 관한 규정은 민사소송법상의 소송행위에는 특별한 규정 기타 특별한 사정이 없는 한 적용이 없는 것이므로 소송행위가 강박에 의하여 이루어진 것임을 이유로 취소할 수는 없다(대판 1997.10.10. 96다35484).

④ (○) 상대방 또는 제3자의 강박에 의하여 의사결정의 자유가 완전히 박탈된 상태에서 이루어진 의사표시는 효과의사에 대응하는 내심의 의사가 결여된 것이므로 무효라고 볼 수 밖에 없으나, 강박이 의사결정의 자유를 완전히 박탈하는 정도에 이르지 아니하고 이를 제한하는 정도에 그친 경우에는 그 의사표시는 취소할 수 있음에 그치고 무효라고까지 볼 수 없다(대판 1984.12.11. 84다카1402).

⑤ (×) 의사표시의 상대방이 아닌 자로서 기망행위를 하였으나 제110조 2항에서 정한 제3자에 해당되지 아니한다고 볼 수 있는 자란 그 의사표시에 관한 상대방의 대리인 등 상대방과 동일시할 수 있는 자만을 의미하고, 단순히 상대방의 피용자이거나 상대방이 사용자책임을 져야 할 관계에 있는 피용자에 지나지 않는 자는 상대방과 동일시할 수는 없어 이 규정에서 말하는 제3자에 해당한다(대판 1998.1.23. 96다41496).

정답 ⑤

27. 사기·강박에 의한 의사표시에 관한 설명으로 옳지 않은 것은? (다툼이 있으면 판례에 따름)

세무사 22년

① 계약당사자 사이에 신의칙상 고지의무가 인정되는 경우, 고지의무 위반은 부작위에 의한 기망행위가 될 수 있다.
② 부정행위에 대한 고소가 부정한 이익의 취득을 목적으로 하는 경우, 그 고소는 위법한 강박행위가 될 수 있다.
③ 매매목적물에 하자가 있음에도 이를 속이고 매도한 경우, 사기를 이유로 한 의사표시의 취소와 하자담보책임은 경합할 수 있다.
④ 본인의 피용자의 기망행위로 상대방이 매매계약을 체결한 경우, 상대방은 본인이 기망행위를 알았는지를 불문하고 매매계약을 취소할 수 있다.
⑤ 소송행위가 강박에 의하여 이루어진 것임을 이유로 이를 취소할 수는 없다.

○ 해설

① (○) 신의칙상 고지의무가 인정되는 경우에는 부작위 내지 침묵도 기망행위가 된다. (대판 1997.11.28. 97다26098)
② (○) 부정행위에 대한 고소, 고발은 그것이 부정한 이익을 목적으로 하는 것이 아닌 때에는 정당한 권리행사가 되어 위법하다고 할 수 없으나, ⅰ) 부정한 이익의 취득을 목적으로 하는 경우에는 위법한 강박행위가 될 수 있고, ⅱ) 목적이 정당하다 하더라도 행위나 수단 등이 부당한 때에는 위법한 강박행위가 될 수 있다. (대판 1992.12.24. 92다25120)
③ (○) 기망에 의하여 하자 있는 권리나 물건에 관한 매매가 성립한 경우, 담보책임과 제110조가 경합하므로, 매수인은 사기에 의한 취소권과 하자담보책임을 선택적으로 주장할 수 있다(대판 1973.10.23. 73다268).
④ (×) 단순히 상대방의 피용자이거나 상대방이 사용자책임을 져야 할 관계에 있는 피용자는 상대방과 동일시할 수는 없어 제110조 2항에서 말하는 제3자에 해당한다(대판 1998.1.23. 96다41496). 따라서 상대방이 알았거나 알 수 있었을 경우에만 취소할 수 있다.
⑤ (○) 민법상의 법률행위에 관한 규정은 민사소송법상의 소송행위에는 적용이 없는 것이므로 소송행위가 강박에 의하여 이루어진 경우에도, 이를 이유로 취소할 수 없다.

정답 ④

28. 제3자의 사기·강박에 의한 의사표시에 관한 설명으로 옳지 않은 것을 모두 고른 것은? (다툼이 있으면 판례에 따름)

세무사 20년

> ㄱ. 상대방이 있는 의사표시의 경우, 표의자는 상대방이 그 사실을 알았거나 알 수 있었을 경우에 한하여 그 의사표시를 취소할 수 있다.
> ㄴ. 상대방과 동일시 할 수 있는 자의 사기, 강박은 제3자의 사기, 강박에 해당하지 않는다.
> ㄷ. 제3자의 사기행위로 계약을 체결한 경우, 제3자에 대하여 불법행위로 인한 손해배상을 청구하기 위해서는 그 계약을 취소해야 한다.

① ㄱ   ② ㄷ
③ ㄱ, ㄴ   ④ ㄴ, ㄷ   ⑤ ㄱ, ㄴ, ㄷ

○ 해설

ㄱ (○) 제110조 2항.

ㄴ (○) 상대방의 대리인 등 상대방과 동일시할 수 있는 자의 사기나 강박은 제3자의 사기·강박에 해당하지 아니한다. (대판 1999.2.23. 98다60828,60835)

ㄷ (×) 제3자의 사기행위 자체가 불법행위를 구성하는 이상, 제3자로서는 그 불법행위로 인하여 피해자가 입은 손해를 배상할 책임을 부담하는 것이므로, 피해자가 제3자를 상대로 손해배상청구를 하기 위하여 반드시 그 분양계약을 취소할 필요는 없다. (대판 1998.3.10. 97다55829)

○ 정답 ②

제4절 의사표시의 효력발생시기

29. 의사표시의 도달에 관한 설명으로 옳지 않은 것은? (다툼이 있으면 판례에 따름) 세무사 17년

① 상대방 있는 의사표시는 원칙적으로 상대방에게 도달한 때에 그 효력이 생긴다.
② 표의자가 의사표시를 발송한 후 사망한 경우에는 그 의사표시의 효력이 소멸한다.
③ 보통우편으로 의사표시를 발송한 경우에는 상당기간 내에 도달한 것으로 추정되지 않는다.
④ 의사표시가 등기우편으로 발송된 경우에는 반송되는 등의 특별한 사정이 없는 한 그 무렵 수취인에게 배달되었다고 보아야 한다.
⑤ 상대방이 정당한 사유 없이 통지의 수령을 거절한 경우에도 통지의 내용을 알 수 있는 객관적인 상태에 놓인 때에 도달한 것으로 보아야 한다.

○ 해설

① (○) 제111조 1항.
② (×) 표의자가 의사표시를 발송한 후 사망하거나 행위능력을 상실하여도 그 의사표시의 효력에 영향을 미치지 아니한다(제111조 2항).
③ (○) ④ (○) 내용증명우편이나 등기우편과는 달리, 보통우편의 방법으로 발송되었다는 사실만으로는 그 우편물이 상당기간 내에 도달하였다고 추정할 수 없다(대판 2002.7.26, 2000다25002).
⑤ (○) 대판 2008.6.12. 2008다19973

○ 정답 ②

30. 의사표시의 효력발생에 관한 설명으로 옳지 않은 것은? (다툼이 있으면 판례에 따름) 세무사 23년

① 의사표시의 도달은 사회관념상 채무자가 통지의 내용을 알 수 있는 객관적 상태에 놓여진 경우에 인정된다.
② 유언은 유언이 공개되어 유언의 사실이 인지될 수 있을 때에 효력이 생긴다.
③ 표의자가 의사표시의 통지를 발송한 후 사망하더라도 그 효력에는 영향을 미치지 않는다.
④ 우편물이 등기취급의 방법으로 발송된 경우, 반송되는 등의 특별한 사정이 없는 한 그 무렵 수취인에게 배달되었다고 보아야 한다.
⑤ 의사표시의 도달은 그 효력 발생을 주장하는 자가 증명하여야 한다.

◯ 해설

① (◯) 대판 1997.11.25. 97다31281.
② (×) 유언은 사후행위이므로, 유언자가 사망한 때에 그 효력이 생긴다.
③ (◯) 의사표시자가 그 통지를 발송한 후 사망하거나 제한능력자가 되어도 의사표시의 효력에 영향을 미치지 아니한다(제111조 2항).
④ (◯) 의사표시가 기재된 내용증명 우편물이 발송되고 달리 반송되지 아니하였다면 특별한 사정이 없는 한 이는 그 무렵에 송달되었다고 봄이 상당하다. (대판 2000.10.27. 2000다20052)
⑤ (◯) 대판 2002.7.26. 2000다25002.

◯ 정답 ②

31. 의사표시의 효력발생에 관한 설명으로 틀린 것은? (다툼이 있으면 판례에 따름)

① 표의자가 매매의 청약을 발송한 후 사망하여도 그 청약의 효력에 영향을 미치지 아니한다.
② 상대방이 정당한 사유 없이 통지의 수령을 거절한 경우에도 그가 통지의 내용을 알 수 있는 객관적 상태에 놓인 때에 의사표시의 효력이 생긴다.
③ 의사표시가 기재된 내용증명우편이 발송되고 달리 반송되지 않았다면 특별한 사정이 없는 한 그 의사표시는 도달된 것으로 본다.
④ 표의자가 그 통지를 발송한 후 제한능력자가 된 경우, 그 법정대리인이 통지 사실을 알기 전에는 의사표시의 효력이 없다.
⑤ 매매계약을 해제하겠다는 내용증명우편이 상대방에게 도착하였으나, 상대방이 정당한 사유 없이 그 우편물의 수취를 거절한 경우에 해제의 의사표시가 도달한 것으로 볼 수 있다.

◯ 해설

① (◯) ⑤ (◯) 표의자가 의사표시를 발송한 후 사망하거나 행위능력을 상실하여도 의사표시의 효력에는 영향을 미치지 아니한다(제111조 2항).
② (◯) 상대방이 정당한 사유 없이 통지의 수령을 거절한 경우에는 상대방이 그 통지의 내용을 알 수 있는 객관적 상태에 놓여 있는 때에 의사표시의 효력이 발생한다[2008다19973].
③ (◯) 의사표시가 내용증명으로 발송되고 반송되지 아니하였다면 특별한 사정이 없는 한 도달되었다고 봄이 상당하다[96다38322]. 그러나 보통우편의 경우에는 그러하지 아니하다.
④ (×) 의사표시자가 그 통지를 발송한 후 사망하거나 제한능력자가 되어도 의사표시의 효력에 영향을 미치지 아니한다(제111조 제2항).

◯ 정답 ④

32. 의사표시의 효력발생에 관한 설명으로 옳은 것을 모두 고른 것은? (다툼이 있으면 판례에 따름)

세무사 21년

> ㄱ. 상대방이 있는 의사표시의 표시자가 그 통지를 발송한 후 사망하여도 의사표시의 효력에 영향을 미치지 아니한다.
> ㄴ. 상대방을 과실로 알지 못한 표의자는 공시송달을 할 수 있다.
> ㄷ. 상대방이 있는 의사표시의 상대방이 통지를 현실적으로 수령하지 않았다면 효력이 생기지 않는다.

① ㄱ
② ㄷ
③ ㄱ, ㄴ
④ ㄴ, ㄷ
⑤ ㄱ, ㄴ, ㄷ

○ 해설

ㄱ (○) 제111조 2항.
ㄴ (×) 과실이 없어야만 공시송달할 수 있다(제113조).
ㄷ (×) 의사표시는 도달하면 효력을 발생한다(제111조 1항). 여기서 도달이란, 상대방이 이를 알 수 있는 객관적 상태에 의사표시가 놓여져 있음을 말하는 것이므로, 상대방이 이를 현실적으로 수령함을 요하지 아니한다. (대판 1997.11.25. 97다31281)

○ 정답 ①

33. 의사표시의 효력발생에 관한 설명으로 옳은 것을 모두 고른 것은? (다툼이 있으면 판례에 따름)

세무사 20년

> ㄱ. 특별한 사정이 없는 한, 반송되지 않은 내용증명우편물은 송달되었다고 봄이 상당하다.
> ㄴ. 의사표시자가 통지를 발송한 후 사망하여도 의사표시의 효력에 영향을 미치지 않는다.
> ㄷ. 특별한 사정이 없는 한, 의사표시자는 의사표시가 상대방에게 도달하기 전에 그 의사표시를 철회할 수 있다.

① ㄱ
② ㄷ
③ ㄱ, ㄴ
④ ㄴ, ㄷ
⑤ ㄱ, ㄴ, ㄷ

○ 해설

ㄱ (○) 의사표시가 기재된 내용증명 우편물이 발송되고 달리 반송되지 아니하였다면 특별한 사정이 없는 한 이는 그 무렵에 송달되었다고 봄이 상당하다. (대판 2000.10.27. 2000다20052)
ㄴ (○) 제111조 2항.
ㄷ (○) 의사표시는 상대방에게 도달하여야 효력이 발생하므로(제111조 1항), 의사표시의 발송 후 도달 전에는 자유롭게 철회할 수 있다.

○ 정답 ⑤

34. 의사표시의 효력발생에 관한 설명으로 옳지 않은 것은? (다툼이 있으면 판례에 따름) 세무사 22년

① 표의자가 과실 없이 상대방을 알지 못한 경우에는 의사표시는 민사소송법상 공시송달의 규정에 의하여 송달할 수 있다.
② 상대방 있는 의사표시에서 표의자가 그 통지를 발송한 후 사망하더라도 의사표시의 효력에 영향을 미치지 않는다.
③ 상대방이 정당한 사유 없이 통지의 수령을 거절하는 경우에도 통지의 내용을 알 수 있는 객관적인 상태에 놓인 때에 의사표시가 도달한 것으로 보아야 한다.
④ 미성년자에게 매매계약 취소의 의사표시가 도달하더라도 미성년자는 그 의사표시의 도달을 주장할 수 없다.
⑤ 표의자는 특별한 사정이 없는 한 의사표시가 상대방에게 도달하기 전에 그 의사표시를 철회할 수 있다.

○ 해설

① (○) 제113조.
② (○) 의사표시자가 그 통지를 발송한 후 사망하거나 제한능력자가 되어도 의사표시의 효력에 영향을 미치지 아니한다(제111조 2항).
③ (○) 상대방이 정당한 사유 없이 통지의 수령을 거절한 경우에는 상대방이 그 통지의 내용을 알 수 있는 객관적 상태에 놓여 있는 때에 의사표시의 효력이 발생한다[2008다19973].
④ (×) 의사표시의 상대방이 의사표시를 받은 때에 제한능력자인 경우에는 의사표시자는 그 의사표시로써 대항할 수 없다. 다만, 그 상대방의 법정대리인이 의사표시가 도달한 사실을 안 후에는 그러하지 아니하다(제112조).
⑤ (○) 의사표시는 상대방에게 도달하여야 효력이 발생하므로(제111조 1항), 의사표시의 발송 후 도달 전에는 자유롭게 철회할 수 있다.

○ 정답 ④

필수지문 OX

비진의표시

01 甲은 乙의 환심을 사기 위해 증여의사 없이 금반지를 乙에게 주었고, 乙은 그것을 丙에게 매도한 경우, 乙이 선의·무과실이면 丙이 악의이더라도 丙은 소유권을 취득한다.

○ 해설 乙이 유효하게 소유권을 취득하므로(제107조 1항 본문), 丙은 선의악의를 불문하고 유효하게 소유권을 승계취득한다. ○ 정답 ○

02 법률상 또는 사실상의 장애로 자기 명의로 대출받을 수 없는 자를 위하여 대출금채무자로서의 명의를 빌려준 자에게는 그와 같은 채무부담의 의사가 없는 것이므로 그 의사표시는 비진의표시에 해당한다.

○ 해설 제3자가 채무자로 하여금 제3자를 대리하여 금융기관으로부터 대출을 받도록 하여 그 대출금을 채무자가 부동산의 매수자금으로 사용하는 것을 승낙하였을 뿐이라고 볼 수 있는 경우, 제3자의 의사는 특별한 사정이 없는 한 대출에 따른 경제적인 효과는 채무자에게 귀속시킬지라도 법률상의 효과는 자신에게 귀속시킴으로써 대출금채무에 대한 주채무자로서의 책임을 지겠다는 것으로 보아야 할 것이므로, 제3자가 대출을 받음에 있어서 한 표시행위의 의미가 제3자의 진의와는 다르다고 할 수 없다. (대판 1997.7.25. 97다8403) ○ 정답 ×

03 근로자가 사용자의 지시에 좇아 일괄하여 사직서를 작성·제출할 당시에 그 사직서에 기하여 의원면직처리될지도 모른다는 점을 인식하였다고 하더라도, 이것만으로 그의 내심에 사직의 의사가 있는 것이라고 할 수 없다.

○ 해설 근로자가 사용자의 지시에 좇아 일괄하여 사직서를 제출할 당시 의원면직처리될지 모른다는 점을 인식하였다고 하더라도 사직의 의사가 있다고 할 수 없어 비진의표시에 해당한다. (대판 1991.7.12. 90다11554) ○ 정답 ○

04 비록 재산을 강제로 뺏긴다는 것이 표의자의 본심으로 잠재되어 있었다 하여도, 표의자가 강박에 의하여서나마 증여를 하기로 하고 그에 따른 증여의 의사표시를 한 이상, 증여의 내심의 효과의사가 결여된 것이라고 할 수는 없다.

필수지문 OX 101

○ 해설 비진의의사표시에서의 진의란 표의자가 진정으로 마음속에서 바라는 사항을 뜻하지 않으므로, 비록 재산을 강제로 뺏긴다는 것이 표의자의 본심으로 잠재되어 있었다 하여도 표의자가 강박에 의하여서나마 증여를 하기로 하고 그에 따른 의사표시를 한 이상 증여의 내심의 효과의사가 결여된 것이라고 할 수는 없다. (대판 1993.7.16. 92다41535)　　　　　　　　　　　○ 정답 ○

05 공무원들이 임용권자 앞으로 일괄사표를 제출하였다가 임용권자가 선별수리하는 형식으로 의원면직된 경우, 그 사직원 제출자의 내심의 의사는 사직할 뜻이 아니었고 상대방인 임용권자가 이를 알았거나 알 수 있었으므로, 임용권자가 위 사직원 제출을 받아들여 의원면직 처분한 것은 무효이다.

○ 해설 공무원이 사직의 의사표시를 하여 의원면직처분을 하는 경우 그 사직의 의사표시는 그 법률관계의 특수성에 비추어 외부적·객관적으로 표시된 바를 존중하여야 할 것이므로, 비록 사직원제출자의 내심의 의사가 사직할 뜻이 아니었다고 하더라도 진의 아닌 의사표시에 관한 제107조는 그 성질상 사직의 의사표시와 같은 사인의 공법행위에는 준용되지 아니하므로 그 의사가 외부에 표시된 이상 그 의사는 표시된 대로 효력을 발한다. (대판 1997.12.12. 97누13962)
　　　　　　　　　　　○ 정답 ×

통정허위표시

06 甲은 그가 소유하고 있던 X 토지를 동생 乙에게 증여하고자 하였으나, 등기원인을 증여로 기재하면 증여세가 부과될 것을 염려하여 매매한 것으로 계약서를 작성하고 乙에게 매매를 등기원인으로 하여 소유권이전등기를 마쳐주었다. 丙은 乙로부터 X 토지를 매수하고 丙 앞으로 소유권이전등기를 마쳤다. 丙은 乙의 소유권이전등기의 등기원인이 실제와 다르게 기재된 것을 알았다고 하더라도 적법하게 소유권을 취득한다.

○ 해설 매매는 통정허위표시로 무효이지만, 증여는 은닉행위로서 유효하다. 따라서 乙이 유효하게 소유권을 취득하므로, 丙 역시 선의악의를 불문하고 乙로부터 소유권을 유효하게 승계취득한다.　　　　　　　　　　　○ 정답 ○

07 동일인 여신한도의 제한을 회피하기 위하여 실질적 주채무자 아닌 제3자가 알지 않고 주채무자로 서명·날인하여 은행과 소비대차계약을 체결한 경우, 이 계약은 통정허위표시로서 무효이다.

○ 해설 제3자가 금융기관이 정한 여신제한 등의 규정을 회피하여 타인으로 하여금 제3자 명의로 대출을 받아 이를 사용하도록 할 의사가 있었다거나 그 원리금을 타인의 부담으로 상환하기로 하였더라도, 특별한 사정이 없는 한 이는 소비대차계약에 따른 경제적 효과를 타인에게 귀속시키

려는 의사에 불과할 뿐, 그 법률상의 효과까지도 타인에게 귀속시키려는 의사로 볼 수는 없으므로 제3자의 진의와 표시에 불일치가 있다고 보기는 어렵다. (대판 2008.6.12. 2008다7772·7789)

○ 정답 ×

08 자기 명의로 대출받을 수 없는 자를 위해 제3자가 대출금채무자로서 명의를 빌려 주는 과정에서, 채무자와 채권자 간에 제3자를 형식상의 채무자로 내세우고 채권자도 이를 양해하여, 제3자에 대하여 책임을 묻지 않을 의도 아래 제3자 명의로 체결한 대출약정은 통정허위표시에 해당하여 무효이다.

○ 해설 동일인에 대한 대출액 한도를 제한한 법령이나 금융기관 내부규정의 적용을 회피하기 위하여 실질적인 주채무자가 실제 대출받고자 하는 채무액에 대하여 제3자를 형식상의 주채무자로 내세우고, 금융기관도 이를 양해하여 제3자에 대하여는 채무자로서의 책임을 지우지 않을 의도 하에 제3자 명의로 대출관계서류를 작성받은 경우, 제3자는 형식상의 명의만을 빌려 준 자에 불과하고 그 대출계약의 실질적인 당사자는 금융기관과 실질적 주채무자이므로, 제3자 명의로 되어 있는 대출약정은 그 금융기관의 양해하에 그에 따른 채무부담의 의사 없이 형식적으로 이루어진 것에 불과하여 통정허위표시에 해당하는 무효의 법률행위이다. (대판 2001.5.29. 2001다11765)

○ 정답 ○

09 채권의 가장양도에 있어서 채무자의 상속인은 민법 제108조 제2항의 제3자에 해당한다.

○ 해설 제108조 2항의 제3자란, ⅰ) 당사자와 포괄승계인 이외의 자로서, ⅱ) 허위표시 행위를 기초로 새로운 이해관계를 맺은 자를 말한다. 그런데 상속인은 포괄승계인에 해당하므로 제3자에 해당하지 않는다.

○ 정답 ×

10 가장저당권설정계약이 무효라는 사실을 알지 못하고 그 피담보채권에 대해 가압류를 한 자는 민법 제108조 제2항의 제3자에 해당한다.

○ 해설 대판 2004.5.28. 2003다70041.

○ 정답 ○

11 보증인이 주채무자의 기망행위에 의하여 주채무가 있는 것으로 믿고 주채무자와 보증계약을 체결한 후 그에 따라 보증채무자로서 그 채무까지 이행한 경우, 그 보증인은 주채무자의 채권자에 대한 채무부담행위라는 허위표시에 기초하여 구상권 취득에 관한 법률상 이해관계를 가지게 되었으므로 민법 제108조 제2항 소정의 제3자에 해당한다.

○ 해설 보증인이 주채무자의 기망행위에 의하여 주채무가 있는 것으로 믿고 보증계약을 체결한 다음 그에 따라 보증채무자로서 그 채무까지 이행한 경우, 그 보증인은 주채무자에 대한 구상권

취득에 관하여 법률상의 이해관계를 가지게 되었고 그 구상권 취득에는 보증의 부종성으로 인하여 주채무가 유효하게 존재할 것을 필요로 하므로, 결국 그 보증인은 주채무자의 채권자에 대한 채무부담행위라는 허위표시에 기초하여 구상권 취득에 관한 법률상 이해관계를 가지게 되었다고 볼 것이므로 제108조 2항 소정의 '제3자'에 해당한다. (대판 2000.7.6. 99다51258)

◯ 정답 O

12 파산관재인은 파산채권자 전체의 공동의 이익을 위하여 그 직무를 행하여야 하는 지위에 있으므로 파산자와는 독립하여 그 재산에 관하여 이해관계를 가지는 제3자에 해당하고, 그 선의·악의는 전체 파산채권자를 기준으로 하여야 하므로 그들 중 일부만 선의라면 파산관재인은 선의의 제3자에 해당하지 않는다.

◯ 해설 파산자가 가장채권을 보유하고 있다가 파산이 선고된 경우 그 가장채권도 일단 파산재단에 속하게 되고, 파산관재인은 그 허위표시에 따라 형성된 법률관계를 토대로 실질적으로 새로운 법률상 이해관계를 가지게 된 제108조 2항의 제3자에 해당하고, 그 선의·악의도 파산관재인 개인의 선의·악의를 기준으로 할 수는 없고, 총파산채권자를 기준으로 하여 파산채권자 모두가 악의로 되지 않는 한 파산관재인은 선의의 제3자라고 할 수밖에 없다. (대판 2010.4.29. 2009다96083)

◯ 정답 ×

13 채무자의 법률행위가 가장행위라도 채권자취소권의 대상이 되고, 채권자취소권의 대상으로 된 채무자의 법률행위라도 통정허위표시의 요건을 갖춘 경우에는 무효이다.

◯ 해설 채무자의 법률행위가 통정허위표시인 경우에도 채권자취소권의 대상이 되고, 한편 채권자취소권의 대상으로 된 채무자의 법률행위라도 통정허위표시의 요건을 갖춘 경우에는 무효이다. (대판 1998.2.27. 97다50985)

◯ 정답 O

착오로 인한 의사표시

14 동기의 착오가 법률행위의 내용의 중요 부분의 착오에 해당함을 이유로 표의자가 법률행위를 취소하려면 당사자들 사이에 별도로 그 동기를 의사표시의 내용으로 삼기로 하는 합의가 필요하다.

◯ 해설 동기의 착오가 법률행위의 내용의 중요부분의 착오에 해당함을 이유로 표의자가 법률행위를 취소하려면 그 동기를 당해 의사표시의 내용으로 삼을 것을 상대방에게 표시하고 의사표시의 해석상 법률행위의 내용으로 되어 있다고 인정되면 충분하고 당사자들 사이에 별도로 그 동기를 의사표시의 내용으로 삼기로 하는 합의까지 이루어질 필요는 없지만, 그 법률행위의 내용의

착오는 보통 일반인이 표의자의 입장에 섰더라면 그와 같은 의사표시를 하지 아니하였으리라고 여겨질 정도로 그 착오가 중요한 부분에 관한 것이어야 한다. (대판 2000.5.12. 2000다12259)

○ 정답 ×

15 당사자가 의사표시의 내용으로 삼은 동기에 착오가 있고 그 착오가 상대방에 의해 유발된 경우, 의사표시자는 법률행위 내용의 중요부분에 대한 착오가 없더라도 동기의 착오를 이유로 그 의사표시를 취소할 수 있다.

○ 해설 동기는 법률행위의 내용이 되지 못하므로 동기의 착오는 법률행위의 효력에 아무런 영향을 주지 못함이 원칙이다. 그러나 동기가 「표시」되어 법률행위의 내용으로 편입된 경우 또는 상대방으로부터 「유발·제공」된 경우에는 '법률행위의 내용으로 편입되어' 제109조가 적용될 수 있다. 물론 제109조의 나머지 요건, 즉 중요한 부분에 관한 것일 것 등도 별도로 충족하여야 한다 (대판 1978.7.11. 78다719 등 참고).

○ 정답 ×

16 당사자는 합의를 통해 착오로 인한 의사표시 취소에 관한 「민법」 제109조 제1항의 적용을 배제할 수 있다.

○ 해설 대판 2016.4.15. 2013다97694.

○ 정답 ○

17 부동산이 양도된 경우, 양도인에 대하여 부과될 양도소득세 등의 세액에 관한 착오가 미필적인 장래의 불확실한 사실에 관한 것이라도 민법 제109조 소정의 착오에서 제외되는 것은 아니다.

○ 해설 부동산의 양도가 있은 경우에 그에 대하여 부과될 양도소득세 등의 세액에 관한 착오가 미필적인 장래의 불확실한 사실에 관한 것이라도 제109조 소정의 착오에서 제외되는 것은 아니다.

○ 정답 ○

18 주채무자의 차용금반환채무를 보증할 의사로 공정증서에 연대보증인으로 서명·날인하였으나 그 공정증서가 주채무자의 기존의 구상금채무 등에 관한 준소비대차계약의 공정증서이었던 경우, 연대보증인에게 주채무자가 채권자에게 부담하는 차용금반환채무를 연대보증할 의사가 있었더라도, 그 피담보채무를 달리하므로 연대보증계약의 내용의 중요부분에 착오가 있는 때에 해당한다.

○ 해설 주채무자의 차용금반환채무를 보증할 의사로 공정증서에 연대보증인으로 서명·날인하였으나 그 공정증서가 주채무자의 기존의 구상금채무 등에 관한 준소비대차계약의 공정증서이었던 경우, 소비대차계약과 준소비대차계약의 법률효과는 동일하므로 착오로 인하여 경제적인 불이익을 입었거나 장차 불이익을 당할 염려도 없으므로 중요 부분의 착오가 아니다.

○ 정답 ×

19 채권자와 제3자간의 근저당권설정계약에 있어서 채무자의 동일성에 관한 착오는 일반적으로 법률행위 내용의 중요부분에 관한 착오에 해당한다.

> **해설** 채권자와 제3자간의 근저당권설정계약에 있어서 채무자의 동일성에 관한 착오는 중요부분의 착오에 해당한다. (대판 1995.12.22. 95다37087)   **정답** O

20 착오가 표의자의 중대한 과실로 인한 경우, 상대방이 표의자의 착오를 알고 이를 이용하였더라도 표의자는 의사표시를 취소할 수 없다.

> **해설** 제109조 1항 단서는 의사표시의 착오가 표의자의 중대한 과실로 인한 때에는 그 의사표시를 취소하지 못한다고 규정하고 있는바, 위 단서 규정은 표의자의 상대방의 이익을 보호하기 위한 것이므로, 상대방이 표의자의 착오를 알고 이를 이용한 경우에는 그 착오가 표의자의 중대한 과실로 인한 것이라고 하더라도 표의자는 그 의사표시를 취소할 수 있다. (대판 2014.11.27. 2013다49794)   **정답** ×

21 표의자가 착오를 이유로 의사표시를 취소한 경우, 취소로 인하여 손해를 입은 상대방은 표의자에게 불법행위로 인한 손해배상을 청구할 수 있다.

> **해설** 불법행위로 인한 손해배상책임이 성립하기 위하여는 가해자의 고의 또는 과실 이외에 행위의 위법성이 요구되므로, 전문건설공제조합이 계약보증서를 발급하면서 조합원이 수급할 공사의 실제 도급금액을 확인하지 아니한 과실이 있다고 하더라도 제109조에서 중과실이 없는 착오자의 착오를 이유로 한 의사표시의 취소를 허용하고 있는 이상, 전문건설공제조합이 과실로 인하여 착오에 빠져 계약보증서를 발급한 것이나 그 착오를 이유로 보증계약을 취소한 것이 위법하다고 할 수는 없다. (대판 1997.8.22. 97다13023)   **정답** ×

22 소송대리인으로부터 소송대리인 사임신고서 제출을 지시받은 사무원은 소송대리인의 표시기관에 해당되어 그의 착오는 소송대리인의 착오라고 보아야 하므로, 사무원의 착오로 소송대리인의 의사에 반하여 소를 취하하였다고 하여도 이를 취소할 수 있다거나 무효라고 볼 수 없다.

> **해설** 소의 취하는 원고가 제기한 소를 철회하여 소송계속을 소멸시키는 원고의 법원에 대한 소송행위이고 소송행위는 일반 사법상의 행위와는 달리 내심의 의사보다 그 표시를 기준으로 하여 그 효력 유무를 판정할 수밖에 없는 것인바, 원고들 소송대리인으로부터 원고 중 1인에 대한 소 취하를 지시받은 사무원은 원고들 소송대리인의 표시기관에 해당되어 그의 착오는 원고들 소송대리인의 착오로 보아야 하므로, 그 사무원의 착오로 원고들 소송대리인의 의사에 반하여 원고들 전원의 소를 취하하였다 하더라도 이를 무효라 볼 수는 없고, 적법한 소 취하의 서면이 제출된 이상 그 서면이 상대방에게 송달되기 전·후를 묻지 않고 원고는 이를 임의로 철회할 수 없다. (대판 1997.6.27. 97다6124)   **정답** O

사기, 강박에 의한 의사표시

23 사기에 의한 의사표시에는 의사와 표시의 불일치가 있을 수 없고, 단지 의사표시의 동기에 착오가 있을 뿐이다.

○ 해설 사기에 의한 의사표시에는 의사와 표시의 불일치가 있을 수 없고, 단지 의사의 형성과정 즉 의사표시의 동기에 착오가 있는 것에 불과하며, 이 점에서 고유한 의미의 착오에 의한 의사표시와 구분되는데, 신원보증서류에 서명날인한다는 착각에 빠진 상태로 연대보증의 서면에 서명날인한 경우, 표시상의 착오에 해당하므로, 상대방이 그러한 제3자의 기망행위 사실을 알았거나 알 수 있었을 경우가 아닌 한 취소할 수 없다는 제110조 제2항을 적용할 것이 아니라, 착오에 의한 의사표시에 관한 법리만을 적용하여 취소 가부를 가려야 한다. (대판 2005.5.27. 2004다43824) ○ 정답 ○

24 강박행위는 강박자의 고의에 의해서만 성립하고, 과실에 의해서는 성립하지 않는다.

○ 해설 강박은 표의자로 하여금 해악을 고지하여 공포심을 생기게 하고, 이로 인하여 표의자가 의사표시를 하게 할 고의가 필요하다. 즉, 2단계의 고의가 있어야 한다. ○ 정답 ○

25 제3자의 강박으로 상대방 있는 의사표시를 한 경우, 표의자는 그 의사표시의 상대방이 제3자에 의한 강박사실을 알았거나 알 수 있었을 경우에 한하여 그 의사표시를 취소할 수 있다.

○ 해설 제110조 2항. ○ 정답 ○

26 은행의 출장소장이 고객으로부터 어음할인을 부탁받자, 그 어음이 부도날 경우를 대비하여 담보 목적으로 받아두는 것이라고 속이고 고객의 명의로 금전대출약정을 체결한 후 그 대출금을 자신이 인출하여 사용한 경우, 고객은 은행이 그 사기사실을 알았거나 알 수 있었을 경우에 한하여 사기를 이유로 그 대출약정을 취소할 수 있다.

○ 해설 은행의 출장소장(상대방과 동일시할 수 있는 자로서, 제110조 1항이 적용된다)의 행위는 은행 또는 은행과 동일시할 수 있는 자의 사기일 뿐 제3자의 사기로 볼 수 없으므로, 은행이 그 사기사실을 알았거나 알 수 있었을 경우에 한하여 위 약정을 취소할 수 있는 것은 아니다. (대판 1999.2.23. 98다60828,60835) ○ 정답 ×

27 상대방의 피용자이거나 상대방이 사용자책임을 져야 할 관계에 있는 자는 제3자의 사기에 의한 의사표시에 있어서의 제3자에 해당하지 않는다.

> **해설** 단순히 상대방의 피용자이거나 상대방이 사용자책임을 져야 할 관계에 있는 피용자에 지나지 않는 자는 상대방과 동일시할 수는 없어 제110조 2항에서 말하는 제3자에 해당한다. (대판 1998.1.23. 96다41496) **정답** ×

28 상대방의 강박이 의사표시자의 의사결정의 자유를 완전히 박탈하는 정도에 이르지 아니하고 이를 제한하는 정도에 그친 경우, 그 의사표시자의 의사표시는 취소할 수 있음에 그치고 무효라고 볼 수 없다.

> **해설** 강박에 의한 법률행위가 취소되는 것에 그치지 않고 나아가 무효로 되기 위하여는, 강박의 정도가 단순한 불법적 해악의 고지로 상대방으로 하여금 공포를 느끼도록 하는 정도(상대적 강박)가 아니고, 의사표시자로 하여금 의사결정을 스스로 할 수 있는 여지를 완전히 박탈한 상태에서 의사표시가 이루어져 단지 법률행위의 외형만이 만들어진 것에 불과한 정도(절대적 강박)이어야 한다. (대판 2003.5.13. 2002다73708·73715) **정답** ○

29 강박에 의한 의사표시의 취소에 대해 대항하고자 하는 제3자는 자신의 선의를 증명하여야 한다.

> **해설** 제110조 3항을 비롯하여 제108조 2항 등의 '선의 제3자 보호규정'에서, 제3자의 선의는 추정된다. 따라서 제3자가 스스로 '선의'에 대하여 증명할 필요는 없으며, 그 의사표시의 무효를 주장하는 자가 제3자의 악의에 대하여 증명하여야 한다. **정답** ×

의사표시의 효력발생시기

30 상대방 없는 의사표시의 효력은 표시행위가 완료된 때에 생긴다.

> **해설** 상대방 있는 의사표시는 상대방에게 도달한 때에 그 효력이 생긴다(제111조 1항). 반면에 상대방 없는 의사표시에 대해서는 명문의 규정이 없지만 표시행위가 완료된 때에 그 효력이 생긴다. **정답** ○

31 상대방이 있는 의사표시는 상대방에게 도달한 때에 그 효력이 생기므로, 의사표시자가 그 통지를 발송한 후 사망하는 경우 그 의사표시는 효력이 발생하지 않는다.

> **해설** 의사표시자가 그 통지를 발송한 후 사망하거나 제한능력자가 되어도 의사표시의 효력에 영향을 미치지 아니한(제111조 2항). **정답** ×

32 채권양도의 통지가 채무자에게 도달되었다고 보기 위해서는, 사회관념상 채무자가 통지의 내용을 알 수 있는 객관적 상태에 놓여졌다고 인정되는 것만으로는 부족하고, 채무자가 이를 현실적으로 수령하였거나 그 내용을 알았을 것까지 필요하다.

> **해설** 채권양도의 통지와 같은 준법률행위의 도달은 의사표시와 마찬가지로 사회관념상 채무자가 통지의 내용을 알 수 있는 객관적 상태에 놓여졌을 때를 지칭하고, 그 통지를 채무자가 현실적으로 수령하였거나 그 통지의 내용을 알았을 것까지는 필요하지 않다. (대판 1997.11.25. 97다31281) **정답** ×

33 청약에 대한 승낙의 의사표시가 보통우편의 방법으로 발송된 경우 그 의사표시는 상당한 기간 내에 도달하였다고 추정되지 않으므로, 송달의 효력을 주장하는 측에서 도달사실을 증명하여야 한다.

> **해설** 내용증명우편이나 등기우편과는 달리, 보통우편의 방법으로 발송되었다는 사실만으로는 그 우편물이 상당기간 내에 도달하였다고 추정할 수 없고, 송달의 효력을 주장하는 측에서 증거에 의하여 도달사실을 증명하여야 한다. (대판 2002.7.26. 2000다25002) **정답** ○

Chapter 06
대 리

기본에 충실한
세무사객관식민법

Chapter 06 대 리

제1절 대리권

01. 민법상 임의대리에 관한 설명으로 옳지 않은 것은? (다툼이 있으면 판례에 따름) 　세무사 23년

① 사실행위의 대리는 인정되지 않는다.
② 수권행위는 본인과 대리인의 합동행위이다.
③ 원인된 법률관계의 존속 중에도 본인은 수권행위를 철회할 수 있다.
④ 대리인이 성년후견개시심판을 받으면 그의 대리권은 소멸한다.
⑤ 매매계약의 체결과 이행에 관하여 포괄적으로 대리권을 수여받은 대리인은 특별한 사정이 없는 한 상대방에 대하여 약정된 매매대금 지급기일을 연기하여 줄 수 있다.

○ 해설

① (○) 대리는 의사표시를 요소를 하는 법률행위에 한하여 인정된다.
② (×) 임의대리권은 수권행위에 의하여 발생한다. 수권행위란 본인이 대리인에게 대리권을 수여하는 것을 내용으로 하는 상대방 있는 단독행위이다.
③ (○) 수권행위는 '기초적 내부관계(예: 위임, 고용 등)'와는 구별되는 개념이다(수권행위의 독자성). 따라서 원인된 법률관계의 존속 중에도 본인은 수권행위를 철회할 수 있다.
④ (○) 대리권은 본인의 사망, 대리인의 사망·성년후견의 개시·파산으로 소멸한다(제127조).
⑤ (○) 대판 1992.4.14. 91다4310.

○ 정답 ②

02. 대리권에 관한 설명으로 옳지 않은 것은? (다툼이 있으면 판례에 따름) 　세무사 20년

① 매매계약의 체결에 관하여 대리권을 수여받은 대리인은 특별한 사정이 없는 한 그 계약에 따른 잔금을 수령할 권한이 있다.
② 예금계약의 체결에 관하여 대리권을 수여받은 대리인은 그 예금을 담보로 대출을 받을 수 있는 권한이 있다.
③ 권한을 정하지 않은 대리인은 대리의 목적인 물건이나 권리의 성질이 변하지 않는 범위에서 이를 이용 또는 개량하는 행위를 할 수 있다.

④ 상대방으로부터 대여금의 수령을 위임받은 대리인에게는 그 상대방의 대여금채무 일 부를 면제할 수 있는 권한이 없다.
⑤ 매매계약의 체결과 이행에 관하여 포괄적 대리권을 수여받은 대리인은 특별한 사정이 없는 한 약정된 매매대금 지급기일을 연기해 줄 권한이 있다.

해설

① (○) 대판 2011.8.18. 2011다30871.
② (×) 예금계약의 체결을 위임받은 자가 가지는 대리권에 당연히 그 예금을 담보로 대출을 받거나 이를 처분할 수 있는 대리권이 포함되어 있는 것은 아니다(대판 2002.6.14. 2000다38992).
③ (○) 제118조 2호.
④ (○) 대판 1981.6.23. 80다3221.
⑤ (○) 대판 1992.4.14. 91다4310.

정답 ②

03. 민법상 대리권의 범위와 제한에 관한 설명으로 옳지 않은 것은? (다툼이 있으면 판례에 따름)

세무사 21년

① 본인이 허락하면 본인으로부터 부동산 매매의 대리권을 수여받은 대리인이 스스로 그 부동산의 매수인이 되더라도 그 거래행위는 유효하다.
② 권한을 정하지 않은 임의대리인은 보존행위를 할 수 있다.
③ 임의대리권은 그 권한에 부수하여 필요한 한도에서 상대방의 의사표시를 수령하는 수령대리권을 포함한다.
④ 새로운 이해관계를 창설하지 않는 채무의 이행에도 쌍방대리금지의 규정이 적용된다.
⑤ 계약체결에 관한 대리권을 수여받은 대리인은 그에 따라 체결된 계약을 해제하거나 상대방의 해제의사를 수령할 권한이 없다.

해설

① (○) 제124조 본문.
② (○) 제118조 1호.
③ (○) 대판 1994.2.8. 93다30379.
④ (×) 자기계약과 쌍방대리는 원칙적으로 금지되지만, 본인의 허락이 있는 경우 또는 단순한 채무의 이행인 경우에는 허용된다(제124조).
⑤ (○) 대판 2008.6.12. 2008다11276.

정답 ④

04. 대리행위에 관한 설명으로 옳지 않은 것은? (다툼이 있으면 판례에 따름)   세무사 22년

① 매매계약체결의 대리권을 수여받은 자는 특별한 사정이 없는 한 중도금이나 잔금을 수령할 권한도 갖는다.
② 본인의 허락이 있는 경우에는 자기계약 또는 쌍방대리도 유효하다.
③ 친권자의 재산을 자(子)에게 증여하면서 친권자가 수증자로서의 자(子)의 지위를 대리하는 것은 이해상반행위에 해당하여 무효이다.
④ 특정한 법률행위의 위임에서 대리인이 본인의 지시에 좇아 그 행위를 한 경우, 본인은 자기가 안 사정에 관하여 대리인의 부지를 주장하지 못한다.
⑤ 대리인이 수인인 때에는 원칙적으로 각자가 본인을 대리한다.

○ 해설

① (○) 임의대리권은 그 권한에 부수하여 필요한 한도에서 상대방의 의사표시를 수령하는 이른바 수령대리권을 포함하는 것으로 보아야 할 것이다. 또한 부동산의 소유자로부터 매매계약을 체결할 대리권을 수여받은 대리인은 특별한 사정이 없는 한 그 매매계약에서 약정한 바에 따라 중도금이나 잔금을 수령할 권한도 있다(대판 1994.2.8. 93다39379).
② (○) 대리인은 본인의 허락이 없으면 본인을 위하여 자기와 법률행위를 하거(자기계약)나 동일한 법률행위에 관하여 당사자쌍방을 대리(쌍방대리)하지 못한다. 그러나 채무의 이행은 할 수 있다(제124조).
③ (×) 법정대리인인 친권자가 부동산을 매수하여 이를 그 자에게 증여하는 행위는 미성년자인 자에게 이익만을 주는 행위이므로 친권자와 자 사이의 이해상반행위에 속하지 아니하고, 또 자기계약이지만 유효하다(대판 1981.10.13. 81다649).
④ (○) 특정한 법률행위를 위임한 경우에 대리인이 본인의 지시에 좇아 그 행위를 한 때에는 본인은 자기가 안 사정 또는 과실로 인하여 알지 못한 사정에 관하여 대리인의 부지를 주장하지 못한다(제116조 2항).
⑤ (○) 제119조 본문.

○ 정답 ③

05. 대리권에 관한 설명으로 옳지 않은 것은? (다툼이 있으면 판례에 따름)   세무사 17년

① 임의대리권은 원칙적으로 수권행위에 의해서 대리권의 범위가 정해진다.
② 법률행위에 의하여 대리권을 수여하는 경우, 대리인은 원칙적으로 행위능력을 가지고 있어야 한다.
③ 대리권의 존재는 원칙적으로 대리행위가 유효하다고 주장하는 자가 증명하여야 한다.
④ 법정대리권의 범위는 원칙적으로 법정대리권의 발생근거인 법률의 규정에 의하여 정해진다.
⑤ 대리권은 있지만 그 범위가 분명하지 않은 경우에는 원칙적으로 처분행위를 할 수 없다.

> **해설**
① (○) 임의대리권은 본인의 수권행위에 의하여 발생하므로, 그 대리권 범위는 수권행위의 해석에 의하여 정해진다.
② (×) 대리인은 행위능력자임을 요하지 않는다(제117조).
⑤ (○) 제118조

> **정답** ②

05. 민법상 대리권의 제한에 관한 설명으로 옳은 것은? (다툼이 있으면 판례에 따름)   세무사 17년

① 본인의 허락이 있더라도 대리인은 자기계약이나 쌍방대리를 할 수 없다.
② 자기계약에 따라 본인이 대리인에 대하여 부담하는 채무를 대리인이 면제하여 주는 경우에도 본인의 동의를 받아야 한다.
③ 자기계약·쌍방대리의 금지에 관한 규정은 법정대리에는 적용되지 않는다.
④ 대리인이 수인인 경우에는 원칙적으로 대리인 각자가 본인을 대리한다.
⑤ 친권자가 그 소유 부동산을 미성년인 아들에게 증여하는 행위는 자기계약에 해당하여 무효이다.

> **해설**
① (×) 자기계약이나 쌍방대리는 원칙적으로 금지되지만, 단순한 채무의 이행행위이거나 본인의 허락이 있는 경우에는 가능하다(제124조).
② (×) 채무의 면제는 처분행위로서 처분권자인 대리인이 자신의 이름으로 하는 법률행위(단독행위)이며 대리행위가 아니다. 따라서 자기계약금지의 법리가 적용되지 않으므로 본인의 동의를 받을 필요가 없다.
③ (×) 제124조는 임의대리와 법정대리 모두에 적용된다. 다만 법정대리에 관하여 특별규정이 있는 때에는 제124조가 적용되지 않는다(제64조, 제921조, 제951조 등).
④ (○) 제119조
⑤ (×) 자기계약이지만 제921조의 특별규정이 있으므로 제124조는 적용되지 않는다. 친권자가 그 소유 부동산을 미성년인 아들에게 증여하는 행위는 제921조의 '이해상반행위'에 해당하지 않으므로 유효하다.

> **정답** ④

06. 대리권의 제한에 관한 설명으로 옳은 것은? (다툼이 있으면 판례에 따름) 세무사 23년

① 수권행위에 의해 대리권의 범위가 정해지지 않은 임의대리인은 처분행위도 할 수 있다.
② 본인에게 수인의 대리인이 존재한다면 이들은 공동하여 대리행위를 하여야 함이 원칙이다.
③ 본인의 허락이 있으면 대리인은 쌍방대리를 할 수 있다.
④ 대리인이 본인의 허락 없이 본인을 위하여 자기와 계약하였다면 그 계약은 강행법규 위반으로 확정적 무효이다.
⑤ 부동산 매도의 대리인이 본인을 위한 매매계약시 상대방으로부터 강박을 당한 경우, 특별한 사정이 없는 한 그 대리인은 해당 매매계약을 취소할 수 있다.

○ 해설

① (×) 권한을 정하지 아니한 대리인은 ⅰ) 보존행위, ⅱ) 대리의 목적인 물건이나 권리의 성질을 변하지 아니하는 범위에서 그 이용 또는 개량하는 행위만을 할 수 있다(제118조).
② (×) 대리인이 수인인 때에는 각자대리가 원칙이다(제119조).
③ (○) 자기계약과 쌍방대리는 원칙적으로 금지되지만, ⅰ) 본인의 허락이 있는 경우 또는 ⅱ) 채무의 이행은 허용된다(제124조).
④ (×) 제124조의 자기계약·쌍방대리를 위반한 대리행위는 권한을 넘은 무권대리가 된다(유동적 무효).
⑤ (×) 대리행위의 효과는 직접 본인에게 귀속된다(제114조). 대리행위의 하자로 인한 취소권도 본인에게 귀속한다. 임의대리인은 본인으로부터 별도의 특별수권을 받지 않는 한, 취소권이 없다.

○ 정답 ③

07. 미성년자와 법정대리인 사이의 이해상반행위에 관한 설명으로 옳지 않은 것은? (다툼이 있으면 판례에 따름) 세무사 19년

① 친권자가 미성년자를 대리하여 자신의 성년의 자와 거래하는 행위도 이해상반이 된다.
② 이해상반이 되는 경우 친권자는 법원에 특별대리인의 선임을 청구하여야 한다.
③ 친권자의 이해상반행위는 무효가 되어 본인이 적법하게 추인하지 않는 한 무효이다.
④ 미성년자에게 친권자가 없어 후견인이 선임된 경우에도 이해상반의 법리가 적용된다.
⑤ 이해상반이 되는 경우 후견감독인이 선임되어 있다면 후견인은 특별대리인의 선임을 청구할 필요가 없다.

○ 해설

① (×) 친권행사가 제한되는 이해상반행위에는, 친권자와 그 자(子) 사이에 이해가 상반되는 것(제921조 1항)과 친권에 따르는 수인의 자(子) 사이에 이해가 상반되는 것(제921조 2항)이 있다. 반면에 성년

의 자(子)와 미성년의 자(子) 사이에 이해가 대립되는 경우는 제921조의 이해상반행위가 아니다. 즉, 성년이 되어 친권자의 친권에 복종하지 아니하는 자(子)와 친권에 복종하는 미성년자인 자(子) 사이에 이해상반이 되는 경우가 있다 하여도 친권자는 미성년자를 위한 법정대리인으로서 고유의 권리를 행사할 수 있으므로 그러한 친권자의 법률행위는 제921조 소정의 이해상반행위에 해당하지 않는다(대판 1989.9.12. 88다카28044).

② (○) 제921조 1항, 제2항.
③ (○) 친권자가 미성년인 자(子)와 이해상반되는 행위를 특별대리인에 의하지 않고 스스로 대리하여 한 경우에는 그 행위는 무권대리행위로서 적법한 추인이 없는 한 무효이다(대판 2001.6.29. 2001다28299 등)
④ (○) 제949조의 3 본문.
⑤ (○) 제949조의 3 단서.

○ 정답 ①

제2절 대리행위

08. 甲이 乙과 계약을 체결하면서 丙의 이름으로 계약서를 작성한 경우에 관한 설명으로 옳지 않은 것은? (다툼이 있으면 판례에 따름)　　세무사 19년

① 일반적으로 계약당사자가 누구인지는 계약에 관여한 당사자의 의사해석의 문제이다.
② 甲과 乙 모두 甲이 계약당사자라고 이해한 경우에는 甲이 계약당사자가 된다.
③ 계약당사자가 甲과 丙 중 누구인지에 관하여 甲과 乙의 의사가 일치하지 않고, 乙의 입장에서 합리적으로 평가할 때 甲이 계약당사자로 이해될 경우에는 甲이 계약당사자가 된다.
④ 甲과 乙 모두 丙이 계약당사자라고 이해한 경우에는 甲의 대리권 존부 문제와는 무관하게 丙이 계약당사자가 된다.
⑤ 계약당사자에 관하여 甲과 乙의 의사가 일치하지 않고, 乙의 입장에서 합리적으로 평가할 때 丙이 계약당사자로 이해될 경우라도 丙이 허무인인 경우에는 甲이 계약당사자가 된다.

○ 해설

① (○) 타인 명의를 사용하여 행한 법률행위에 있어서 누가 행위당사자로 되는가는 법률행위의 해석에 의하여 결정되어야 한다.
② (○), ③ (○) 행위자가 타인의 이름으로 법률행위를 한 경우에 행위자 또는 명의인 가운데 누구를 계약의 당사자로 볼 것인가에 관하여는, 우선 행위자와 상대방의 의사가 일치한 경우(자연적 해석)에는 그 일치한 의사대로 계약의 당사자로 확정해야 하고, 행위자와 상대방의 의사가 일치하지 않는 경우(규범적 해석)에는 그 계약의 성질·내용·목적·체결 경위 등 그 계약 체결 전후의 구체적인 제반 사정을 토대로 상

대방이 합리적인 사람이라면 행위자와 명의자 중 누구를 계약 당사자로 이해할 것인가에 의하여 당사자를 결정한다(대판 2003.12.12. 2003다44059).

④ (○) 행위자인 甲과 상대방 乙 모두 명의자 丙을 계약당사자라고 이해했다면 丙을 계약당사자로 확정하고, 다음으로 대리에 관한 규정의 적용을 검토해야 한다(甲의 행위가 결국 대리행위이기 때문이다). 행위자(甲)에게 대리권이 없는 때에도 마찬가지이다. 즉 계약의 상대방이 대리인을 통하여 본인과 사이에 계약을 체결하려는 데 의사가 일치하였다면 대리인의 대리권 존부 문제와는 무관하게 상대방과 본인이 그 계약의 당사자이다(대판 2003.12.12. 2003다44059).

⑤ (×) 위와 같은 계약당사자확정의 법리는 허무인인 경우에도 마찬가지로 적용된다. 지문의 경우 자연적 해석에 따라 명의인 丙이 계약당사자로 결정된다. 丙이 허무인인 경우에도 마찬가지이다(대판 2012.10.11. 2011다12842 참고).

정답 ⑤

09. 민법상 대리행위의 현명에 관한 설명으로 옳은 것을 모두 고른 것은? (다툼이 있으면 판례에 따름)

세무사 20년

ㄱ. 현명이 없는 대리행위라도 상대방이 대리인으로서 한 것임을 알았을 때에는 본인에 대하여 효력이 있다.
ㄴ. 현명은 명시적으로 할 수 있을 뿐이고 묵시적으로 할 수는 없다.
ㄷ. 현명주의는 법인의 대표자에게도 동일하게 인정된다.

① ㄱ   ② ㄴ
③ ㄱ, ㄷ   ④ ㄴ, ㄷ   ⑤ ㄱ, ㄴ, ㄷ

해설

ㄱ (○) 제115조 단서.
ㄴ (×) 묵시적 현명도 유효하다.
ㄷ (○) 대리행위는 대표행위에도 준용되므로, 대표행위에도 현명이 필요하다.

정답 ③

10. 민법상 대리에 관한 설명으로 옳지 않은 것은? (다툼이 있으면 판례에 따름) 세무사 21년

① 대리인이 그 권한내에서 본인을 위한 것임을 표시한 경우 대리행위가 유효하게 성립한다.
② 대리인이 본인을 위한 것임을 표시하지 않은 경우에는 상대방이 대리행위임을 알 수 있었더라도 본인에게 그 효력이 미치지 않는다.
③ 채권양도인이 양수인에게 채권양도통지 권한을 위임하지 않았다면 상대방이 그 양수인에 의한 통지가 양도인을 위한 것임을 알았더라도 그 통지는 양도인에게 효력이 미치지 않는다.
④ 수동대리의 경우 상대방은 본인에 대한 의사표시임을 표시하여야 본인에게 그 효력이 미친다.
⑤ 대리인이 매매위임장을 제시하고 매매계약을 체결하면서 매매계약서에 자신의 이름을 기재한 경우 특별한 사정이 없는 한 대리행위로서 계약을 체결한 것이다.

○ 해설

① (○) 제114조 1항.
② (×) 대리인이 본인을 위한 것임을 표시하지 아니한 경우에도 상대방이 대리인으로서 한 것임을 알았거나 알 수 있었을 때에는 현명이 있는 것과 마찬가지로 대리행위가 성립하므로, 그 효과가 본인에게 미친다 (제115조 단서).
③ (○) 대판 2008.2.14. 2007다77569.
④ (○) 제114조 2항.
⑤ (○) 대판 1982.5.25. 81다1349.

○ 정답 ②

11. 민법상 대리행위에 관한 설명으로 옳지 않은 것은? (다툼이 있으면 판례에 따름) 세무사 23년

① 현명 없는 대리인의 행위는 원칙적으로 자신을 위한 것으로 추정된다.
② 매도인의 배임행위에 적극 가담하여 대리인이 이중매매계약을 체결한 경우, 매수인인 본인이 이에 대해 선의라 하더라도 그 매매계약의 반사회성은 인정된다.
③ 특정한 법률행위를 대리인에게 위임하였더라도 본인 또한 스스로 그 법률행위를 할 수 있다.
④ 대리권 남용의 경우 진의 아닌 의사표시에 관한 민법 제107조 제1항 단서를 유추적용 하는 것이 주류적 판례의 입장이다.
⑤ 대리행위가 대리권 남용으로 무효라 하더라도 그 행위를 기초로 하여 새로운 이해관계를 맺은 선의의 제3자는 보호된다고 함이 주류적 판례의 입장이다.

○ 해설

① (×) 대리인이 본인을 위한 것임을 표시하지 아니한 때에는 그 의사표시는 자기를 위한 것으로 본다(제115조).

② (○) 대리인이 본인을 대리하여 매매계약을 체결함에 있어서 매도인의 배임행위에 적극 가담하였다면, 대리행위의 하자 유무는 대리인을 표준으로 판단하여야 하므로, 설사 본인이 미리 그러한 사정을 몰랐거나 반사회성을 야기한 것이 아니라고 할지라도 사회질서에 반한다는 장애사유가 부정되는 것은 아니다. (대판 1998.2.27. 97다45532)

③ (○) 대리인에게 대리권한을 주었다고 하더라도, 본인이 직접 법률행위를 함에는 어떠한 장애가 되지 않는다.

④ (○) 대판 1996.4.26. 94다29850 등.

⑤ (○) 상대방이 대리권남용의 사실을 알았거나 알 수 있었을 때에는 제107조 제1항 단서의 규정을 유추적용하여 행위의 효과가 본인에게는 미치지 않는다고 할 것이지만, 그에 따라 외형상 형성된 법률관계를 기초로 하여 새로운 법률상 이해관계를 맺은 선의의 제3자에 대하여는 같은 조 제2항의 규정을 유추적용하여 누구도 그와 같은 사정을 들어 대항할 수 없으며, 제3자가 악의라는 사실에 관한 주장·증명책임은 무효를 주장하는 자에게 있다. (대판 2018.4.26. 2016다3201)

○ 정답 ①

12. 대리에 관한 설명으로 옳지 않은 것은? (다툼이 있으면 판례에 따름) *세무사 20년*

① 본인은 계약내용을 잘 알지 못하고 대리권을 수여하였더라도 대리인이 그 내용을 알면서 계약을 체결하였다면, 본인은 그 내용에 관한 착오를 이유로 계약을 취소할 수 없다.
② 대리인이 수인인 경우 법률 또는 수권행위에 달리 정함이 없으면 각자가 본인을 대리한다.
③ 법률행위에 의하여 수여된 대리권은 그 원인된 법률관계의 종료에 의하여 소멸한다.
④ 법률행위에 의하여 수여된 대리권은 법률관계의 종료 전에 본인의 수권행위 철회에 의하여 소멸한다.
⑤ 대리인이 적극적으로 가담하여 부동산의 이중매매계약을 체결한 경우, 본인이 그러한 사정을 몰랐다면 그 매매계약은 유효하다.

○ 해설

① (○) 제116조 1항.
② (○) 제119조.
③ (○) ④ (○) 법률행위에 의하여 수여된 대리권은 그 원인된 법률관계의 종료에 의하여 소멸한다. 그 법률관계의 종료 전에 본인이 수권행위를 철회한 경우에도 같다(제128조).
⑤ (×) 대리인이 본인을 대리하여 매매계약을 체결함에 있어서 매도인의 배임행위에 적극 가담하였다면, 대리행위의 하자 유무는 대리인을 표준으로 판단하여야 하므로, 설사 본인이 미리 그러한 사정을 몰랐거나

반사회성을 야기한 것이 아니라고 할지라도 사회질서에 반한다는 장애사유가 부정되는 것은 아니다. (대판 1998.2.27. 97다45532)

　　　　　　　　　　　　　　　　　　　　　　　　　　　　　　　　　　　　　○ 정답 ⑤

13. 대리에 관한 설명으로 옳지 않은 것은? (다툼이 있으면 판례에 따름)　　　　세무사 17년

① 혼인에 대하여는 대리가 허용되지 않는다.
② 대리인이 사망하면 원칙적으로 대리권이 소멸한다.
③ 대리인이 행한 불법행위에 대하여도 대리가 성립한다.
④ 대리행위에 따른 법률효과가 본인에게 귀속하기 위해서는 본인에게 권리능력이 있어야 한다.
⑤ 매수인이 대리인을 통하여 매매계약을 체결한 경우, 대리행위의 하자의 유무는 대리인을 표준으로 판단하여야 한다.

○ 해설

① (○) 본인의 의사결정이 절대적으로 필요한 가족법상의 법률행위[예 혼인, 이혼, 유언, 인지 등]에는 대리가 허용되지 않는다.
② (○) 제127조
③ (×) 대리는 의사표시를 요소를 하는 법률행위에 한해 인정된다. 불법행위에는 대리가 적용되지 않는다.
④ (○) 대리의 효과는 본인에게 귀속되므로 본인은 권리능력자이어야 한다.
⑤ (○) 제116조

　　　　　　　　　　　　　　　　　　　　　　　　　　　　　　　　　　　　　○ 정답 ③

14. 대리에 관한 설명으로 옳지 않은 것은? (다툼이 있으면 판례에 따름)　　　　세무사 19년

① 사실상의 용태에 의하여 대리권의 수여가 추단되는 경우도 있다.
② 수동대리의 경우 상대방이 본인에 대한 의사표시라는 것을 표시해야 한다.
③ 임의대리인은 행위능력이 있어야 한다.
④ 대리권을 수여하는 수권행위는 묵시적인 의사표시에 의하여도 할 수 있다.
⑤ 대리인은 본인의 허락이 없으면 본인을 위하여 자기와 법률행위를 하거나 동일한 법률행위에 관하여 당사자 쌍방을 대리하지 못하지만, 채무의 이행은 할 수 있다.

○ 해설
① (○) 대리권을 수여하는 수권행위는 불요식의 행위로서 묵시적인 의사표시에 의하여 할 수도 있으며, 어떤 사람이 대리인의 외양을 가지고 행위하는 것을 본인이 알면서도 이의를 하지 아니하고 방임하는 등 사실상의 용태에 의하여 대리권의 수여가 추단되는 경우도 있다(대판 2016.5.26. 2016다203315)..
② (○) 대리의 경우에 본인을 밝혀서 의사표시를 하게 하는 태도(제114조 1항 참조)를 현명주의라고 하는데, 이 현명주의와 관련하여 수동대리에 있어서는 상대방 쪽에서 본인에 대한 의사표시임을 표시하여야 한다고 해석한다(통설).
③ (×) 대리인은 행위능력자임을 요하지 아니한다(제117조).
④ (○) 대판 2016.5.26. 2016다203315.
⑤ (○) 제124조.

○ 정답 ③

15. 대리에 관한 설명으로 옳지 않은 것은? (다툼이 있으면 판례에 따름) 세무사 21년
① 미성년자인 대리인은 제한능력자임을 이유로 본인과의 위임계약을 취소할 수 없다.
② 대리행위에 있어서 대리권의 존부에 관한 증명책임은 대리행위의 효과를 주장하는 상대방에게 있다.
③ 부동산 입찰절차에서 동일물건에 관하여 이해관계가 다른 2인 이상의 대리인이 된 경우에는 본인의 허락이 없는 한 그 대리인이 한 입찰은 무효이다.
④ 대리인이 사기나 강박을 당한 경우 본인은 그 대리행위를 취소할 수 있다.
⑤ 어떤 사람이 대리인인 것처럼 행위하는 것을 본인이 이의없이 방임하였다는 사실로부터 대리권 수여를 추단할 수도 있다.

○ 해설
① (×) 대리인은 행위능력자일 필요는 없지만(제117조), 본인과 미성년자인 대리인 사이에 체결된 위임계약은 당연히 제5조의 적용을 받는다. 따라서 미성년자가 단독으로 그 계약을 체결했다면 취소할 수 있다.
② (○) 대리권의 존부에 대한 증명책임은 일반적으로는 대리행위의 유효를 주장하는 상대방에게 있다. 반면에 대리행위를 통하여 소유권이전등기 등이 경료된 경우에는 등기의 추정력이 적용되는 결과 그 대리행위의 무효를 주장하는 본인측이 증명책임을 진다.
③ (○) 대판 2004.2.13. 2003마44.
④ (○) 의사표시의 요건은 본인이 아니고 대리인을 표준으로 하여 판단하여야 하지만(제116조 1항), 대리행위의 흠으로부터 생기는 효과는 본인에게 귀속하게 된다.
⑤ (○) 대판 2016.5.26. 2016다203315.

○ 정답 ①

16. 민법상 대리에 관한 설명으로 옳지 않은 것은? (다툼이 있으면 판례에 따름) 세무사 22년

① 수권행위는 묵시적 의사표시로도 할 수 있다.
② 채권양도의 통지와 같은 관념의 통지에 대해서는 대리가 허용되지 않는다.
③ 본인의 의사결정을 절대적으로 필요로 하는 신분상의 법률행위를 대리하는 행위는 특별한 사정이 없는 한 무효이다.
④ 임의대리권은 원칙적으로 그 원인된 법률관계의 종료에 의하여 소멸한다.
⑤ 대리행위의 상대방이 본인에게 계약의 이행을 청구하는 경우, 그 상대방은 대리인에게 대리권이 있음을 증명하여야 한다.

○ 해설

① (○) 대리권을 수여하는 수권행위는 불요식의 행위로서 명시적인 의사표시에 의함이 없이 묵시적인 의사표시에 의하여 할 수도 있으며, 어떤 사람이 대리인의 외양을 가지고 행위하는 것을 본인이 알면서도 이의를 하지 아니하고 방임하는 등 사실상의 용태에 의하여 대리권의 수여가 추단되는 경우도 있다. (대판 2016.5.26. 2016다203315)
② (×) 채권양도의 통지는 양도인이 채무자에 대하여 당해 채권을 양수인에게 양도하였다는 사실을 알리는 관념의 통지이고, 법률행위의 대리에 관한 규정은 관념의 통지에도 유추적용된다. (대판 1997.6.27. 95다40977)
③ (○) 성질상 본인의 의사결정이 절대적으로 필요한 가족법상의 법률행위에는 원칙적으로 대리가 허용되지 않으므로 무효이다.
④ (○) 제128조.
⑤ (○) 인감도장 및 인감증명서는 대리권을 인정할 수 있는 하나의 자료에 지나지 아니하고 이에 의하여 당연히 대리권이 인정되는 것은 아니며, 대리권이 있다는 점에 대한 증명책임은 그 효과를 주장하는 유권대리 주장자에게 있다. (대판 2008.9.25. 2008다42195)

○ 정답 ②

17. 대리에 관한 설명으로 옳지 않은 것은? (다툼이 있으면 판례에 따름) 행정사 22년

① 대리인은 행위능력자임을 요하지 아니한다.
② 사실상의 용태에 의하여 대리권의 수여가 추단될 수 있다.
③ 임의대리의 원인된 법률관계가 종료하기 전이라도 본인은 수권행위를 철회할 수 있다.
④ 수권행위에서 권한을 정하지 아니한 대리인은 보존행위만을 할 수 있다.
⑤ 복대리인은 본인의 대리인이다.

○ 해설

① (○) 대리인은 행위능력자임을 요하지 않는다(제117조).
② (○) 수권행위는 불요식의 행위로서 묵시적인 의사표시에 의하여 할 수도 있으며, 어떤 사람이 대리인의

외양을 가지고 행위하는 것을 본인이 알면서도 이의를 하지 아니하고 방임하는 등 사실상의 용태에 의하여도 대리권의 수여가 추단될 수 있다(대판 2016.5.26. 2016다203315).

③ (○) 법률행위에 의하여 수여된 대리권은 그 원인된 법률관계의 종료에 의하여 소멸한다. 그 법률관계의 종료 전에 본인이 수권행위를 철회한 경우에도 같다(제128조).

④ (×) 권한을 정하지 아니한 대리인은 ① 보존행위, ② 대리의 목적인 물건이나 권리의 성질을 변하지 아니하는 범위에서 이용 또는 개량하는 행위를 할 수 있다(제118조).

⑤ (○) 복대리인은 대리인이「자신의 권한 내」에서「대리인 자신의 이름」으로 선임한「본인의」대리인이다(제123조 1항).

○ 정답 ④

제3절 대리행위의 효과

18. 대리에 관한 설명으로 옳지 않은 것은? (다툼이 있으면 판례에 따름) 세무사 19년

① 대리인이 대리권 범위 내에서 본인 명의로 법률행위를 한 경우, 본인에게 법률효과가 귀속된다.
② 표현대리행위가 성립하는 경우에 상대방에게 과실이 있다면 과실상계의 법리를 유추 적용하여 본인의 책임을 감경할 수 있다.
③ 법정대리인은 그 책임으로 복대리인을 선임할 수 있다.
④ 복수의 대리인이 있는 경우에 법률의 규정이나 수권행위에서 특별히 정하고 있지 않는 한 각자 본인을 대리한다.
⑤ 부모의 일방이 공동명의로 미성년의 자를 대리한 경우, 다른 일방의 의사에 반하더라도 상대방이 악의가 아니면 그 효력이 있다.

○ 해설

① (○) 제114조 1항.
② (×) 표현대리행위가 성립하는 경우에 그 본인은 표현대리행위에 의하여 전적인 책임을 져야 하고, 상대방에게 과실이 있다고 하더라도 과실상계의 법리를 유추적용하여 본인의 책임을 경감할 수 없다(대판 1996.7.12. 95다49554).
③ (○) 제122조 본문.
④ (○) 제119조.
⑤ (○) 제920조의 2.

○ 정답 ②

19. 甲 소유 X토지에 관하여 매매계약의 체결에 관한 대리권을 수여받은 乙은 甲의 승낙을 얻어 복대리인 丙을 선임하였다. 그 후 乙은 丁의 이익을 위하여 시가보다 훨씬 낮은 금액으로 丁과 X토지의 매매계약을 체결하였고, 丁도 그 사실을 알고 있었다. 이에 관한 설명으로 옳은 것은? 《다툼이 있으면 판례에 따름》
세무사 20년

① 乙은 언제든지 丁과 합의하여 매매계약을 해제할 수 있다.
② 丙은 그의 권한 내에서 乙을 대리한다.
③ 丙은 甲에 대해서는 乙과 동일한 의무가 있지만, 丁에 대해서는 그렇지 않다.
④ 丁은 甲을 상대로 X토지의 소유권이전등기를 청구할 수 있다.
⑤ 丁이 선의인 戊에게 X토지를 매도하고 소유권이전등기를 넘겨준 경우, 甲은 戊를 상대로 소유권이전등기의 말소를 청구할 수 없다.

○ 해설

① (×) 어떠한 계약의 체결에 관한 대리권을 수여받은 대리인이 수권된 법률행위를 하게 되면 그것으로 대리권의 원인된 법률관계는 원칙적으로 목적을 달성하여 종료하는 것이고, 법률행위에 의하여 수여된 대리권은 그 원인된 법률관계의 종료에 의하여 소멸하는 것이므로(제128조), 그 계약을 대리하여 체결하였던 대리인이 체결된 계약의 해제 등 일체의 처분권과 상대방의 의사를 수령할 권한까지 가지고 있다고 볼 수는 없다(대판 2008.6.12. 2008다11276).

② (×) 복대리인(丙)은 그의 권한 내에서 대리인(乙)이 아니라 본인(甲)을 대리한다(제123조 1항).

③ (×) 복대리인(丙)은 본인(甲)이나 제삼자(丁)에 대하여 대리인(乙)과 동일한 권리의무가 있다(제123조 2항).

④ (×) 대리인 乙이 상대방 丁과 체결한 X토지의 매매계약 관련해서는, ⅰ)우선 乙이 복대리인 丙을 선임해놓고 乙 자신이 직접 계약을 체결할 수 있는가(즉 여전히 대리권이 있는가) 문제된다. 민법상 복대리인이 선임되었다고 하여 대리인의 대리권이 소멸하지는 않는다. 따라서 대리인·복대리인 모두가 본인을 대리할 수 있다. 따라서 설문에서 乙이 丁과 체결한 X토지 매매계약에 있어서 대리권 흠결의 문제는 없다. ⅱ)다음으로, 대리인 乙이 상대방 丁의 이익을 도모하여 시가보다 훨씬 낮은 금액으로 X토지를 매도했다는 점에서 대리권 남용이 문제된다. 대리권남용에 관하여, 우리 판례는 제107조 1항 단서의 유추적용설의 입장이다(대판 1987.7.7. 86다카1004). 이에 따르면, 대리인의 그러한 배임적 의사를 상대방이 알았거나 알 수 있었을 때에는 제107조 1항 단서의 취지를 유추하여 문제된 대리행위의 효력을 부정한다. 설문 사안의 경우 상대방 丁이 대리인 乙의 배임적 의사를 알고 있었으므로, 두 사람이 체결한 X토지 매매계약은 무효가 된다. 따라서 丁은 甲을 상대로 소유권이전등기를 청구할 수 없다.

⑤ (○) 위에서 검토한 바와 같이 X토지 매매계약이 대리권남용으로 무효가 되더라도, 그 대리권남용행위로 인해 외형상 형성된 법률관계를 기초로 하여 새로운 법률상 이해관계를 맺은 선의의 제3자는 제107조 2항의 규정을 유추적용하여 보호한다(대판 2018.4.26. 2016다3201). 따라서 丁으로부터 X토지를 다시 매수하여 소유권이전등기까지 넘겨받은 선의의 戊에 대하여, 甲은 乙이 자신을 대리하여 丁과 체결한 X토지 매매계약의 무효를 가지고 대항할 수 없다. 그리하여 戊는 X토지의 소유권을 취득하게 되므로, 甲은 戊를 상대로 그 소유권이전등기 말소를 청구할 수 없다.

○ 정답 ⑤

제4절 복대리

20. 복대리인에 관한 설명으로 옳은 것은? (다툼이 있으면 판례에 따름) 〔세무사 20년〕

① 복대리인을 선임한 법정대리인의 대리권이 소멸하더라도 복대리인의 대리권은 소멸하지 않는다.
② 대리권 소멸 후의 표현대리에 관한 민법 규정은 복대리인에 대하여 적용되지 않는다.
③ 법정대리인이 부득이한 사유로 복대리인을 선임한 경우, 본인에 대하여 그 선임감독에 대한 책임을 지지 않는다.
④ 임의대리인이 본인의 승낙을 받아 복대리인을 선임한 경우, 본인에 대하여 그 선임감독에 대한 책임을 진다.
⑤ 대리인 자신이 처리할 필요가 없는 법률행위에 관하여 본인이 복대리의 금지 의사를 명시하지 않은 것은 복대리인의 선임에 관한 묵시적 승낙이라고 볼 수 없다.

○ 해설

① (×) 복대리인의 대리권은 대리인의 대리권에 기초한 것이므로, 대리인의 대리권이 소멸하면 복대리인의 대리권도 소멸한다.
② (×) 대리인이 대리권 소멸 후 직접 상대방과 사이에 대리행위를 하는 경우는 물론 대리인이 대리권 소멸 후 복대리인을 선임하여 복대리인으로 하여금 상대방과 사이에 대리행위를 하도록 한 경우에도, 상대방이 대리권 소멸 사실을 알지 못하여 복대리인에게 적법한 대리권이 있는 것으로 믿었고 그와 같이 믿은 데 과실이 없다면 제129조에 의한 표현대리가 성립할 수 있다(대판 1996.5.29. 97다55317).
③ (×) 법정대리인은 그 책임으로 복대리인을 선임할 수 있다(제122조 본문). 그러나 부득이한 사유로 복대리인을 선임한 때에는 선임감독에 관한 책임으로 경감된다(제122조 단서).
④ (○) 제121조 1항.
⑤ (×) 대리의 목적인 법률행위의 성질상 대리인 자신에 의한 처리가 필요하지 아니한 경우에는 본인이 복대리 금지의 의사를 명시하지 아니하는 한 복대리인의 선임에 관하여 묵시적인 승낙이 있는 것으로 보는 것이 타당하다(대판 1996.1.26. 94다30690).

○ 정답 ④

21. 복대리에 관한 설명으로 옳은 것은? (다툼이 있으면 판례에 따름) _{세무사 21년}

① 법정대리인이 복대리인을 선임한 경우에 그 선임 및 감독상 과실이 있는 때에 한하여 책임이 있다.
② 대리인이 대리권 소멸 후 복대리인을 선임하여 대리행위를 하게 한 경우에도 표현대리가 성립할 수 있다.
③ 법정대리인은 본인의 승낙이 있거나 부득이한 사유가 있는 때가 아니면 복대리인을 선임하지 못한다.
④ 임의대리의 목적인 법률행위의 성질이 대리인 자신에 의한 처리를 요하는 경우라도 본인이 복대리 금지의 의사를 명시하지 않았다면 복대리인의 선임이 허용된다.
⑤ 복대리인은 대리인의 대리인이다.

○ 해설

① (×) 법정대리인은 복대리인의 행위에 관하여 선임·감독에 과실이 있는지를 묻지 않고 모든 책임을 진다(제122조 본문). 다만, 부득이한 사유로 복대리인을 선임한 경우에는 임의대리인과 마찬가지로 선임·감독에 관하여만 책임을 진다(제122조 단서).
② (○) 대판 1998.5.29. 97다55317.
③ (×) 법정대리인은 언제나 복임권이 있다(제122조 본문).
④ (×) 임의대리의 목적인 법률행위의 성질이 대리인 자신에 의한 처리를 요하는 경우라면 본인의 명시적인 승낙없이는 복대리인의 선임이 허용되지 않는다(대판 1996.1.26. 94다30690).
⑤ (×) 복대리인은 대리인이 「자신의 권한 내」에서 「대리인 자신의 이름」으로 선임한 「본인의」 대리인이다(제123조 1항).

○ 정답 ②

22. 甲은 아파트를 임차할 수 있는 대리권을 乙에게 수여하였고, 乙은 丙을 복대리인으로 선임하였다. 이에 관한 설명으로 옳은 것은? (다툼이 있으면 판례에 따름) _{세무사 17년}

① 乙은 부득이한 사유가 없음에도 甲의 승낙을 얻지 않고 丙을 복대리인으로 선임할 수 있다.
② 乙이 부득이한 사유로 丙을 복대리인으로 선임하였다면 乙은 甲에 대하여 丙의 선임감독에 관한 책임을 지지 않는다.
③ 乙이 甲의 지명에 의하여 丙을 복대리인으로 선임한 경우에는 乙은 대리인의 지위를 상실한다.
④ 甲이 수권행위를 철회함으로써 乙의 대리권을 소멸시키면 丙의 복대리권도 소멸한다.
⑤ 丙이 적법한 대리행위를 통하여 아파트를 임차한 경우, 그 효과는 乙에게 귀속한다.

◯ 해설

① (×) 乙은 임의대리인이므로 원칙적으로 복임권을 가지지 못하며, 본인의 승낙이 있거나 부득이한 사유가 있을 때에 한하여 복임권을 가진다(제120조).
② (×) 임의대리인이 본인의 승낙이나 부득이한 사유가 있어 복대리인을 선임한 때에는 본인에게 대하여 그 선임감독에 관한 책임을 진다(제121조 1항).
③ (×) 복대리인을 선임해도 대리인의 지위는 그대로 유지된다. 다만 본인의 지명에 의하여 복대리인을 선임한 경우에는 그 부적임 또는 불성실함을 알고 본인에 대한 통지나 그 해임을 태만한 때가 아니면 대리인은 책임이 없다(제121조 2항).
④ (◯) 복대리권은 대리인의 대리권을 기초로 한 것이므로, 대리인의 대리권이 소멸하면 복대리권도 소멸한다.
⑤ (×) 복대리인(丙)의 대리행위의 효과는 대리인(乙)이 아니라 본인(甲)에게 귀속한다.

◯ 정답 ④

23. 복대리에 관한 설명으로 틀린 것은?(다툼이 있으면 판례에 따름)

① 복대리인은 본인의 대리인이다.
② 임의대리인이 본인의 승낙을 얻어서 복대리인을 선임한 경우, 본인에 대하여 그 선임감독에 관한 책임이 없다.
③ 대리인이 복대리인을 선임한 후 사망한 경우, 특별한 사정이 없는 한 그 복대리권도 소멸한다.
④ 복대리인의 대리행위에 대하여도 표현대리에 관한 규정이 적용될 수 있다.
⑤ 법정대리인은 부득이한 사유가 없더라도 복대리인을 선임할 수 있다.

◯ 해설

① (O) 복대리인은 대리인이 「자신의 권한 내」에서 「대리인 자신의 이름」으로 선임한 「본인의」 대리인이다 (제123조 1항).
② (×) ⑤ (O) 임의대리인은 본인의 승낙이 있거나 부득이한 사유 있는 때가 아니면 복대리인을 선임하지 못한다(제120조). 이 경우 그 선임감독에 관한 책임이 있다(제121조 1항). 한편, 법정대리인은 자유롭게 복대리인을 선임할 수 있는 권한이 있는 대신에 그로 인한 모든 책임을 진다(제122조 본문).

핵심 **임의대리인과 법정대리인의 복임권 비교**

	요건	책임범위
임의 대리인	본인의 승낙 또는 부득이한 사유	선임·감독 책임
	본인의 지명에 의한 경우	부적임·불성실을 알고도 통지나 해임을 해태한 경우에만 책임
법정 대리인	원칙상 자유	모든 책임
	부득이한 사유로 선임한 경우에는	선임·감독책임

③ (O) 복대리권은 원대리권을 기초로 하므로 원대리권이 소멸하면 복대리권도 소멸한다. 따라서 원대리인의 사망 등으로 원대리권이 소멸하면(제127조), 복대리권도 소멸한다.

핵심 **복대리권의 소멸사유**

① (복)**대리권 일반**의 소멸사유: 본인의 사망, 복대리인의 사망·성년후견의 개시·파산(제127조),
② **복대리권 발생원인**의 소멸: 대리인과 복대리인 사이의 원인된 법률관계의 종료 또는 수권행위의 철회(제128조).
③ (원)**대리권**의 소멸: 제127조(본사/대사성파), 제128조(원대리권 발생원인의 소멸) 등.

④ (O) 대리인이 사자 내지 복대리인을 통하여 권한을 넘은 대리행위를 한 경우에도 제126조의 표현대리가 성립할 수 있으며, 기본대리권 흠결 문제는 생기지 않는다(97다48982).

○ 정답 ②

24. 복대리에 관한 설명으로 옳지 않은 것은? (다툼이 있으면 판례에 따름) 세무사 23년

① 대리인은 자신의 이름으로 복대리인을 선임한다.
② 복대리인은 본인의 대리인이다.
③ 대리인이 복대리인을 선임하더라도 대리인의 대리권은 소멸하지 않는다.
④ 본인과 복대리인 사이에는 내부적 계약관계가 인정되지 않으므로 그에 기한 권리·의무도 인정되지 않는다.
⑤ 대리인이 대리권 소멸 후 선임한 복대리인의 대리행위에 관해서도 표현대리가 성립할 수 있다.

○ 해설

① (○) ② (○) 복대리인은, 대리인이 「자신의 권한 내」에서 「대리인 자신의 이름」으로 선임한 「본인의」 대리인이다.
③ (○) 복대리인을 선임한 후에도 대리인은 대리권을 잃지 않는다(병존적 설정행위).
④ (×) 복대리인은 본인에 대하여 대리인과 동일한 권리·의무를 갖는다(제123조 제2항).
⑤ (○) 대리인이 대리권 소멸 후 직접 상대방과 사이에 대리행위를 하는 경우는 물론 대리인이 대리권 소멸 후 복대리인을 선임하여 복대리인으로 하여금 상대방과 사이에 대리행위를 하도록 한 경우에도, 상대방이 대리권 소멸 사실을 알지 못하여 복대리인에게 적법한 대리권이 있는 것으로 믿었고 그와 같이 믿은 데 과실이 없다면 제129조에 의한 표현대리가 성립할 수 있다. (대판 1998.5.29. 97다55317)

○ 정답 ④

25. 본인 甲, 임의대리인 乙, 복대리인 丙사이의 법률관계에 관한 설명으로 옳지 않은 것은? (다툼이 있으면 판례에 따름) 세무사 22년

① 丙은 乙이 자신의 이름으로 선임한 甲의 대리인이다.
② 乙은 甲의 승낙이 있거나 부득이한 사유가 있는 때가 아니면 丙을 선임하지 못한다.
③ 丙의 대리권은 특별한 사정이 없는 한 乙의 대리권이 소멸하더라도 존속한다.
④ 丙이 자신의 권한 내에서 한 대리행위의 효과는 특별한 사정이 없는 한 甲에게 직접 귀속된다.
⑤ 乙이 甲의 지명에 따라 丙을 선임한 경우, 乙은 그 부적임 또는 불성실함을 알고 甲에 대한 통지나 해임을 게을리 한 때에는 책임을 진다.

○ 해설

① (○) 복대리인은 대리인(乙)이 선임한 본인(甲)의 대리인이다.
② (○) 임의대리인(乙)은 원칙적으로 복임권을 가지지 못하며, 본인의 승낙이 있거나 부득이한 사유가 있을 때에 한하여 복임권을 가진다(제120조).
③ (×) 복대리권은 원대리권을 기초로 하므로 원대리권이 소멸하면 복대리권도 소멸한다. 따라서 원대리인의 사망 등으로 원대리권이 소멸하면(제127조), 복대리권도 소멸한다.
④ (○) 복대리인은 본인(甲)의 대리인이므로, 복대리인의 대리행위의 효과는 직접 본인(甲)에게 귀속된다.
⑤ (○) 대리인이 본인의 지명에 의하여 복대리인을 선임한 경우에는 그 부적임 또는 불성실함을 알고 본인에게 대한 통지나 그 해임을 태만한 때가 아니면 책임이 없다(제121조 2항).

○ 정답 ③

제5절 무권대리

26. 표현대리에 관한 설명으로 옳지 않은 것은? (다툼이 있으면 판례에 따름) 〔세무사 19년〕

① 사회통념상 대리권을 추단할 수 있는 직함이나 명칭 등의 사용을 승낙 또는 묵인한 경우에도 대리권 수여의 표시가 있는 것으로 볼 수 있다.
② 권한을 넘는 표현대리 규정은 법정대리에도 적용된다.
③ 대리인이 대리권 소멸 후 복대리인을 선임하여 대리행위를 하도록 한 경우에도 상대방이 대리권 소멸 사실에 대해 선의·무과실이라면 표현대리가 성립할 수 있다.
④ 표현대리의 법리는 일반적인 권리외관 이론에 그 기초를 두고 있다.
⑤ 표현대리가 성립되면 무권대리의 성질이 유권대리로 전환된다.

○ 해설

① (○) 사회통념상 대리권을 추단할 수 있는 직함이나 명칭 등의 사용을 승낙 또는 묵인한 경우에도 대리권 수여의 표시가 있는 것으로 볼 수 있다(대판 1996.6.12. 97다53762).
② (○) 제126조 소정의 권한을 넘는 표현대리 규정은 거래의 안전을 도모하여 거래상대방의 이익을 보호하려는 데에 그 취지가 있으므로 법정대리에도 적용된다(대판 1997.6.27. 97다3828).
③ (○), ④ (○) 표현대리의 법리는 거래의 안전을 위하여 어떠한 외관적 사실을 야기한 데 원인을 준 자는 그 외관적 사실을 믿음에 정당한 사유가 있다고 인정되는 자에 대하여는 책임이 있다는 일반적인 권리외관 이론에 그 기초를 두고 있는 것인 점에 비추어 볼 때, 대리인이 대리권 소멸 후 직접 상대방과 사이에 대리행위를 하는 경우는 물론 대리인이 대리권 소멸 후 복대리인을 선임하여 복대리인으로 하여금 상대방과 사이에 대리행위를 하도록 한 경우에도, 상대방이 대리권 소멸 사실을 알지 못하여 복대리인에게 적법한 대리권이 있는 것으로 믿었고 그와 같이 믿은 데 과실이 없다면 제129조에 의한 표현대리가 성립할 수 있다(대판 1998.5.29. 97다55317).
⑤ (×) 표현대리가 성립된다고 하여 무권대리의 성질이 유권대리로 전환되는 것은 아니므로, 유권대리에 관한 주장 속에 무권대리에 속하는 표현대리의 주장이 포함되어 있다고 볼 수 없다(대판 1983.12.13, 83다카1489).

○ 정답 ⑤

27. 권한을 넘은 표현대리(민법 제126조)가 성립하기 위한 요건이 아닌 것은? (다툼이 있으면 판례에 따름) 〔세무사 17년〕

① 대리인은 일정한 범위의 기본대리권을 가지고 있어야 한다.
② 대리인은 상대방과 법률행위를 하면서 원칙적으로 자신이 대리인으로서 행위를 한다는 사실을 밝혀야 한다.

③ 월권행위는 기본대리권의 내용이 되는 법률행위와 동종 또는 유사한 것이어야 한다.
④ 대리인이 자신이 가진 대리권의 범위를 넘는 법률행위를 하여야 한다.
⑤ 상대방이 대리인에게 권한이 있다고 믿을 만한 정당한 사유가 있어야 한다.

○ 해설

③ (×) 기본대리권과 권한을 넘은 대리행위가 동종이거나 유사할 필요는 없다(대판 1978.3.28. 78다282).

○ 정답 ③

28. 권한을 넘은 표현대리(민법 제126조)에 관한 설명으로 옳지 않은 것은? (다툼이 있으면 판례에 따름)

세무사 18년

① 기본대리권에는 법정대리권도 포함된다.
② 대리권이 소멸된 대리인이 복대리인을 선임한 경우, 그 복대리인의 대리권도 기본대리권이 될 수 있다.
③ 권한을 넘은 대리행위가 기본대리권과 동종 또는 유사한 것이 아니어도 권한을 넘은 표현대리가 성립할 수 있다.
④ 정당한 이유의 존부는 자칭 대리인의 대리행위가 행하여질 때에 존재하는 모든 사정을 객관적으로 관찰하여 판단하여야 한다.
⑤ 대리행위가 강행법규 위반으로 무효인 경우라도 권한을 넘은 표현대리가 성립한다.

○ 해설

① (○) ③ (○) 제126조의 기본대리권에는 제한이 없다. 따라서 법정대리권, 공법상 대리권, 일상가사대리권 등 어떠한 대리권도 무방하다. 대리행위와 동종 또는 유하산 것일 필요도 없다(대판 1963.8.31. 63다326).
② (○) 대리인이 대리권 소멸 후 직접 상대방과 사이에 대리행위를 하는 경우는 물론 대리인이 대리권 소멸 후 복대리인을 선임하여 복대리인으로 하여금 상대방과 사이에 대리행위를 하도록 한 경우에도 제129조에 의한 표현대리가 성립할 수 있으며(대판 1998.5.29. 97다55317), 이 경우 그 복대리인이 표현대리의 권한을 넘는 대리행위를 하면 제126조에 의한 표현대리가 성립할 수 있다(대판 1979.3.27. 79다234).
④ (○) 권한을 넘은 표현대리에서 정당한 이유의 유무는 <u>대리행위 당시를 기준으로</u> 판정하여야 하고 대리행위 이후의 사정은 고려할 것이 아니다(대판 1997.6.27. 97다3828).
⑤ (×) 대리행위가 강행법규에 위반되어 무효인 경우에는 표현대리의 법리가 준용될 여지가 없다. (대판 1996.8.23. 94다38199)

○ 정답 ⑤

29. 권한을 넘은 표현대리에 관한 설명으로 옳지 않은 것은? (다툼이 있으면 판례에 따름) 세무사 22년

① 법정대리권은 기본대리권에 포함되지 않는다.
② 대리권소멸 후의 표현대리가 인정되는 경우에도 권한을 넘은 표현대리가 성립할 수 있다.
③ 복임권 없는 대리인에 의해 선임된 복대리인이 권한 외의 대리행위를 한 경우에도 권한을 넘은 표현대리가 성립될 수 있다.
④ 권한을 넘은 표현대리에 관한 규정에 의해 보호받을 수 있는 상대방은 대리인과 직접 법률행위를 한 자에 한정된다.
⑤ 권한을 넘은 표현대리의 성립요건인 정당한 사유의 존재에 대해서는 그 대리행위의 유효를 주장하는 상대방이 증명책임을 부담한다.

○ 해설

① (×) 제126조의 기본대리권에는 제한이 없다. 따라서 법정대리권, 공법상 대리권, 일상가사대리권 등 어떠한 대리권도 무방하다. 대리행위와 동종 또는 유하산 것일 필요도 없다(대판 1963.8.31. 63다326).
② (○) 제125조 또는 제129조의 「표현대리권」도 제126조의 기본대리권이 될 수 있다. 따라서 과거에 가졌던 대리권이 소멸되어 제129조에 의하여, 표현대리로 인정되는 경우에, 그 표현대리의 권한을 넘는 대리행위가 있을 때에는 제126조에 의한 표현대리가 성립할 수 있다. (대판 1979.3.27. 79다234)
③ (○) 대리인이 대리권 소멸 후 직접 상대방과 사이에 대리행위를 하는 경우는 물론 대리인이 대리권 소멸 후 복대리인을 선임하여 복대리인으로 하여금 상대방과 사이에 대리행위를 하도록 한 경우에도 제129조에 의한 표현대리가 성립할 수 있으며(대판 1998.5.29. 97다55317), 이 경우 그 복대리인이 표현대리의 권한을 넘는 대리행위를 하면 제126조에 의한 표현대리가 성립할 수 있다(대판 1979.3.27. 79다234).
④ (○) 복대리인 선임권이 없는 대리인에 의하여 선임된 복대리인의 권한도 기본대리권이 될 수 있으므로, 대리인이 사자 내지 임의로 선임한 복대리인을 통하여 권한 외의 법률행위를 한 경우에도 제126조를 적용함에 있어서 기본대리권의 흠결 문제는 생기지 않는다. (대판 1998.3.27. 97다48982)
⑤ (○) 권한을 넘은 표현대리에 관한 제126조의 규정에서 제3자라 함은 당해 표현대리행위의 직접 상대방이 된 자만을 지칭하는 것이고, 그 자로부터 다시 전득한 자는 제126조 소정의 제3자에 해당하지 아니한다. (대판 1994.5.27. 93다21521)

○ 정답 ①

29. 표현대리에 관한 설명으로 옳지 않은 것은? (다툼이 있으면 판례에 따름) 세무사 22년

① 표현대리가 성립된다고 하여 무권대리의 성질이 유권대리로 전환되는 것은 아니다.
② 대리행위가 강행법규 위반으로 무효인 경우에는 표현대리가 성립할 수 없다.
③ 표현대리의 법리는 일반적인 권리외관이론에 그 기초를 두고 있다.
④ 유권대리에 관한 주장에는 표현대리의 주장이 포함되어 있다고 볼 수 없다.
⑤ 표현대리가 성립하는 경우에도 본인은 과실상계의 법리를 유추적용하여 자신의 책임을 경감할 수 있다.

○ 해설

① (○), ④ (○) 표현대리가 성립된다고 하여 무권대리의 성질이 유권대리로 전환되는 것은 아니므로, 유권대리에 관한 주장 속에 무권대리에 속하는 표현대리의 주장이 포함되어 있다고 볼 수 없다(대판 1983.12.13, 83다카1489).

② (○) 강행법규에 위반하여 법률행위가 무효가 되는 것은 법률행위의 특별효력요건이므로, 표현대리의 법리가 적용되지 않는다.

③ (○) 대리인에게 대리권이 있는 것과 같은 외관이 존재하고(외관존재), 그 외관에 관해 어느 정도 본인이 원인을 주고 있다면(외관부여), 외관을 신뢰한 자(외관신뢰) 및 거래의 안전을 보호하기 위해 본인에게 그 무권대리행위에 대하여 책임을 지게 하는 제도를 표현대리 제도라고 한다.

⑤ (×) 표현대리행위가 성립하는 경우에 그 본인은 표현대리행위에 의하여 전적인 책임을 져야 하고, 상대방에게 과실이 있다고 하더라도 과실상계의 법리를 유추적용하여 본인의 책임을 경감할 수 없다. (대판 1996.7.12. 95다49554)

○ 정답 ⑤

30. 표현대리에 관한 설명으로 옳지 않은 것은? (다툼이 있으면 판례에 따름) 세무사 21년

① 상대방에게 과실이 있더라도 과실상계를 적용하여 본인의 계약상 책임을 경감할 수 없다.
② 유권대리의 주장에 표현대리의 주장이 당연히 포함되는 것은 아니다.
③ 대리권 수여의 표시에 의해 표현대리가 성립한 경우에 본인과 대리행위를 한 자 사이의 법률관계의 성질이나 그 효력은 고려하지 않는다.
④ 상대방의 과실을 판단할 때 표현대리인의 주관적 사정은 고려하지 않는다.
⑤ 타인간의 거래에서 세무회계상 필요로 자신의 납세번호증을 이용하도록 허락한 사실 만으로 그 거래에 관하여 대리권 수여의 표시가 있다고 본다.

○ 해설

① (○) 대판 1996.7.12. 95다49554.
② (○) 대판 1983.12.13. 83다카1489.
③ (○) 대판 1998.6.12. 97다53762.
④ (○) 대판 1989.4.11. 88다카13219.
⑤ (×) 타인간의 거래에 있어 단지 세무회계상의 필요로 자기의 납세번호증을 이용하게 한 사실만으로서는 그 거래에 관한 대리권을 수여하였음을 표시하였거나 또는 자기의 명의(상호)를 대여하였다고 보기 어렵다(대판 1978.6.27. 78다864).

○ 정답 ⑤

제5절 무권대리

31. 표현대리에 관한 설명으로 옳지 않은 것은? (다툼이 있으면 판례에 따름) 　세무사 20년

① 표현대리가 성립된다고 하여 무권대리의 성질이 유권대리로 전환되는 것은 아니다.
② 대리권 소멸 후의 표현대리가 성립된 경우에도 그 표현대리의 권한을 넘는 대리행위가 있을 때에는 권한을 넘은 표현대리가 성립할 수 있다.
③ 대리행위가 강행법규에 위반되어 무효인 경우에도 표현대리의 법리가 준용될 수 있다.
④ 민법상의 표현대리 규정은 소송행위에 적용되지 않는다.
⑤ 대리행위의 상대방이 유권대리임을 주장한다고 하여 그 속에 표현대리의 주장이 당연히 포함되는 것은 아니다.

○ 해설

① (○) 대판(전) 1983.12.13. 83다카1489.
② (○) 대판 1970.2.10. 69다2149.
③ (×) 증권회사 또는 그 임·직원의 부당권유행위를 금지하는 증권거래법 제52조 1호는 공정한 증권거래질서의 확보를 위하여 제정된 강행법규로서 이에 위배되는 주식거래에 관한 투자수익보장약정은 무효이고, 투자수익보장이 강행법규에 위반되어 무효인 이상 증권회사의 지점장에게 그와 같은 약정을 체결할 권한이 수여되었는지 여부에 불구하고 그 약정은 여전히 무효이므로 표현대리의 법리가 준용될 여지가 없다(대판 1996.8.23. 94다38199).
④ (○) 이행지체가 있으면 즉시 강제집행을 하여도 이의가 없다는 강제집행 수락의사표시는 소송행위라 할 것이고, 이러한 소송행위에는 민법상의 표견대리규정이 적용 또는 유추적용될 수는 없다(대판 1983.2.8. 81다카621).
⑤ (○) 표현대리가 성립된다고 하여 무권대리의 성질이 유권대리로 전환되는 것은 아니므로, 양자의 구성요건 해당사실 즉 주요사실은 다르다고 볼 수 밖에 없으니 유권대리에 관한 주장 속에 무권대리에 속하는 표현대리의 주장이 포함되어 있다고 볼 수 없다(대판(전) 1983.12.13. 83다카1489).

○ 정답 ③

32. 甲은 자신 소유 X아파트의 임대에 관하여 乙에게 대리권을 수여하였고, 乙은 X를 丙에게 매도하는 계약을 체결하였다. 다음 설명 중 옳은 것을 모두 고른 것은? (다툼이 있으면 판례에 따름) 　세무사 21년

> ㄱ. X에 대한 매매행위가 강행법규에 위반되어 무효인 경우에는 표현대리가 성립하지 않는다.
> ㄴ. 乙이 자신이 甲인 것처럼 기망하여 甲의 명의로 丙과 매매계약을 체결한 경우 원칙적으로 표현대리가 성립한다.
> ㄷ. 乙이 복임권 없이 복대리인을 선임하여 丙과의 매매계약을 체결하게 한 경우에도 권한을 넘은 표현대리의 기본대리권이 존재한다.

① ㄴ ② ㄱ, ㄴ
③ ㄱ, ㄷ ④ ㄴ, ㄷ ⑤ ㄱ, ㄴ, ㄷ

해설

ㄱ (○) 강행법규에 위반하여 법률행위가 무효가 되는 것은 법률행위의 특별효력요건이므로, 표현대리의 법리가 적용되지 않는다.

ㄴ (×) 대리인이 마치 본인인 것처럼 가장하여 그 권한을 넘은 대리행위를 한 경우, 원칙적으로 표현대리는 성립하지 않는다. 다만 특별한 사정이 있는 경우 표현대리가 유추적용될 수 있을 뿐이다. 없다. (대판 1996.8.23. 94다38199)

ㄷ (○) 복대리인 선임권이 없는 대리인에 의하여 선임된 복대리인의 권한도 기본대리권이 될 수 있으므로, 대리인이 사자 내지 임의로 선임한 복대리인을 통하여 권한 외의 법률행위를 한 경우에도 제126조를 적용함에 있어서 기본대리권의 흠결 문제는 생기지 않는다. (대판 1998.3.27. 97다48982)

정답 ③

---

33. 무권대리에 관한 설명으로 옳은 것은? (표현대리는 성립하지 않았고, 다툼이 있으면 판례에 따름)

세무사 21년

① 상대방이 무권대리인과 체결한 계약을 유효하게 철회한 경우 본인은 그 계약을 추인할 수 있다.
② 본인의 상속인이 부동산 매도에 관하여 본인의 승낙을 얻었다는 무권대리인의 말을 믿고 소유권이전에 필요한 인감증명서를 교부하였다면, 그 무권대리행위가 추인된다.
③ 상대방의 동의없이 의사표시 일부에 대해 추인하는 것은 유효하다.
④ 무권대리행위로 인한 권리·법률관계의 승계인은 추인의 상대방이 되지 않는다.
⑤ 상대방이 계약 당시에 대리인에게 대리권 없음을 안 때에는 철회할 수 없다.

해설

① (×) 선의의 상대방이 먼저 철회한 경우에는 무권대리행위가 확정적으로 무효가 된다(제134조). 따라서 그 이후에는 본인이 추인할 수 없다. 즉 본인의 추인(제133조)는 '유동적 무효' 상태에서만 인정된다.

② (×) 무권대리행위에 대한 추인은 무권대리행위가 있음을 알고 하여야 하므로, 지문처럼 추인권자가 당초 문제의 부동산 매도가 본인의 승낙을 얻은 유효한 것이라고 믿은 경우라면 무권대리행위라는 점을 알지 못한 것이어서 추인의 요건을 갖추지 못한 것이다.

③ (×) 무권대리의 추인은 단독행위이므로, 의사표시의 전부에 대하여 행하여져야 한다. 일부에 대한 추인 또는 변경을 가한 추인은 상대방의 동의를 얻지 못하는 한 무효이다. (대판 1982.1.26. 81다카549)

④ (×) 무권대리행위의 추인은 무권대리인, 무권대리행위의 직접의 상대방 및 그 무권대리행위로 인한 권리 또는 법률관계의 승계인에 대하여도 할 수 있다. (대판 1981.4.14. 80다2314)

⑤ (○) 제134조.

정답 ⑤

34. 무권대리행위에 관한 설명으로 옳지 않은 것은? (표현대리는 성립하지 않았고, 다툼이 있으면 판례에 따름)　　　　세무사 20년

① 무권대리행위의 추인은 명시적인 방법뿐만 아니라 묵시적인 방법으로도 가능하다.
② 무권내리행위의 추인은 무권대리인뿐만 아니라 그 상대방에게 하여도 무방하다.
③ 상대방이 유효한 철회를 하면 무권대리행위는 확정적으로 무효가 되어 그 후에는 본인이 무권대리행위를 추인할 수 없다.
④ 무권대리행위를 유효하게 철회하기 위하여 상대방은 대리인에게 대리권이 없음을 몰랐다는 점에 대한 주장·입증책임을 진다.
⑤ 상대방은 상당한 기간을 정하여 본인에게 그 추인 여부의 확답을 최고할 수 있고, 본인이 그 기간 내에 확답을 발하지 아니하면 추인을 거절한 것으로 본다.

○ 해설

① (○) 대판 2014.2.13. 2012다112299·112305.
② (○) 대판 2009.11.12. 2009다46828.
③ (○), ④ (×) 상대방이 유효한 철회를 하면 무권대리행위는 확정적으로 무효가 되어 그 후에는 본인이 무권대리행위를 추인할 수 없다. 한편 상대방이 대리인에게 대리권이 없음을 알았다는 점에 대한 주장·입증책임은 철회의 효과를 다투는 본인에게 있다(대판 2017.6.29. 2017다213838).
⑤ (○) 제131조 2문.

○ 정답 ④

35. 무권대리인 乙이 甲을 대리하여 甲소유 부동산을 丙에게 매도하는 계약을 체결하였다. 이에 관한 설명으로 옳지 않은 것은? (다툼이 있으면 판례에 따름)　　　　세무사 22년

① 甲이 乙로부터 매매대금을 받은 경우, 특별한 사정이 없는 한 甲은 매매계약을 추인하였다고 볼 수 있다.
② 특별한 사정이 없는 한 매매계약은 甲이 추인한 때에 그 효력이 생긴다.
③ 甲이 추인을 거절한 경우, 매매계약은 甲에 대하여 효력이 없다.
④ 丙이 상당한 기간을 정하여 甲에게 그 추인여부의 확답을 최고한 경우, 甲이 그 기간 내에 확답을 발하지 않은 때에는 추인을 거절한 것으로 본다.
⑤ 乙이 그 대리권을 증명하지 못하고 또 甲의 추인을 받지 못한 경우, 乙은 丙의 선택에 따라 계약을 이행하거나 손해를 배상하여야 한다.

○ 해설

① (○) 본인(甲)이 대리행위의 효과를 받겠다는 의사가 포함되어 있으므로 묵시적 추인에 해당한다(대판 2010.12.23. 2009다37718 참고).
② (×) 본인의 추인이 있으면 무권대리행위는 무권대리행위시로 소급하여 효력이 생긴다(제133조 본문)
③ (○) 본인이 추인을 거절하면 무권대리행위는 확정적으로 무효가 된다.
④ (○) 제131조.
⑤ (○) 제135조 1항.

○ 정답 ②

36. 甲은 대리권 없이 乙 소유의 부동산을 丙에게 매도하는 계약을 체결하였다. 다음 설명 중 옳지 않은 것은? (표현대리는 성립하지 않았고, 다툼이 있으면 판례에 따름) 세무사 21년

① 丙은 甲에게 대리권 없음을 안 경우에는 乙에게 추인여부의 확답을 최고할 수 없다.
② 甲이 미성년자인 경우에는 丙에게 계약의 이행 또는 손해를 배상할 책임이 없다.
③ 乙이 사망하여 甲이 乙을 단독 상속한 경우, 甲이 소유자로서 무권대리를 이유로 매매계약의 무효를 주장하는 것은 신의칙에 반한다.
④ 乙이 甲으로부터 매매대금 일부를 수령한 경우 특별한 사정이 없는 한 매매계약의 추인으로 볼 수 있다.
⑤ 乙의 추인의 의사표시는 원칙적으로 丙에게 하지 않으면 丙에게 대항하지 못한다.

○ 해설

① (×) 상대방이 선의일 필요는 없다(제131조 본문).
② (○) 제135조 2항.
③ (○) 대판 1994.9.27. 94다20617.
④ (○) 대판 1963.4.11. 63다64.
⑤ (○) 제132조.

○ 정답 ①

37. 甲으로부터 대리권을 수여받지 않은 乙이 甲을 대리하여 丙으로부터 노트북을 매수하는 계약을 체결하였다. 이에 관한 설명으로 옳지 않은 것은? (다툼이 있으면 판례에 따름) 세무사 17년

① 甲이 추인을 하면, 甲은 노트북에 대한 인도청구권을 갖는다.
② 甲이 추인을 하면, 甲은 노트북에 대한 대금을 지급할 의무를 부담한다.
③ 乙이 미성년자인 경우에도 乙은 노트북에 대한 대금을 지급할 책임을 진다.
④ 丙이 매매계약을 철회한 후에는 甲은 추인할 수 없다.
⑤ 丙이 甲에게 상당한 기간을 정하여 추인 여부를 최고하였으나, 甲이 그 기간 내에 확답을 발하지 않은 경우에는 추인을 거절한 것으로 본다.

○ 해설

① (○) ② (○) 乙의 행위는 무권대리로서 유동적 무효이다. 본인(甲)이 추인하면 소급하여 유효한 대리행위가 된다. 따라서 노트북 매매계약의 효력이 甲에게 귀속되므로, 甲은 노트북 인도청구권을 가지고, 대금지급의무도 부담한다.
③ (×) 무권대리인이 그 대리권을 증명하지 못하고 본인의 추인을 얻지 못한 때에는 상대방의 선택에 좇아 계약의 이행 또는 손해배상의 책임을 진다(제135조 1항). 그러나 제한능력자인 경우에는 이러한 무권대리인의 책임을 지지 않는다(제135조 2항). 乙은 미성년자로서 제한능력자이므로 매매계약의 이행책임을 지지 않는다.
④ (○) 상대방이 철회하면 무권대리행위는 확정적으로 무효가 되므로 추인할 수 없다.
⑤ (○) 제131조

○ 정답 ③

38. 계약의 무권대리에 관한 설명으로 옳은 것은? (다툼이 있으면 판례에 따름) 세무사 19년

① 무권대리의 추인은 무권대리행위의 상대방에 대해서만 가능하다.
② 협의의 무권대리행위는 본인에 대하여 유동적 무효가 된다.
③ 무권대리행위의 상대방은 선의인 경우에만 최고권을 행사할 수 있다.
④ 子가 대리권한 없이 父의 재산을 처분한 후 父를 단독상속한 경우, 子는 상속인의 지위에서 父의 재산에 관한 처분행위의 추인을 거절할 수 있다.
⑤ 무권대리행위의 추인은 본인만이 할 수 있다.

◯ 해설

① (×) 무권대리행위의 추인은 무권대리인 또는 상대방에게 명시 또는 묵시의 방법으로 할 수 있다(대판 1991.3.8. 90다17088).
② (◯) 민법(제130조)은 무권대리에 대하여 본인이 원하는 경우에는 그것을 추인하여 효과를 생길 수 있게 하고 있다. 그 결과 무권대리는 확정적 무효가 아니고, 유효·무효가 확정되지 않은 무효 즉 유동적 무효상태에 있게 된다. 본인은 추인을 하거나 추인을 거절하여 무권대리의 효력을 확정지을 수 있다.
③ (×) 철회권의 경우(제134조)와 달리, 최고권의 경우 상대방의 선의를 요구하지 않는다(제131조 1문).
④ (×) 무권대리인이 본인을 단독상속한 경우 무권대리행위의 무효를 주장하는 것은 금반언의 원칙이나 신의칙에 반하여 허용될 수 없다(대판 1994.9.27. 94다20617).
⑤ (×) 추인의 의사표시는 본인 스스로 할 수도 있고, 그의 법정대리인이나 임의대리인이 대리하여 할 수도 있다. 본인이 사망한 때에는 그의 상속인이 추인할 수 있다.

◯ 정답 ②

39. 무권대리에 관한 설명으로 옳은 것은? (다툼이 있으면 판례에 따름) 세무사 23년

① 대리인이 대리권 소멸 후 그의 기존 대리권 범위를 벗어나는 대리행위를 한 경우 표현대리는 성립할 여지가 없다.
② 채권자에게 주채무자를 위해 보증을 서줄 의사가 있음을 밝힌 것은 특별한 사정이 없는 한 해당 보증계약에 관해 주채무자에게 대리권을 수여함을 표시한 것으로 인정된다.
③ 무권대리행위로 체결된 계약에서 위약금규정을 두고 있다면 이 규정은 무권대리인이 상대방에게 민법 제135조의 책임을 지는 경우에도 적용된다.
④ 무권대리행위의 추인이 무권대리인에 대하여 행해지면 무권대리행위의 상대방은 그 추인에 대한 선·악의를 불문하고 철회권을 상실한다.
⑤ 무권대리인이 본인을 단독상속한 경우 무권대리인은 무권대리행위에 대한 상대방의 선·악의를 불문하고 추인을 거절하지 못한다.

◯ 해설

① (×) 과거에 가졌던 대리권이 소멸되어 제129조에 의하여 표현대리로 인정되는 경우에, 그 표현대리의 권한을 넘는 대리행위가 있을 때에는 제126조에 의한 표현대리가 성립할 수 있다. (대판 1979.3.27. 79다234)
② (×) 갑이 주채무액을 알지 못한 상태에서 보증계약 체결 여부를 교섭하는 과정에서 채권자에게 보증의사를 표시한 후 주채무가 거액인 사실을 알고서 보증계약 체결을 단념한 경우, 갑이 **채권자에 대하여** '주채무자에게 보증계약 체결의 대리권을 수여하는 표시'를 한 것이라 단정할 수 없다(대판 2000.5.30. 2000다2566).

③ (○) 무권대리인이 체결한 계약에서 채무불이행에 대비하여 손해배상액의 예정(=위약금 약정)을 한 경우에는 특별한 사정이 없는 한 무권대리인은 그 손해배상액의 예정에서 정한 바에 따라 산정한 손해액을 지급하여야 한다. 즉 제135조의 책임에도 손해배상액의 예정에 관한 제398조가 적용된다. (대판 2018.6.28. 2018다210775)

④ (×) 무권대리의 추인의 의사표시는 상대방에게도 또는 무권대리인에게도 할 수 있다. 다만 무권대리인에게 한 경우에는 ⅰ) 상대방이 이를 알기 전까지는 상대방은 여전히 유동적 무효임을 주장하여 철회권을 행사할 수 있음에 반하여(제132조 본문), ⅱ) 상대방이 이를 알게 된 경우에는 확정적 유효가 되므로 상대방은 더 이상 철회할 수 없다(동조 단서).

⑤ (×) 무권대리인이 본인을 상속한 경우, 양자의 지위는 혼동되지 않고 병존하나(병존설), 본인의 지위에서 추인을 거절하는 것은 신의칙에 반하여 허용되지 않는다(대판 1994.9.27. 94다20617). 다만, 상대방이 악의인 경우에는 무권대리인은 제135조의 책임을 지지 않으므로, 위의 법리는 적용되지 않는다(제135조 2항 참고).

○ 정답 ③

필수지문 O X

대리권

01 대리인에게 대리권이 있다는 것에 대한 증명책임은 대리행위가 유효하다고 주장하는 자에게 있다.

> **해설** 대리권이 있다는 점에 대한 증명책임은 그 효과를 주장하는 자(유권대리 주장자)에게 있다. (대판 2008.9.25. 2008다42195) **정답** O

02 계약의 체결에 관한 대리권을 수여받은 대리인은 특별한 사정이 없는 한, 자신이 대리하여 체결한 계약의 해제권을 가지고 있다고 볼 수 없다.

> **해설** 사채알선업자가 전주錢主를 위하여 금전소비대차계약과 그 담보를 위한 담보권설정계약을 체결할 대리권을 수여받은 것으로 인정되는 경우라 하더라도, 특별한 사정이 없는 한 일단 금전소비대차계약과 그 담보를 위한 담보권설정계약이 체결된 후에 이를 해제할 권한까지 당연히 가지고 있다고 볼 수는 없다. (대판 1997.9.30. 97다23372) **정답** O

03 계약체결에 관한 대리권을 수여받은 대리인이 수권된 매매계약을 체결하였다면, 그 대리인은 그 계약을 해제한다는 상대방의 의사표시를 수령할 권한도 있다.

> **해설** 어떠한 계약의 체결에 관한 대리권을 수여받은 대리인이 수권된 법률행위를 하게 되면 그것으로 대리권의 원인된 법률관계(기초적 내부관계)는 원칙적으로 목적을 달성하여 종료되는 것이고, 법률행위에 의하여 수여된 대리권은 그 원인된 법률관계의 종료에 의하여 소멸하는 것이므로(제128조), 그 계약을 대리하여 체결하였다하여 곧바로 그 사람이 체결된 계약의 해제 등 일체의 처분권과 상대방의 의사를 수령할 권한까지 가지고 있다고 볼 수는 없다. (대판 2008.1.31. 2007다74713) **정답** ×

04 예금계약의 체결을 위임받은 자가 가지는 대리권에는 그 예금을 담보로 하여 대출을 받거나 이를 처분할 수 있는 대리권이 포함되어 있다고 보아야 한다.

> **해설** 예금계약의 체결을 위임받은 자가 가지는 대리권에 당연히 그 예금을 담보로 하여 대출을 받거나 이를 처분할 수 있는 대리권이 포함되어 있는 것은 아니다. (대판 1995.8.22. 94다59042) **정답** ×

05 매매계약의 체결과 이행에 관하여 포괄적으로 대리권을 수여받은 대리인은 특별한 다른 사정이 없는 한 상대방에 대하여 약정된 매매대금 지급기일을 연기하여 줄 권한도 가진다.

○ 해설 매매계약의 체결과 이행에 관하여 포괄적으로 대리권을 수여받은 대리인은 특별한 다른 사정이 없는 한 상대방에 대하여 약정된 매매대금지급기일을 연기하여 줄 권한도 가진다. (대판 1992.4.14. 91다43107) ○ 정답 ○

06 민법은 채무의 이행(변제)에 있어서는 쌍방대리를 허용하므로(제124조 단서), 변제의 일종인 대물변제에 있어서도 쌍방대리가 원칙적으로 허용된다.

○ 해설 대물변제는 채권의 소멸이라는 새로운 법률효과를 가져오는 행위이므로, 제124조 단서에서 말하는 단순한 채무의 이행이 아니다. 따라서 쌍방대리를 하려면 본인의 승낙이 필요하다. ○ 정답 ×

07 해산한 법인의 대표청산인이 정관 규정에 따라 잔여재산 이전의무의 이행으로서 잔여재산을 그 대표청산인이 대표자를 겸하고 있던 귀속권리자에게 이전하는 경우 쌍방대리 금지에 반한다.

○ 해설 해산한 법인이 해산시 잔여재산이 지정한 자에게 귀속한다는 정관 규정에 따라 구체적으로 확정된 잔여재산이전의무의 이행으로서 잔여재산인 토지를 그 귀속권리자에게 이전하는 것은 채무의 이행에 불과하므로 그 귀속권리자의 대표자를 겸하고 있던 해산한 법인의 대표청산인에 의하여 잔여재산 토지에 관한 소유권이전등기가 그 귀속권리자에게 경료되었다고 하더라도 이는 쌍방대리금지 원칙에 반하지 않는다. (대판 2000.12.8. 98두5279) ○ 정답 ×

08 甲의 대리인 乙이 대리행위로서 丙으로부터 X 부동산을 매수하는 계약을 체결하였는데, 乙이 계약을 체결하기 전에 이미 성년후견이 개시된 경우, 丙이 이에 관하여 선의·무과실인 때에는 甲에게 그 계약의 효력을 주장할 수 있다.

○ 해설 대리인이 성년후견개시심판을 받은 경우 대리권은 소멸하므로 그 이후의 대리행위는 무권대리가 된다(제127조 2호). 다만 상대방이 대리권의 소멸에 대하여 선의, 무과실인 경우에는 제129조 대리권 소멸 후의 표현대리가 성립하므로 본인에게 효력이 있다. ○ 정답 ○

대리행위 / 대리행위의 효과

09 일방 당사자가 대리인을 통하여 계약을 체결하는 경우, 대리인을 통하여 본인과의 사이에 계약을 체결하려는 계약 상대방의 의사만 인정되면, 대리권의 존부와 관계없이 본인과 상대방이 계약의 당사자가 된다.

○ 해설 일방 당사자가 대리인을 통하여 계약을 체결하는 경우에 있어서 계약의 상대방이 대리인을 통하여 본인과 사이에 계약을 체결하려는 데 의사가 일치하였다면 대리인의 대리권 존부 문제와는 무관하게 상대방과 본인이 그 계약의 당사자이다. (대판 2003.12.12. 2003다44059)

○ 정답 ○

10 조합대리에 있어서도 그 법률행위가 조합에게 상행위가 되는 경우에는 조합을 위한 것임을 표시하지 않았다고 하더라도 그 법률행위의 효력은 본인인 조합원 전원에게 미친다.

○ 해설 이른바 조합대리에 있어서는 본인에 해당하는 모든 조합원을 위한 것임을 표시하여야 하나, 반드시 조합원 전원의 성명을 제시할 필요는 없고, 상대방이 알 수 있을 정도로 조합을 표시하는 것으로 충분하다. 그러나 조합대리에 있어서도 그 법률행위가 조합에게 상행위가 되는 경우에는 조합을 위한 것임을 표시하지 않았다고 하더라도 그 법률행위의 효력은 본인인 조합원 전원에게 미친다. (대판 2009.1.30. 2008다79340)

○ 정답 ○

11 의사표시의 하자 유무 또는 어떤 사정의 선의 악의 등의 판단에 관하여, 대리에서는 대리인을 표준으로 하여 결정하나, 사자의 경우에는 본인을 표준으로 한다.

○ 해설 대리에 있어서 의사표시를 하는 자는 행위자인 대리인이다. 따라서 의사표시에 관한 요건은 본인이 아니라 대리인을 표준으로 결정한다. 한편, 사자의 경우에는 본인이 의사를 결정하므로 본인을 기준으로 그 의사표시의 하자 여부를 판단한다.

○ 정답 ○

12 甲이 乙의 대리인 丙과 매매계약을 체결한 후 丙의 기망행위를 이유로 매매계약을 취소하고자 할 경우, 甲은 乙이 丙의 기망행위를 알았거나 알 수 있었는지의 여부를 불문하고 매매계약을 취소할 수 있다.

○ 해설 상대방은 대리인의 사기·강박에 대해 본인이 알았는지 여부를 묻지 않고 제110조 1항에 따라 그 의사표시를 취소할 수 있다.

○ 정답 ○

13 사자에서 본인은 의사능력 외에도 행위능력이 필요하나, 대리에서 본인은 행위능력은 필요 없으나 의사능력은 필요하다.

○ 해설 대리의 경우 법률행위, 즉 의사표시는 대리인이 하므로 본인은 행위능력이나 의사능력이 필요없다. 권리능력만 있으면 족하다. ○ 정답 ×

복대리

14 甲이 채권자를 특정하지 않은 채 부동산을 담보로 제공하면서 금원을 차용해 줄 것을 乙에게 위임하였다면, 甲의 의사에는 '복대리인 선임에 관한 승낙'이 포함되어 있다.

○ 해설 甲이 채권자를 특정하지 아니한 채 부동산을 담보로 제공하여 금원을 차용해 줄 것을 乙에게 위임한 경우, 乙에게 사무를 위임한 甲의 의사에는 '복대리인 선임에 관한 승낙'이 포함되어 있다고 볼 것이다. (대판 1993.8.27. 93다21156) ○ 정답 ○

15 부동산 시행사업을 하는 甲은 오피스텔을 준공 후 '오피스텔 분양업무'를 乙에게 위임하고 대리권을 수여하였는데, 乙이 甲과 상의도 없이 위 분양업무에 관해 丙을 복대리인으로 선임한 경우, 丙이 복대리인으로서 한 위 분양업무의 법률효과는 원칙상 甲에게 미치지 않는다.

○ 해설 법률행위의 성질상 대리인 자신에 의한 처리가 필요하지 아니한 경우에는 본인이 복대리 금지의 의사를 명시하지 아니하는 한 복대리인의 선임에 관하여 묵시적인 승낙이 있는 것으로 보는 것이 타당하다. 그러나 오피스텔의 분양업무는 대리인의 능력에 따라 본인의 분양사업의 성공 여부가 결정되는 것이므로, 사무처리의 주체가 별로 중요하지 아니한 경우에 해당한다고 보기 어렵다. (대판 1996.1.26. 94다30690) ○ 정답 ○

16 법정대리인이 선임한 복대리인의 행위로 인하여 손해가 발생하였다면 선임 및 감독의 무위반을 이유로 본인에게 대하여 손해배상책임을 부담한다.

○ 해설 법정대리인은 복대리인의 행위에 대하여 모든 책임을 지는 것이 원칙이다(제122조 본문). ○ 정답 ×

표현대리

17 소송행위에는 「민법」상 표현대리 규정이 적용되지 않는다.

해설 공정증서가 집행권원으로서 집행력을 가질 수 있도록 하는 집행인낙의 표시는 공증인에 대한 소송행위로서 이러한 소송행위에는 민법상의 표현대리 규정이 적용 또는 준용될 수 없다. (대판 1994.2.22. 93다42047)　　　　　　　　　　　　　　　　　　　　정답 ○

18 표현대리는 무권대리행위의 효과를 본인에게 미치게 하는 제도로서, 표현대리가 성립하면 무권대리의 성질이 유권대리로 전환되므로, 유권대리에 관한 주장 속에는 표현대리의 주장이 포함되어 있다.

해설 표현대리가 성립된다고 하여 무권대리의 성질이 유권대리로 전환되는 것은 아니므로, 양자의 구성요건 해당사실 즉 주요사실은 다르다고 볼 수밖에 없으니 유권대리에 관한 주장 속에 무권대리에 속하는 표현대리의 주장이 포함되어 있다고 볼 수 없다. (대판 1983.12.13. 83다카1489)　　　　　　　　　　　　　　　　　　　　　　　　　　　정답 ×

19 권한을 넘은 표현대리에서는 기본대리권의 내용이 되는 행위와 표현대리 행위가 반드시 같은 종류의 것이어야 한다.

표현대리의 법리가 적용될 권한을 넘은 행위는 그 대리인이 가지고 있는 진실한 대리권과 동종임을 필요로 하지 않는다. (대판 1963.8.31. 63다326)　　　　　　　　　정답 ×

20 과거에 가졌던 대리권이 소멸되어 「대리권 소멸 후의 표현대리」로 인정되는 경우, 그 표현대리의 권한을 넘는 대리행위가 있을 때에는 「권한을 넘은 표현대리」가 성립할 수 있다.

해설 과거에 가졌던 대리권이 소멸되어 제129조에 의하여, 표현대리로 인정되는 경우에, 그 표현대리의 권한을 넘는 대리행위가 있을 때에는 제126조에 의한 표현대리가 성립할 수 있다. (대판 1979.3.27. 79다234)　　　　　　　　　　　　　　　　　　정답 ○

21 증권회사의 직원이 아니면서도 증권회사로부터 고객의 유치, 투자상담 및 권유, 위탁매매약정실적의 제고 등의 업무를 위임받아 사실상 투자상담사의 역할을 하는 자가 유가증권 매매의 위탁 권유 등과 관련하여 증권회사를 대리하여 예탁금을 수령하거나 위탁매매계약을 체결한 경우에는, 「권한을 넘은 표현대리」가 성립한다.

○ 해설 제126조의 표현대리가 성립하기 위하여는 무권대리인에게 법률행위에 관한 기본대리권이 있어야 하는바, 증권회사로부터 위임받은 고객의 유치, 투자상담 및 권유, 위탁매매약정실적의 제고 등의 업무는 사실행위에 불과하므로 이를 기본대리권으로 하여서는 권한초과의 표현대리가 성립할 수 없다. (대판 1992.5.26. 91다32190) ○ 정답 ×

22 권한을 넘은 표현대리에 있어서 정당한 이유의 유무는 대리행위 당시를 기준으로 하고 대리행위 성립 이후의 사정을 참작하여 판정하여야 한다.

○ 해설 권한을 넘은 표현대리에 있어서 정당한 이유의 유무는 대리행위 당시를 기준으로 하여 판정하여야 하고 대리행위로서 매매계약이 성립한 이후의 사정은 고려할 것이 아니다. (대판 1997.6.27. 97다3828) ○ 정답 ×

23 주식거래에 관한 투자수익보장약정이 강행법규의 위반으로 무효인 경우, 그러한 약정을 체결할 권한이 수여되었는지 여부와 관계없이 표현대리에 관한 법리가 적용될 수 없다.

증권거래법 제52조 1호는 공정한 증권거래질서의 확보를 위하여 제정된 강행법규로서 이에 위배되는 주식거래에 관한 투자수익보장약정은 무효이고, 투자수익보장이 강행법규에 위반되어 무효인 이상 증권회사의 지점장에게 그와 같은 약정을 체결할 권한이 수여되었는지 여부에 불구하고 그 약정은 여전히 무효이므로 표현대리의 법리가 준용될 여지가 없다. (대판 1996.8.23. 94다38199) ○ 정답 ○

24 복대리인 선임권 없는 대리인이 선임한 복대리인이 대리인의 권한 밖의 법률행위를 한 경우, 상대방이 그 행위자를 대리권을 가진 대리인으로 믿었고 또한 그렇게 믿은 데 정당한 이유가 있는 때에는 그 법률행위는 본인에게 효력이 발생한다.

○ 해설 복대리인 선임권이 없는 대리인에 의하여 선임된 복대리인의 권한도 기본대리권이 될 수 있으므로, 대리인이 사자 내지 임의로 선임한 복대리인을 통하여 권한 외의 법률행위를 한 경우에도 제126조를 적용함에 있어서 기본대리권의 흠결 문제는 생기지 않는다. (대판 1998.3.27. 97다48982) ○ 정답 ○

25 대리인이 본인을 위한 것임을 표시하지 아니하고 사술을 써서 자기가 마치 본인인 것처럼 상대방을 기망하여 본인 명의로 직접 법률행위를 한 경우에는 특별한 사정이 없는 한 권한을 넘은 표현대리가 성립하지 않는다.

○ 해설 대리인이 본인의 성명을 모용하여 자기가 마치 본인인 것처럼 기망하여 본인 명의로 직접 법률행위를 한 경우에는 특별한 사정이 없는 한 제126조 소정의 표현대리는 성립될 수 없다. 다만 특별한 사정이 있는 경우에 한하여 제126조 소정의 표현대리의 법리를 유추적용할 수 있다. (대판 2002.6.28. 2001다49814) ○ 정답 ○

협의의 무권대리

26 무권대리행위의 추인은 반드시 무권대리행위의 직접적인 상대방에게만 하여야 하는 것이 아니라 무권대리인에게도 할 수 있고, 그 무권대리행위로 인한 권리 또는 법률관계의 승계인에 대하여도 할 수 있다.

무권대리행위의 추인에 특별한 방식이 요구되는 것이 아니므로 명시적인 방법만 아니라 묵시적인 방법으로도 할 수 있고, 그 추인은 무권대리인, 무권대리행위의 직접의 상대방 및 그 무권대리행위로 인한 권리 또는 법률관계의 승계인에 대하여도 할 수 있다. (대판 1981.4.14. 80다2314)

정답 O

27 상대방은 본인이 무권대리인에게 무권대리행위를 추인한 사실을 알기 전까지는 무권대리인과 체결한 계약을 철회할 수도 있고, 추인이 있었음을 주장할 수도 있다.

해설 대판 1981.4.14. 80다2314

정답 O

28 본인이 무권대리행위로 처하게 된 법적 지위를 충분히 이해하고 그럼에도 진의에 기하여 그 무권대리행위의 결과가 자기에게 귀속된다는 것을 승인한 것으로 볼 만한 사정이 있는 경우에는, 무권대리행위를 묵시적으로 추인한 것으로 볼 수 있다.

해설 무권대표행위나 무효행위의 추인은 무권대표행위 등이 있음을 알고 그 행위의 효과를 자기에게 귀속시키도록 하는 단독행위로서 명시적이든 묵시적이든 묻지 않는다 할 것이지만, 묵시적 추인을 인정하기 위해서는 본인이 ⅰ) 그 행위로 처하게 된 법적 지위를 충분히 이해하고 그럼에도 진의에 기하여 ⅱ) 그 행위의 결과가 자기에게 귀속된다는 것을 승인한 것으로 볼 만한 사정이 있어야 한다. (대판 2010.12.23. 2009다37718)
무권대리행위에 대하여 본인이 그 직후에 그것이 자기에게 효력이 없다고 이의를 제기하지 아니하고 이를 장시간에 걸쳐 방치하였다고 하여 무권대리행위를 추인하였다고 볼 수 없다. (대판 1990.3.27. 88다카18)

정답 O

29 본인이 무권대리 행위를 추인할 경우 그 무권대리인의 의사표시의 일부에 대하여 추인하거나 그 내용을 변경하여 추인하여도 그 추인은 원칙적으로 유효하다.

해설 무권대리행위의 추인은 무권대리인에 의하여 행하여진 불확정한 행위에 관하여 그 행위의 효과를 자기에게 직접 발생케 하는 것을 목적으로 하는 의사표시이며, 무권대리인 또는 상대방의 동의나 승낙을 요하지 않는 단독행위로서 추인은 의사표시의 전부에 대하여 행하여져야 하고, 그 일부에 대하여 추인을 하거나 그 내용을 변경하여 추인을 하였을 경우에는 상대방의 동의를 얻지 못하는 한 무효이다. (대판 1982.1.26. 81다카549)　　정답 ×

30 무권대리인 乙은 자신을 甲의 대리인이라고 하면서 丙과 매매계약을 체결하였고, 丙이 매매계약을 적법하게 철회하였다면 乙의 무권대리행위는 확정적으로 무효가 되어 그 후에는 甲이 매매계약을 추인할 수 없다.

　해설　철회권의 행사는 무권대리행위를 확정적으로 무효화시키는 행위이다. 상대방의 철회가 있으면 본인의 추인권을 소멸한다.　　정답 ○

31 무권대리행위가 제3자의 기망이나 문서위조 등 위법행위로 야기되었을 뿐이고 무권대리인에게 귀책사유가 없는 경우에는 상대방은 무권대리인에게 제135조 책임을 물을 수 없다.

　해설　제135조 1항에 따른 무권대리인의 상대방에 대한 책임은 무과실책임으로서 대리권의 흠결에 관하여 대리인에게 과실 등의 귀책사유가 있어야만 인정되는 것이 아니고, 무권대리행위가 제3자의 기망이나 문서위조 등 위법행위로 야기되었다고 하더라도 책임은 부정되지 아니한다. (대판 2014.2.27. 2013다213038)　　정답 ×

32 상대방은 그 무권대리행위를 철회한 후에는 무권대리인에 대하여 계약의 이행 또는 손해배상을 청구하지 못한다.

　해설　무권대리행위를 스스로 철회한 경우에는 계약이 확정적으로 무효가 되므로, 상대방은 더 이상 무권대리인에게 제135조의 책임을 물을 수 없다.　　정답 ○

Chapter 07
법률행위의 무효와 취소

Chapter 07 법률행위의 무효와 취소

제1절 법률행위의 무효

1. 무효·취소 개관

01. 법률행위의 무효를 이유로 선의의 제3자에게 대항할 수 없는 경우는? (다툼이 있으면 판례에 따름)

세무사 17년

① 진의 아닌 의사표시에 의한 법률행위
② 강행규정을 직접적으로 위반하는 법률행위
③ 반사회질서의 법률행위
④ 불공정한 법률행위
⑤ 원시적·객관적으로 전부 불능인 법률행위

○ 해설

① (○) 선의의 제3자에게는 대항할 수 없는 상대적 무효이다(제107조 2항).
② (×) ③ (×) ④ (×) ⑤ (×) 선의의 제3자 보호규정이 없으므로 선의의 제3자에게도 무효를 주장할 수 있는 절대적 무효이다.

○ 정답 ①

2. 유동적 무효 – 국토의 계획 및 이용에 관한 법률상 효력을 중심으로

02. 토지거래 허가 구역 내의 토지매매 계약에 관한 설명으로 옳지 않은 것은? (다툼이 있으면 판례에 따름)

세무사 19년

① 매수인의 매매대금의 이행제공이 있어야 매도인은 토지거래허가신청에 협력할 의무가 있다.
② 매도인은 관할 관청으로부터 종국적으로 허가를 받을 수 없을 것이라는 사유로 협력의무의 이행을 거절할 수 없다.
③ 당사자 일방은 허가를 받기 전에 상대방에 대하여 채무불이행에 의한 손해배상을 청구할 수 없다.
④ 토지거래에 대하여 관할 관청의 불허가처분이 확정된 경우에는 특별한 사정이 없으면 그 매매는 확정적으로 무효가 된다.

⑤ 당사자 일방은 상대방의 협력의무의 불이행을 이유로 유동적 무효 상태의 매매계약 자체를 해제할 수는 없다.

○ 해설

① (×) 토지거래규제구역 내의 토지에 관하여 관할 관청의 토지거래허가 없이 매매계약이 체결됨에 따라 그 매수인이 그 계약을 효력이 있는 것으로 완성시키기 위하여 매도인에 대하여 그 매매계약에 관한 토지거래허가 신청절차에 협력할 의무의 이행을 청구하는 경우, 매도인의 토지거래계약허가 신청절차에 협력할 의무와 토지거래허가를 받으면 매매계약 내용에 따라 매수인이 이행하여야 할 매매대금 지급의무나 이에 부수하여 매수인이 부담하기로 특약한 양도소득세 상당 금원의 지급의무 사이에는 상호 이행상의 견련성이 있다고 할 수 없으므로, 매도인으로서는 그러한 의무이행의 제공이 있을 때까지 그 협력의무의 이행을 거절할 수 있는 것은 아니다(대판 1996.10.25. 96다23825).
② (○) 협력의무를 소구당한 당사자는 계쟁토지에 대하여 결국 관할 관청으로부터 거래허가를 받을 수 없을 것이라는 사유를 들어 그 협력의무 자체를 거절할 수는 없다(대판 1992. 10.27, 92다34414).
③ (○) 대판 1997. 7.25, 97다4357 등.
④ (○) 대판 1998.12.22. 98다44376.
⑤ (○) 대판(전) 1999.6.17. 98다40459.

○ 정답 ①

03. 甲은 토지거래허가구역 내에 있는 그 소유 X토지에 관하여 乙과 매매계약을 체결하였다. 비록 이 계약이 토지거래허가를 받지는 않았으나 확정적으로 무효가 아닌 경우, 다음 설명 중 틀린 것은?(다툼이 있으면 판례에 따름)

① 위 계약은 유동적 무효의 상태에 있다.
② 乙이 계약내용에 따른 채무를 이행하지 않더라도 甲은 이를 이유로 위 계약을 해제할 수 없다.
③ 甲은 乙의 매매대금 이행제공이 없음을 이유로 토지거래허가 신청에 대한 협력의무의 이행을 거절할 수 없다.
④ 토지거래허가구역 지정기간이 만료되었으나 재지정이 없는 경우, 위 계약은 확정적으로 유효로 된다.
⑤ 乙이 丙에게 X토지를 전매하고 丙이 자신과 甲을 매매당사자로 하는 허가를 받아 甲으로부터 곧바로 등기를 이전받았다면 그 등기는 유효하다.

O 해설

① (O) 토지거래허가지역 내의 토지에 관하여 거래계약을 체결한 경우 유동적 무효이고, 허가를 받으면 소급하여 유효한 계약이 된다[97다41318].
② (O) 토지거래허가를 받기 전에는 계약 내용에 따른 이행의무가 없으므로, 채무불이행을 이유로 계약을 해제할 수 없다[2008다88795].
③ (O) 토지거래 허가신청절차에의 협력의무(유효)와 매수인의 매매대금 지급의무(무효) 사이에는 견련성이 없으므로, 매도인으로서는 동시이행의 항변으로 협력의무의 이행을 거절할 수 없다[96다23825].
④ (O) 토지거래허가구역 지정이 해제되거나 허가구역 지정기간이 만료되었음에도 재지정을 하지 아니한 때에는 더 이상 허가를 받을 필요가 없으므로 계약은 확정적 유효로 된다[98다40459 전원합의체].
⑤ (×) 토지거래허가가 없이 전전매매된 경우, 최초 매도인과 최종 매수인을 매매 당사자로 하는 허가를 받아 경료한 소유권이전등기는 적법한 토지거래허가 없이 경료된 등기로서 무효이다[96다3982].

O 정답 ⑤

04. 甲은 토지거래허가구역 내 자신의 토지를 乙에게 매도하였고 곧 토지거래허가를 받기로 하였다. 다음 설명 중 옳은 것을 모두 고른 것은?(다툼이 있으면 판례에 따름)

ㄱ. 甲과 乙은 토지거래허가신청절차에 협력할 의무가 있다.
ㄴ. 甲은 계약상 채무불이행을 이유로 계약을 해제할 수 있다.
ㄷ. 계약이 현재 유동적 무효 상태라는 이유로 乙은 이미 지급한 계약금 등을 부당이득으로 반환청구할 수 있다.
ㄹ. 乙은 토지거래허가가 있을 것을 조건으로 하여 甲을 상대로 소유권이전등기절차의 이행을 청구할 수 없다.

① ㄱ, ㄴ, ㄹ   ② ㄱ, ㄷ
③ ㄱ, ㄹ   ④ ㄴ, ㄷ   ⑤ ㄴ, ㄹ

O 해설

※ 토지거래허가구역 내의 거래행위는 허가를 받기 전까지는 유동적 무효이다.

ㄱ (O) 유동적 무효인 상태에서도 협력의무는 인정된다. 계약금계약도 유효하므로 해약금에 기한 해제도 가능하다.
ㄴ (×) 토지거래허가를 받기 전에는 계약 내용에 따른 이행의무가 없으므로, 채무불이행을 이유로 계약을 해제할 수 없다[2008다88795].
ㄷ (×) 계약이 현재 유동적 무효 상태라는 이유로 매수인(乙)은 이미 지급한 계약금 등을 부당이득반환청구를 할 수 없다. 다만, 확정적 무효가 된 이후에는 매수인(乙)은 이미 지급한 계약금 등의 부당이득반환청구를 할 수 있다.

제1절 법률행위의 무효

ㄹ (O) 허가받기 전의 상태에서는 채권적 효력도 전혀 발생하지 않으므로 어떠한 내용의 이행청구도 할 수 없다. 허가를 조건으로 한 소유권이전등기절차의 이행을 구하는 것도 허용되지 않는다(97다4357,4364).

○ 정답 ③

05. 토지거래 허가구역 내의 토지에 대한 매매계약에 관한 설명으로 옳은 것은? (다툼이 있으면 판례에 따름) 세무사 22년

① 매수인은 토지거래허가를 받기 전이라도 매도인에게 허가조건부 소유권이전등기를 청구할 수 있다.
② 매도인이 허가신청절차 협력의무를 위반한 경우, 매수인은 이를 이유로 매매계약을 해제할 수 있다.
③ 매도인의 허가신청절차 협력의무와 허가 후 매수인의 대금지급의무는 동시이행관계에 있다.
④ 처음부터 허가를 배제하는 계약을 맺어 확정적으로 무효로 된 경우, 그 후 허가구역지정이 해제되더라도 그 계약이 유효로 되는 것은 아니다.
⑤ 매도인은 토지거래허가를 받기 전에는 수령한 계약금의 배액을 상환하고 계약을 해제할 수 없다.

○ 해설

① (×) 허가받기 전의 상태에서는 채권적 효력도 전혀 발생하지 않으므로 어떠한 내용의 이행청구도 할 수 없다. 허가를 조건으로 한 소유권이전등기절차의 이행을 구하는 것도 허용되지 않는다(97다4357,4364).
② (×) 거래계약의 당사자로서는 허가받기 전의 상태에서 상대방의 거래계약상 채무불이행을 이유로 거래계약을 해제하거나 그로 인한 손해배상을 청구할 수 없다. (대판 1997.7.25. 97다4357,4364)
③ (×) 협력의무의 이행을 소구할 수 있고(대판 1991.12.24. 90다12243 전원합의체), 협력의무 불이행으로 인한 손해배상청구(대판 1995.4.28. 93다26397) 및 그 손해배상액의 예정(대판 1997.2.28. 96다49933)은 가능하다. 그렇지만 협력의무 불이행을 이유로 한 계약해제는 인정되지 않는다(대판 1999.6.17. 98다40459).
④ (O) 토지거래계약 허가구역 내의 토지에 관하여 허가를 배제하거나 잠탈하는 내용으로 매매계약이 체결된 경우에는 확정적으로 무효이므로(대판 2010.6.10. 2009다96328), 그 후 허가구역지정이 해제되더라도 그 계약이 유효로 되는 것은 아니다.
⑤ (×) 토지거래허가를 받지 않아 유동적 무효 상태인 매매계약에 있어서도 당사자 사이의 매매계약은 매도인이 계약금의 배액을 상환하고 계약을 해제함으로써 적법하게 해제된다. (대판 1997.6.27. 97다9369)

○ 정답 ④

06. 甲은 자신 소유의 X토지에 관해 乙과 매매계약을 체결하였다. 계약 당시 甲은 乙로부터 약정된 계약금 전액을 수령하였다. X토지는 토지거래허가구역 내의 토지였으며 당시 甲과 乙은 매매계약 후 관할청의 허가를 받을 생각이었다. 이에 관한 설명으로 옳지 않은 것은? (다툼이 있으면 판례에 따름) 〔세무사 23년〕

① 甲과 乙이 관할청으로부터 허가를 받으면 위 매매계약은 소급하여 확정적으로 유효하게 된다.
② 관할청에 허가신청이 접수된 후에도 甲은 계약금의 배액을 상환하면서 위 매매계약을 해제할 수 있다.
③ 관할청의 허가를 받기 전까지 甲과 乙은 상대방의 채무불이행을 이유로 하여 위 매매 계약을 해제할 수 없다.
④ 관할청의 허가를 받기 전까지 乙은 유동적 무효를 이유로 甲에게 지급한 계약금을 부당이득으로 반환청구할 수 있다.
⑤ 관할청의 허가를 받기 전이라면 乙은 甲에게 허가신청절차에 협력할 것을 소구할 수 있다.

○ 해설

① (○) 부동산거래신고 등에 관한 법률상의 규제구역 내의 토지거래계약은 ⅰ) 허가를 받기 전에는 물권적 효력은 물론 채권적 효력도 발생하지 아니하여 무효이지만, ⅱ) 허가를 받으면 소급하여 유효한 계약이 되고 ⅲ) 불허가가 된 때에는 무효로 확정되므로, 허가를 받기까지는 유동적 무효의 상태에 있다. (대판 1991.12.24. 90다12243 전원합의체)

② (○) 당사자가 토지거래허가신청을 하고 이에 따라 관할관청으로부터 그 허가를 받았다 하더라도, 그러한 사정만으로는 이행의 착수가 있다고 볼 수 없으므로 매도인으로서는 민법 제565조에 의하여 계약금의 배액을 상환하여 매매계약을 해제할 수 있다. (대판 2009.4.23. 2008다62427)

③ (○) 협력의무의 이행을 소구할 수 있고(대판 1991.12.24. 90다12243 전원합의체), 협력의무 불이행으로 인한 손해배상청구(대판 1995.4.28. 93다26397) 및 그 손해배상액의 예정(대판 1997.2.28. 96다49933)은 가능하다. 그렇지만 협력의무 불이행을 이유로 한 계약해제는 인정되지 않는다(대판 1999.6.17. 98다40459).

④ (×) 계약이 현재 유동적 무효 상태에서도 계약금계약은 유효하므로 이미 지급한 계약금 등을 부당이득반환청구를 할 수 없다(대판 1993.7.27. 91다33766). 다만, 확정적 무효가 된 이후에는 이미 지급한 계약금 등의 부당이득반환청구를 할 수 있다.

⑤ (○) 대판 1991.12.24. 90다12243 전원합의체.

○ 정답 ④

무효의 효과 / 무효의 재생 (3형제)

07. 민법상 법률행위의 무효에 관한 설명으로 옳지 않은 것은? (다툼이 있으면 판례에 따름)

세무사 21년

① 법률행위의 일부분이 무효인 때 그 무효부분이 없더라도 법률행위를 하였을 것이라고 인정될 때에는 나머지 부분은 무효가 되지 않는다.
② 무효인 법률행위가 다른 법률행위의 요건을 구비하고 당사자가 그 무효를 알았더라면 다른 법률행위를 하는 것을 의욕하였으리라고 인정될 때에는 다른 법률행위로서 효력을 가진다.
③ 무효인 법률행위를 당사자가 그 무효임을 알고 추인한 경우에는 그 무효원인이 소멸되기 전이라도 새로운 법률행위로 본다.
④ 무효행위의 추인은 단독행위로서 묵시적인 방법으로도 할 수 있다.
⑤ 유동적 무효상태의 거래계약이 확정적으로 무효가 된 경우에는 확정적 무효로 됨에 있어서 귀책사유가 있는 자라고 하더라도 그 계약의 무효를 주장할 수 있다.

○ 해설

① (○) 제137조 단서.
② (○) 제138조.
③ (×) 무효행위의 추인은 그 무효 원인이 소멸한 후에 하여야 그 효력이 있고, 따라서 강박에 의한 의사표시임을 이유로 일단 유효하게 취소되어 당초의 의사표시가 무효로 된 후에 추인한 경우 그 추인이 효력을 가지기 위하여는 그 무효 원인이 소멸한 후일 것을 요한다고 할 것인데, 그 무효원인이란 바로 위 의사표시의 취소사유라 할 것이므로 결국 무효 원인이 소멸한 후란 것은 당초의 의사표시의 성립 과정에 존재하였던 취소의 원인이 종료된 후, 즉 강박 상태에서 벗어난 후라고 보아야 한다.(대판 1997.12.12. 95다38240).
④ (○) 대판 2009.9.24. 2009다37831.
⑤ (○) 대판 1997.7.25. 97다4357.

○ 정답 ③

08. 법률행위의 무효에 관한 설명으로 옳지 않은 것은? (다툼이 있으면 판례에 따름) 세무사 23년

① 통정허위표시가 무효라고해서 은닉행위가 당연히 무효로 되는 것은 아니다.
② 불공정한 법률행위에 해당하여 무효인 경우에는 무효행위의 전환에 관한 규정이 적용될 수 없다.
③ 법률행위 일부가 효력규정을 위반하여 일부무효의 법리가 적용되는 경우, 당사자의 가정적 의사를 탐구할 때 그 효력규정의 입법취지도 함께 고려하여야 한다.

④ 복수의 법률행위 중 어느 한 법률행위가 무효인 경우 그들간 일체성이 인정된다면 일부무효의 법리가 적용될 수 있다.
⑤ 토지거래허가구역 내의 토지에 관해 애초 허가를 잠탈하는 내용으로 체결된 매매계약은 그 후 허가구역지정이 해제되더라도 유효로 되지 않는다.

○ 해설

① (○) 가장행위(통정허위표시)는 무효이지만(제108조 1항), 은닉행위는 유효일 수 있다. 예컨대, 자기 부동산을 자(子)에게 증여하면서 증여세를 면탈하기 위해 매매의 형식을 빌리는 경우에 매매는 가장행위에 해당하여 무효이지만 증여는 은닉행위로서 유효하다.

② (×) 약정된 매매대금의 과다로 말미암아 매매계약이 제104조 '불공정한 법률행위'에 해당하여 무효인 경우에도 무효행위의 전환규정(제138조)이 적용될 수 있다. 따라서 당사자 쌍방이 무효를 알았더라면 합의하였을 것이라고 인정되는 대금액을 내용으로 매매계약이 유효하게 성립한다. (대판 2010.7.15. 2009다50308)

③ (○) 대판 2010.7.22. 2010다23425.

④ (○) 대판 1996.8.23. 94다38199.

⑤ (○) 토지거래계약 허가구역 내의 토지에 관하여 허가를 배제하거나 잠탈하는 내용으로 매매계약이 체결된 경우에는 확정적으로 무효이다. 따라서 나중에 허가구역지정이 해제되더라도 여전히 무효이다. (대판 2010.6.10. 2009다96328)

○ 정답 ②

09. 법률행위의 무효에 관한 설명으로 옳은 것은?(다툼이 있으면 판례에 따름)

① 무효인 법률행위의 추인은 그 무효의 원인이 소멸한 후에 하여야 그 효력이 인정된다.
② 무효인 법률행위는 무효임을 안 날로부터 3년이 지나면 추인할 수 없다.
③ 법률행위의 일부분이 무효일 때, 그 나머지 부분의 유효성을 판단함에 있어 나머지 부분을 유효로 하려는 당사자의 가정적 의사는 고려되지 않는다.
④ 무효인 법률행위의 추인은 묵시적인 방법으로 할 수는 없다.
⑤ 강행법규 위반으로 무효인 법률행위를 추인한 때에는 다른 정함이 없으면 그 법률행위는 처음부터 유효한 법률행위가 된다.

○ 해설

① (○) 무효인 법률행위는 무효의 원인이 소멸하지 않는 한 추인하여도 그 효력이 생기지 아니한다(제139조 본문). 그러나 무효의 원인이 소멸한 후에 당사자가 그 무효임을 알고 추인한 때에는 새로운 법률행위로 본다(제139조 단서).

② (×) 취소권은 추인할 수 있는 날로부터 3년 내에 법률행위를 한 날로부터 10년 내에 행사하여야 하는 제척기간의 제한을 받으므로(제146조), 그 이후에는 취소할 수 없다. 반면에 무효인 법률행위의 추인은 제척기간의 제한이 없다.

③ (×) 법률행위의 일부분이 무효인 때에는 그 전부를 무효로 하는 것이 원칙이지만, 그 무효부분이 없더라도 법률행위를 하였을 것이라는 당사자의 가정적 의사가 인정될 때에는 나머지 부분은 무효가 되지 아니한다(제137조).

④ (×) 추인은 묵시적으로도 가능하다. 묵시적 추인을 인정하기 위해서는 이전의 법률행위가 무효임을 알거나 적어도 무효임을 의심하면서도 그 행위의 효과를 자기에게 귀속시키도록 하는 의사로 후속행위를 하였음이 인정되어야 한다(2012다106607).

⑤ (×) 무효행위의 추인은 새로운 법률행위로 보므로(제139조), 추인한 때로부터 장래를 향하여 효력을 발생한다. 소급효가 없다.

> **핵심 무효행위의 추인**
>
> ① 무효인 법률행위는 추인하여도 그 효력이 생기지 아니한다. 그러나 당사자가 무효의 원인이 소멸한 후에 그 무효임을 알고 추인한 때에는 새로운 법률행위로 본다.
> ② 소급효 ×, 장래효 ○ (새로운 법률행위이므로 그때부터 효력 발생함)
> ③ 묵시적 추인 : 묵시적 추인도 가능.
>   ㉠ 묵시적 추인의 요건: 이전의 법률행위가 무효임을 알고(그 법적 효과를 이해하고) 그 행위의 효과를 자기에게 귀속시키도록 하는 의사로 후속행위를 하여야 함
>   ㉡ 당사자가 이전의 법률행위가 존재함을 알고 그 유효함을 전제로 하여 후속행위를 한 경우: 묵시적 추인 ×

○ 정답 ①

10. 원칙적으로 소급효가 있는 추인을 모두 고른 것은? (다툼이 있으면 판례에 따름) 세무사 23년

> ㄱ. 무권리자의 처분행위에 대한 권리자의 추인
> ㄴ. 무효인 가장행위에 대한 당사자의 추인
> ㄷ. 무권대리행위에 대한 본인의 추인

① ㄴ　　　　② ㄷ
③ ㄱ, ㄴ　　　④ ㄱ, ㄷ　　　⑤ ㄱ, ㄴ, ㄷ

> 해설

ㄱ (○) 권리자가 무권리자의 처분을 추인하면 무권대리의 추인과 이익상황이 유사하므로, 무권대리의 추인에 관한 민법 제130조, 제133조 등을 유추적용할 수 있다. 따라서 무권리자의 처분이 계약으로 이루어진 경우에 권리자가 이를 추인하면 계약의 효과가 계약을 체결했을 때에 소급하여 권리자에게 귀속된다. (대판 2017.6.8. 2017다3499)
ㄴ (×) 무효행위의 추인은 추인한 때에 새로운 법률행위를 한 것으로 보므로(제139조), 장래효를 가진다.
ㄷ (○) 무권대리의 추인은 다른 의사표시가 없는 때에는 계약시에 소급하여 그 효력이 생긴다(제133조).

> 정답 ④

제2절 법률행위의 취소

11. 법률행위의 취소에 관한 설명으로 옳지 않은 것은? (다툼이 있으면 판례에 따름)   세무사 23년

① 무효인 법률행위는 취소의 대상이 될 수 없다.
② 착오취소의 요건이 충족되는 한, 착오로 인하여 의사표시를 한 자의 포괄승계인에게도 취소권이 인정된다.
③ 취소할 수 있는 법률행위를 유효하게 추인한 후에는 취소하지 못한다.
④ 상당 기간 계속된 근로계약이 취소된 경우 그 근로계약은 장래에 관하여만 실효된다.
⑤ 추인할 수 있는 때로부터 3년이 경과하면 취소권은 소멸한다.

> 해설

① (×) 무효인 법률행위도 그 외관을 제거할 필요성이 있으므로 취소를 인정한다(대판 1984.7.24, 84다카68). 이를 무효와 취소의 이중효라고 한다.
② (○) 제140조에서의 취소권자로서 '승계인'이란, 제한능력자 또는 착오·사기·강박에 의해 의사표시를 한 자로부터 취소권을 승계한 자를 말한다. 특정승계인과 포괄승계인 모두를 포함한다.
③ (○) 추인을 하면 유동적 유효에서 확정적 유효로 전환된다. 따라서 그 이후에는 취소할 수 없다(제143조 제1항 후단).
④ (○) 조합계약 또는 근로계약이 상당 기간 계속된 후, 제한능력 또는 의사표시의 흠으로 인하여 무효·취소된 때에는, 계약관계는 장래를 향하여서만 그 효력을 상실한다(대판 1972.4.25. 71다1833 등).
⑤ (○) 취소권은 추인할 수 있는 날로부터 3년내에 법률행위를 한 날로부터 10년내에 행사하여야 한다(제146조).

> 정답 ①

12. 추인에 관한 설명으로 옳지 않은 것은? 세무사 19년

① 제한능력자의 상대방은 제한능력자가 능력자가 된 후에 그에게 1개월 이상의 기간을 정하여 그 취소할 수 있는 행위를 추인할 것인지 여부의 확답을 촉구할 수 있고, 능력자로 된 사람이 그 기간 내에 확답을 발송하지 아니하면 그 행위를 추인한 것으로 본다.
② 무권대리인이 체결한 계약은 본인이 이를 추인하지 아니하면 본인에 대하여 효력이 없다.
③ 무권대리인이 계약을 체결한 경우에 상대방은 상당한 기간을 정하여 본인에게 그 추인 여부의 확답을 최고할 수 있고, 본인이 그 기간 내에 확답을 발하지 아니한 때에는 추인한 것으로 본다.
④ 취소할 수 있는 법률행위를 추인한 후에는 취소하지 못한다.
⑤ 취소할 수 있는 법률행위에 관하여 추인할 수 있는 후에 이의를 보류하지 않은 채 이행의 청구를 하면 추인한 것으로 본다.

○ 해설

① (○) 제15조 1항.
② (○) 무권대리는 대리권없이 행하여진 대리행위이므로 본인에게 효력이 생기지 않는다. 그러나 민법이 본인이 원하는 경우에는 무권대리를 추인하여 효과를 생길 수 있게 하고 있으므로(제130조), 무권대리는 확정적 무효가 아니고 유효·무효가 확정되지 않은 무효 즉 유동적 무효의 상태에 있게 된다.
③ (×) 추인을 거절한 것으로 본다(제131조 2문).
④ (○) 추인을 하면 유동적 유효에서 확정적 유효로 전환된다. 따라서 그 이후에는 취소할 수 없다(제143조 제1항 후단).
⑤ (○) 제145조 2호.

○ 정답 ③

13. 법률행위의 취소에 관한 설명으로 옳지 않은 것은? (다툼이 있으면 판례에 따름) 세무사 17년

① 취소권자의 상속인은 법률행위를 취소할 수 있다.
② 제한능력자는 법정대리인의 동의 없이 단독으로 법률행위를 취소할 수 있다.
③ 매매계약을 취소한 경우에는 처음부터 무효인 것으로 본다.
④ 법률행위가 가분적이거나 그 목적물의 일부가 특정될 수 있더라도 일부만을 취소하는 것은 허용되지 않는다.
⑤ 제한능력자가 법률행위를 취소하는 경우에는 그 행위로 인하여 받은 이익이 현존하는 한도 내에서 상환할 책임을 진다.

○ 해설

① (○) 상속인은 취소권자의 포괄승계인에 해당하므로 취소권을 행사할 수 있다(제140조).
② (○) 제140조
③ (○) 제141조 본문
④ (×) 법률행위의 일부만의 취소가 가능한지 여부에 관하여, 판례는 하나의 계약이라도 가분성을 가지거나 그 목적물의 일부가 특정될 수 있다면 그 일부만의 취소도 가능하다는 입장이다(대판 1990.7.10, 90다카7460).
⑤ (○) 제141조 단서

○ 정답 ④

14. 미성년자인 甲은 자신의 자전거를 乙에게 매도하는 계약을 체결하였다. 甲의 법정대리인 丙이 취소권을 행사할 수 있는 경우는? 세무사 18년

① 丙이 乙에게 자전거를 인도한 경우
② 丙이 乙에게 자전거 대금을 청구한 경우
③ 매매계약체결 후 10년이 지난 경우
④ 甲이 丙의 동의를 받고 추인한 경우
⑤ 乙이 丙에게 자전거의 인도를 청구한 경우

○ 해설

① (×) 법정대리인 丙은 적법한 추인권자이다(제144조 2항). 따라서 丙이 상대방 乙에게 을 자전거를 인도한 것은, '채무의 이행'에 해당하여 법정추인되므로(제145조 1호), 더 이상은 취소할 수 없다.
② (×) 법정대리인 丙은 적법한 추인권자이다(제144조 2항). 따라서 丙이 상대방 乙에게 을 자전거 대금을 청구한 것은, '이행의 청구'에 해당하여 법정추인되므로(제145조 2호), 더 이상은 취소할 수 없다.
③ (×) 취소권은 추인할 수 있는 날로부터 3년 내에, 법률행위를 한 날로부터 10년 내에 행사하여야 한다(제146조). 따라서 매매계약이 체결된 후 10년이 지나면 제척기간의 경과로 취소권이 소멸하므로, 더 이상은 취소할 수 없다.
④ (×) 미성년자는 성년자가 되기 전까지는 단독으로 추인할 수 없다(제144조 1항). 그러나 성년이 되기 전이더라도 법정대리인의 동의를 받아 추인하는 것은 가능하다(제5조 1항 본문). 따라서 미성년자 甲이 법정대리인 丙의 동의를 받아 추인한 것은 적법하고, 계약이 확정적으로 유효하게 되므로, 더 이상은 취소할 수 없다.
⑤ (○) 제145조의 법정추인 사유 중 제2호(이행의 청구)와 제5호(취소할 수 있는 행위로 취득한 권리의 전부나 일부의 양도)는 취소권자 측의 사유만으로 한정된다. 상대방이 미성년자 측에 '이행의 청구'를 한 것만으로는 법정추인되지 않는다. 따라서 丙은 여전히 취소할 수 있다.

○ 정답 ⑤

15. 민법 제140조의 법률행위의 취소에 관한 설명으로 옳지 않은 것은? (다툼이 있으면 판례에 따름)
세무사 19년

① 제한능력자는 단독으로 법률행위를 취소할 수 있다.
② 법률행위의 일부에만 취소사유가 있고 그 법률행위가 가분적이거나 그 목적물의 일부가 특정될 수 있다면, 그 나머지 부분이라도 이를 유지하려는 당사자의 가정적 의사가 인정되는 경우 그 일부만의 취소가 가능하다.
③ 법률행위를 취소한 경우에도 무효인 법률행위의 추인요건에 따라 당사자는 이를 추인할 수 있고, 이 경우 그 추인한 때부터 새로운 법률행위를 한 것으로 본다.
④ 근로계약에 따른 노무 제공 후 근로계약이 취소되면 근로계약은 소급하여 무효가 된다.
⑤ 매매계약이 적법하게 해제된 경우에도 필요한 경우 당사자는 착오를 이유로 취소할 수 있다.

○ 해설

① (○) 제140조.
② (○) 대판 1998.2.10. 97다44737.
③ (○) 대판 1997.12.12. 95다38240.
④ (×) 乙의 기망으로 체결된 위 근로계약은 하자의 정도나 乙의 근무기간 등에 비추어 하자가 치유되었거나 계약의 취소가 부당하다고 볼 만한 특별한 사정이 없는 한 甲 회사의 취소의 의사표시로써 적법하게 취소되었고, 다만 취소의 소급효가 제한되어 위 근로계약은 취소의 의사표시 이후의 장래에 관하여만 효력이 소멸할 뿐 이전의 법률관계는 여전히 유효하다(대판 2017.12.22. 2013다25194).
⑤ (○) 매매계약을 적법하게 해제한 후라도 계약해제의 효과로서 발생하는 손해배상책임을 지거나 매매계약에 따른 계약금의 반환을 받을 수 없는 불이익을 면하기 위하여 착오를 이유로 한 취소권을 행사하여 매매계약 전체를 무효로 돌리게 할 수 있다. (대판 1996.12.6. 95다24982,24999)

○ 정답 ④

16. 법률행위의 취소에 관한 설명으로 옳지 않은 것은? (다툼이 있으면 판례에 따름) 세무사 21년

① 취소할 수 있는 법률행위는 제한능력자, 착오로 인하거나 사기·강박에 의하여 의사표시를 한 자, 그의 대리인 또는 승계인만이 취소할 수 있다.
② 취소할 수 있는 법률행위를 추인한 후에는 그 법률행위를 취소하지 못한다.
③ 취소할 수 있는 법률행위가 일단 취소되면, 무효인 법률행위의 추인의 요건과 효력으로서 추인할 수 없다.
④ 취소권자인 법정대리인이 이의를 보류하지 않고 강제집행을 하면 추인한 것으로 본다.
⑤ 취소권은 추인할 수 있는 날로부터 3년 내에, 법률행위를 한 날로부터 10년 내에 행사해야 한다.

◦ 해설

① (○) 제140조.
② (○) 취소할 수 있는 행위를 추인하면 확정적으로 유효가 되므로, 더 이상은 취소할 수 없다.
③ (×) 취소한 법률행위는 처음부터 무효로 되므로, 취소된 이상 취소할 수 있는 법률행위의 추인을 할 수는 없다. 다만 무효행위의 추인의 요건과 효력으로서 추인할 수는 있으나, 그 무효 원인이 소멸한 후에 하여야 한다. (대판 1997.12.12. 95다38240)
④ (○) 제145조 6호.
⑤ (○) 제146조.

◦ 정답 ③

17. 취소할 수 있는 법률행위의 추인에 관한 설명으로 옳지 않은 것은? (다툼이 있으면 판례에 따름)

세무사 17년

① 착오에 의하여 의사표시를 한 자는 착오에서 벗어난 상태가 아니면 추인할 수 없다.
② 취소권자는 취소할 수 있는 행위임을 알고서 추인하여야 한다.
③ 추인은 상대방에 대한 의사표시로 하여야 한다.
④ 취소권자가 채권자로서 강제집행을 하는 것은 법정추인사유에 해당한다.
⑤ 묵시적 추인은 허용되지 않는다.

◦ 해설

① (○) 추인은 취소원인이 종료한 후에 하여야 한다. 따라서 무능력자는 능력자로 된 후에, 착오·사기·강박의 상태에 있던 자는 그 상태를 벗어난 후에 추인할 수 있다(제144조 1항). 따라서 취소원인이 종료되기 전에 한 추인은 효력이 없다. 그러나 법정대리인은 취소원인의 종료 전이라도 추인할 수 있다(제144조 2항).
② (○) 추인은 취소권의 포기이므로 취소할 수 있는 행위임을 알고서 추인하여야 한다.
③ (○) 추인은 취소할 수 있는 법률행위를 취소하지 않겠다는 의사표시이다(취소권의 포기).
④ (○) 제145조 6호
⑤ (×) 묵시적 추인도 허용된다.

◦ 정답 ⑤

18. 취소할 수 있는 법률행위의 법정추인 사유가 아닌 것은?   세무사 20년

① 전부나 일부의 이행   ② 이행의 청구   ③ 이의를 보류한 경개
④ 담보의 제공   ⑤ 강제집행

> **해설**
> ① (○) 제145조 1호.
> ② (○) 제145조 2호.
> ③ (×) 이의를 보류한 때에는 법정추인되지 않는다(제145조 단서).
> ④ (○) 제145조 4호.
> ⑤ (○) 제145조 6호.
>
> **정답** ③

19. 법률행위의 취소에 관한 설명으로 옳지 않은 것은? (다툼이 있으면 판례에 따름)   세무사 22년

① 법률행위가 취소된 경우, 제한능력자는 현존이익의 범위에서 반환의무를 진다.
② 매도인이 채무불이행을 이유로 매매계약을 해제한 후에도 매수인은 착오를 이유로 매매계약을 취소할 수 있다.
③ 취소할 수 있는 법률행위는 추인 후에는 다시 취소할 수 없다.
④ 사기에 의해 의사표시를 한 자가 추인하는 경우, 그 추인은 취소원인이 소멸한 후에 하여야 효력이 있다.
⑤ 법정추인이 되기 위해서는 취소권자가 자신에게 취소권이 있음을 알아야 한다.

> **해설**
> ① (○) 제141조 단서.
> ② (○) 매매계약을 적법하게 해제한 후라도 계약해제의 효과로서 발생하는 손해배상책임을 지거나 매매계약에 따른 계약금의 반환을 받을 수 없는 불이익을 면하기 위하여 착오를 이유로 한 취소권을 행사하여 매매계약 전체를 무효로 돌리게 할 수 있다. (대판 1996.12.6. 95다24982,24999)
> ③ (○) 취소할 수 있는 행위를 추인하면 확정적으로 유효가 되므로, 더 이상은 취소할 수 없다.
> ④ (○) 취소할 수 있는 법률행위의 추인은 취소의 원인이 소멸된 후에 하여야 한다(제144조 1항).
> ⑤ (×) 법정추인은 취소권 있음을 알았는지 여부를 묻지 않고 인정된다.
>
> **정답** ⑤

20. 법률행위의 추인에 관한 설명으로 옳지 않은 것은? (다툼이 있으면 판례에 따름) 세무사 20년

① 법률행위가 취소된 후에 취소할 수 있는 법률행위에 관한 추인으로 취소된 법률행위를 다시 확정적으로 유효하게 할 수 있다.
② 무효인 법률행위의 추인은 그 무효원인이 소멸한 후에 하여야 효력이 있다.
③ 강박에 의한 의사표시임을 이유로 취소된 법률행위를 추인하는 경우, 그 추인이 효력을 갖기 위해서는 강박 상태에서 벗어난 후에 추인하여야 한다.
④ 불공정한 법률행위에 해당하여 무효인 경우에도 무효행위의 전환에 관한 민법 규정이 적용될 수 있다.
⑤ 무효인 법률행위의 추인은 명시적인 방법뿐만 아니라 묵시적인 방법으로 할 수도 있다.

○ 해설

①(×) ②(○) ③(○) 취소한 법률행위는 처음부터 무효인 것으로 간주되므로 취소할 수 있는 법률행위가 일단 취소된 이상 그 후에는 취소할 수 있는 법률행위의 추인에 의하여 이미 취소되어 무효인 것으로 간주된 당초의 의사표시를 다시 확정적으로 유효하게 할 수는 없고, 다만 무효인 법률행위의 추인의 요건과 효력으로서 추인할 수는 있으나, 무효행위의 추인은 그 무효 원인이 소멸한 후에 하여야 그 효력이 있고, 따라서 강박에 의한 의사표시임을 이유로 일단 유효하게 취소되어 당초의 의사표시가 무효로 된 후에 추인한 경우 그 추인이 효력을 가지기 위하여는 그 무효 원인이 소멸한 후일 것을 요한다고 할 것인데, 그 무효 원인이란 바로 위 의사표시의 취소사유라 할 것이므로 결국 무효 원인이 소멸한 후란 것은 당초의 의사표시의 성립 과정에 존재하였던 취소의 원인이 종료된 후, 즉 강박 상태에서 벗어난 후라고 보아야 한다.(대판 1997.12.12. 95다38240).
④(○) 대판 2010.7.15. 2009다50308.
⑤(○) 대판 2009.9.24. 2009다37831.

○ 정답 ①

21. 법정추인이 인정되는 경우가 아닌 것은?(단, 취소권자는 추인할 수 있는 상태이며, 행위자가 취소할 수 있는 법률행위에 관하여 이의보류 없이 한 행위임을 전제함)

① 취소권자가 상대방에게 채무를 이행한 경우
② 취소권자가 상대방에게 담보를 제공한 경우
③ 상대방이 취소권자에게 이행을 청구한 경우
④ 취소할 수 있는 행위로 취득한 권리를 취소권자가 타인에게 양도한 경우
⑤ 취소권자가 상대방과 경개계약을 체결한 경우

○ 해설

③ (×) 이행의 청구(제145조 2호) 및 취소할 수 있는 행위로 취득한 권리의 전부나 일부의 양도(5호)는 취소권자측에서 한 경우에만 법정추인이 된다.

> **핵심** 취소할 수 있는 행위의 법정추인
> ① 의의 : 추인할 수 있은 후(취소의 원인이 종료한 후)에 이의의 유보 없이 일정한 사유가 있으면 법률상 당연히 추인한 것으로 보는 것(제145조).
> ② 법정추인 사유 : 전부나 일부의 이행, 이행의 청구, 경개, 담보의 제공, 취소할 수 있는 행위로 취득한 권리의 전부나 일부의 양도, 강제집행
> ③ 이행청구 및 권리의 양도는 취소권자측이 한 경우에만 법정추인된다. 나머지 사유는 상대방이 한 경우에도 법정추인된다.

○ 정답 ③

22. 2014년 5월 2일 甲은 자기 소유의 X부동산을 미성년자 乙에게 매도하는 매매계약을 체결하였다. 매매계약 당시에 乙은 법정대리인의 동의를 받지 않았으며, 2016년 3월 1일에 乙은 만 19세가 되었다. 이에 관한 설명으로 옳은 것은? (다툼이 있으면 판례에 따름) 세무사 17년

① 乙이 2019년 6월경 매매계약을 취소하더라도 이때에는 이미 취소권의 행사기간 경과로 인하여 취소권이 소멸되었으므로 취소권 행사의 효력이 발생하지 않는다.
② 2015년 3월경 甲이 乙에 대한 매매대금 지급청구권을 제3자에게 양도한 경우에는 법정추인이 되므로, 乙은 더 이상 매매계약을 취소할 수 없다.
③ 2014년 6월경 甲이 乙에게 1월 이상의 기간을 정하여 매매계약을 추인할 것인지의 확답을 촉구하였는데, 이에 대하여 乙이 확답을 발송하지 않은 경우에는 乙은 매매계약을 취소할 수 없다.
④ 甲은 乙이 추인을 하기 전에는 매매계약의 이행을 거절할 수 있다.
⑤ 매매계약 체결시에 乙이 주민등록증을 위조하여 성년자인 것처럼 속임수를 쓰고 이에 甲이 속아서 매매계약을 체결하였더라도 乙은 그 매매계약을 취소할 수 있다.

○ 해설

① (○) 취소권은 추인할 수 있는 날로부터 3년 내에 행사하여야 한다(제146조). 여기서 추인할 수 있는 날이란 취소의 원인이 종료한 때를 말하므로(대판 1997.6.27, 97다3828), 미성년자인 乙이 성년자가 된 때인 2016년 3월 1일부터 3년 내에 행사하여야 한다. 따라서 乙이 취소권을 행사한 시점인 2019년 9월은 이미 취소권이 제척기간 경과로 소멸하였으므로 취소의 효력이 발생하지 않는다.
② (×) 취소할 수 있는 법률행위로부터 취득한 권리의 양도(제145조 5호)는 취소의 원인이 종료한 후에 취소권자 측에서 하여야만 법정추인된다. 미성년자의 상대방인 甲이 양도한 경우에는 이에 해당하지 않으므로 법정추인되지 않는다.
③ (×) 제15조의 최고는 법정대리인 또는 능력자를 상대로 하여야만 효력이 있다. 2014년 6월경에는 乙이 아직 제한능력자인 상태이므로 최고의 효력이 발생하지 않는다. 따라서 乙은 여전히 취소할 수 있다.
④ (×) 취소할 수 있는 법률행위는 취소나 추인이 있기 전에도 유동적이기는 하지만 유효하다. 따라서 甲은 乙이 추인을 하기 전에도 매매계약의 이행을 거절할 수 없다. 한편, 제16조 2항의 거절권은 단독행위에 적용되는 것이므로 계약에는 적용이 없다.
⑤ (×) 제한능력자가 속임수를 써서 능력자로 믿게 한 경우에는 취소권이 배제된다(제17조 1항). 따라서 乙은 매매계약을 취소할 수 없다.

○ 정답 ①

23. 미성년자 甲은 법정대리인 丙의 동의 없이 자신의 토지를 甲이 미성년자임을 안 乙에게 매도하고 대금수령과 동시에 소유권이전등기를 해주었는데, 丙이 甲의 미성년을 이유로 계약을 적법하게 취소하였다. 다음 설명 중 틀린 것은?(다툼이 있으면 판례에 따름)

① 계약은 소급적으로 무효가 된다.
② 甲이 미성년자임을 乙이 몰랐더라도 丙은 계약을 취소할 수 있다.
③ 甲과 乙의 반환의무는 서로 동시이행관계에 있다.
④ 甲이 대금을 모두 생활비로 사용한 경우 대금 전액을 반환하여야 한다.
⑤ 만약 乙이 선의의 丁에게 매도하고 이전등기하였다면, 丙이 취소하였더라도 丁은 소유권을 취득한다.

○ 해설

① (○) 취소된 법률행위는 처음부터 무효인 것으로 본다(제141조 본문).
② (○) ⑤ (×) 제한능력을 이유로 한 취소는 절대적 무효이므로 선의의 제3자에게도 대항할 수 있다. 따라서 丁은 소유권을 취득할 수 없다.
③ (○) 취소된 계약에 의하여 당사자가 주고 받은 급부는 부당이득으로서 반환하여야 하며(제741조), 서로 동시이행의 관계에 있다.

제2절 법률행위의 취소

④ (O) 민법은 제한능력자를 보호하기 위하여 부당이득반환의 범위에 대하여 제748조에 대한 특칙을 두고 있다(제141조 단서). 즉, 제한능력자는 선의·악의를 불문하고 현존이익의 한도에서만 반환하면 된다. 생활비로 소비한 경우에는 필수적 지출을 대신한 것이므로 이익이 현존하는 것으로 본다.

정답 ⑤

필수지문 O X

법률행위의 무효

■ 무효 · 취소 개관

01 미성년자가 의사무능력 상태에서 법정대리인의 동의 없이 법률행위를 한 경우, 법정대리인은 미성년을 이유로 법률행위를 취소할 수 있다.미성년자가 의사무능력 상태에서 법정대리인의 동의 없이 법률행위를 한 경우, 법정대리인은 미성년을 이유로 법률행위를 취소할 수 있다.

> **해설** 법률행위가 무효인 경우에도 취소사유가 있으면 취소와의 경합을 긍정한다(무효·취소의 이중효). 따라서 제한능력자이면서 의사능력을 가지고 있지 않은 경우에는 무효와 취소가 경합된다.
> **정답** O

02 매도인이 매수인의 중도금지급채무 불이행을 이유로 매매계약을 적법하게 해제하면 위 매매계약은 소급적으로 그 효력을 상실하므로, 그 후 매수인이 착오를 이유로 한 취소권을 행사할 수 없다.

> **해설** 매도인이 매수인의 중도금 지급채무불이행을 이유로 매매계약을 적법하게 해제한 후라도, 매수인으로서는 상대방이 한 계약해제의 효과로서 발생하는 손해배상책임을 지거나 매매계약에 따른 계약금의 반환을 받을 수 없는 불이익을 면하기 위하여 착오를 이유로 한 취소권을 행사하여 위 매매계약 전체를 무효로 돌리게 할 수 있다. (대판 1991.8.27. 91다11308)
> **정답** X

03 무효인 법률행위는 그 법률행위가 성립한 당초부터 당연히 효력이 발생하지 않지만, 무효인 법률행위에 따른 법률효과를 침해하는 것처럼 보이는 위법행위나 채무불이행이 있다면 그로 인한 손해배상을 청구할 수 있다.

> **해설** 무효인 법률행위는 그 법률행위가 성립한 당초부터 당연히 효력이 발생하지 않는 것이므로, 무효인 법률행위에 따른 법률효과를 침해하는 것처럼 보이는 위법행위나 채무불이행이 있다고 하여도 법률효과의 침해에 따른 손해는 없는 것이므로 그 손해배상을 청구할 수는 없다. (대판 2003.3.28. 2002다72125)
> **정답** X

■ 유동적 무효 – 국토의 계획 및 이용에 관한 법률상 효력을 중심으로

04 토지거래허가구역 안의 A 토지를 허가대상이 아닌 B 토지와 교환하는 내용의 계약을 체결한 당사자는, 상대방의 귀책사유로 B 토지에 관한 소유권이전등기의무가 이행불능이 된 경우, 위 계약에 관하여 관할관청의 거래허가를 받기 전이라도 B 토지에 관한 소유권이전등기의무의 이행불능을 이유로 위 계약을 해제하고 그로 인한 손해배상을 청구할 수 있다.

> **해설** 토지거래계약의 당사자로서는 허가받기 전의 상태에서 상대방의 거래계약상 채무불이행을 이유로 거래계약을 해제하거나 그로 인한 손해배상을 청구할 수 없다. (대판 1997.7.25. 97다4357,4364)
> **정답** ×

05 유동적 무효상태에 있는 토지거래계약에 있어서 매매계약의 일방당사자가 허가신청에 이르기 전에 매매계약을 일방적으로 철회함으로써 그 매매계약이 확정적으로 무효가 되는 경우를 대비하여, 상대방에게 일정한 손해액을 배상하기로 하는 약정은 유효하게 할 수 있다.

> **해설** 협력의무의 이행을 소구○ (대판 1991.12.24. 90다12243 전원합의체), 협력의무 불이행으로 인한 손해배상청구(대판 1995.4.28. 93다26397) 및 그 손해배상액의 예정○ (대판 1997.2.28. 96다49933), 협력의무이행청구권을 보전하기 위한 목적물처분금지 가처분(대판 1998.12.22. 98다44376) 및 채권자대위권의 행사○ (대판 1994.12.27. 94다4806),
> **정답** ○

06 유동적 무효의 상태에 있는 거래계약의 당사자라도 상대방이 그 거래계약의 효력이 완성되도록 협력할 의무를 이행하지 아니하였음을 들어 일방적으로 유동적 무효의 상태에 있는 거래계약 자체를 해제할 수는 없다.

> **해설** 협력의무 불이행을 이유로 한 계약해제× (대판 1999.6.17. 98다40459).
> **정답** ○

07 토지거래허가 전의 매매계약의 매수인이 매도인에 대한 토지거래허가 신청절차 협력청구권을 피보전권리로 하여 매매목적 토지의 처분을 금하는 가처분을 신청할 수 없다

> **해설** 허가를 받을 것을 전제로 하여 체결된 매매계약의 ⅰ) 매수인은 비록 그 매매계약이 허가를 받을 때까지는 법률상 미완성의 법률행위로서 소유권의 이전에 관한 계약의 효력이 전혀 발생하지 아니한다고 할지라도 토지거래허가신청절차청구권을 피보전권리로 하여 매매목적물의 처분을 금하는 가처분을 구할 수 있고, ⅱ) 이러한 가처분이 집행된 후에 진행된 강제경매절차에서

당해 토지를 낙찰 받은 제3자는 특별한 사정이 없는 한 이로써 가처분채권자인 매수인의 권리보전에 대항할 수 없다. (대판 1998.12.22. 98다44376)
정답 ×

08 토지거래허가를 받지 않은 매매계약상의 매수인이 매도인에 대해 토지거래허가 신청절차에 협력할 의무의 이행을 청구하는 경우, 매도인은 매매대금지급 의무이행의 제공이 있을 때까지 그 협력의무의 이행을 거절할 수 있다.

해설 매도인의 토지거래계약허가 신청절차에 협력할 의무와 매수인이 이행하여야 할 매매대금 지급의무 사이에는 이행상의 견련성이 없으므로(즉, 동시이행관계 아니므로), 매도인으로서는 그러한 의무이행의 제공이 있을 때까지 그 협력의무의 이행을 거절할 수 없다. (대판 1996.10.25. 96다23825)
정답 ×

09 토지거래허가구역에서 허가를 받을 것을 전제로 한 매매계약이 확정적으로 무효가 되기 전이라면 매수인이 임의로 지급한 계약금 등은 부당이득으로서 반환을 구할 수 없다.

해설 토지거래 허가를 받지 않은 토지거래계약의 경우에도 계약금 계약은 유효하므로, 유동적 무효상태에서 계약금의 부당이득반환청구는 인정되지 않는다 (대판 1993.7.27. 91다33766)
정답 ○

10 매매대상 토지가 「국토의 계획 및 이용에 관한 법률」에 따른 토지거래허가대상이라면 그 토지거래허가를 받지 않은 상태에서도 매도인은 계약금의 배액을 상환하고 계약을 해제할 수 있다.

해설 국토이용관리법상의 토지거래허가를 받지 않아 유동적 무효 상태인 매매계약에 있어서도 당사자 사이의 매매계약은 매도인이 계약금의 배액을 상환하고 계약을 해제함으로써 적법하게 해제된다. (대판 1997.6.27. 97다9369)
정답 ○

11 甲은 토지거래허가구역 내에 있는 X토지에 대하여 乙과 매매계약을 체결하였는데, 매매계약이 乙의 사기에 의해 체결된 경우, 甲은 토지거래허가를 신청하기 전에 사기를 이유로 계약을 취소함으로써 허가신청절차의 협력의무를 면할 수 있다.

해설 토지거래 허가를 받기 전이라고 하더라도 기타 다른 무효 등의 원인이 있으면 그에 의하여 법률관계가 확정될 수 있다. 예컨대 ⅰ) 허가 전에 이행불능이 된 경우, ⅱ) 허가 전에 정지조건의 불성취가 확정된 경우(매도인이 농지전용을 해주는 조건으로 허가구역내에서 매매를 했으나, 농지전용허가를 받을 수 없는 경우), ⅲ) 기타 의사표시 규정(제107조~제110조) 등에 따라 그 효과가 확정될 수 있다.
정답 ○

12 甲과 乙이 2012. 9. 30.까지 토지거래허가를 받기로 하고, 그때까지 허가를 받지 못하면 계약해제 절차를 밟지 않더라도 매매계약을 무효로 한다는 특약을 한 경우, 그 약정 기간이 경과하기만 하면 계약은 확정적으로 무효가 된다.

> **해설** 매매계약 체결 당시 일정한 기간 안에 토지거래허가를 받기로 약정하였다고 하더라도, 그 약정된 기간 내에 토지거래허가를 받지 못할 경우 계약해제 등의 절차 없이 곧바로 매매계약을 무효로 하기로 약정한 취지라는 등의 특별한 사정이 없는 한, 이는 쌍무계약에서 이행기를 정한 것과 달리 볼 것이 아니므로 약정기간이 경과하였다는 사정만으로 곧바로 매매계약이 확정적으로 무효가 된다고 할 수 없다. (대판 2009.4.23. 2008다50615)   **정답** O

13 토지거래 허가구역 내의 토지와 그 지상 건물을 일괄하여 매매한 경우, 매수인은 특별한 사정이 없는 한 토지에 대한 매매허가가 있기 전에 건물만의 소유권이전등기를 청구할 수 있다.

> **해설** 국토이용관리법상의 규제구역 내의 토지와 건물을 일괄하여 매매한 경우 일반적으로 토지와 그 지상의 건물은 법률적인 운명을 같이하는 것이 거래의 관행이고, 당사자의 의사나 경제의 관념에도 합치되는 것이므로, 토지에 관한 거래허가가 없으면 건물만이라도 매매하였을 것이라고 볼 수 있는 특별한 사정이 인정되는 경우에 한하여 토지에 대한 매매거래허가가 있기 전에 건물만의 소유권이전등기를 명할 수 있다고 보아야 할 것이고, 그렇지 않은 경우에는 토지에 대한 거래허가가 있어 그 매매계약의 전부가 유효한 것으로 확정된 후에 토지와 함께 이전등기를 명하는 것이 옳다. (대판 1992.10.13. 92다16836)   **정답** ×

■ 무효의 효과 및 무효의 재생 (3형제)

14 약관의 일부 조항이 신의칙에 반하여 무효인 때에는 법률행위의 일부가 무효인 경우에 해당하여 약관의 전부를 무효로 한다.

> **해설** 약관의규제에관한법률(제16조)은 전부무효가 아니라 일부무효(잔존부분 유효)를 원칙으로 한다.   **정답** ×

15 복수의 당사자가 중간생략등기의 합의를 한 경우, 그 합의는 전체로서 일체성을 가지며, 그 중 한 당사자의 의사표시가 무효일 경우 나머지 당사자 사이의 합의의 유효성은 민법의 일부무효의 법리에 의하여 결정한다.

> **해설** 복수의 당사자 사이에 어떠한 합의를 한 경우 그 합의는 전체로서 일체성을 가지는 것이므로, 그 중 한 당사자의 의사표시가 무효인 것으로 판명된 경우 나머지 당사자 사이의 합의가 유

효한지의 여부는 제137조에 정한 바에 따라 당사자가 그 무효 부분이 없더라도 법률행위를 하였을 것이라고 인정되는지의 여부에 의하여 판정되어야 하고, 그 당사자의 의사는 실재하는 의사가 아니라 법률행위의 일부분이 무효임을 법률행위 당시에 알았다면 당사자 쌍방이 이에 대비하여 의욕하였을 가정적 의사를 말하는 것이지만, 한편 그와 같은 경우에 있어서 나머지 당사자들이 처음부터 한 당사자의 의사표시가 무효가 되더라도 자신들은 약정내용대로 이행하기로 하였다면 무효가 되는 부분을 제외한 나머지 부분만을 유효로 하겠다는 것이 당사자의 의사라고 보아야 할 것이므로, 그 당사자들 사이에서는 가정적 의사가 무엇인지 가릴 것 없이 무효 부분을 제외한 나머지 부분은 그대로 유효하다. (대판 2010.3.25. 2009다41465) ○ 정답 O

16 당사자가 이전의 법률행위가 존재함을 알고 그 유효함을 전제로 하여 이에 터 잡은 후속행위를 한 경우에는 이전의 법률행위를 묵시적으로 추인하였다고 보아야 한다.

○ 해설 당사자가 이전의 법률행위가 존재함을 알고 그 유효함을 전제로 하여 이에 터 잡은 후속행위를 하였다고 해서 그것만으로 이전의 법률행위를 묵시적으로 추인하였다고 단정할 수는 없다. (대판 2014.3.27. 2012다106607) ○ 정답 ×

17 불공정한 법률행위는 피해자가 그 무효임을 알고 추인한 때에는 그 때로부터 유효한 법률행위가 된다.

○ 해설 반사회적 법률행위 또는 불공정한 법률행위로서 무효인 경우에는 추인에 의하여 무효인 법률행위가 유효로 될 수 없다. (대판 1994.6.24. 94다10900) ○ 정답 ×

18 무효인 가등기를 유효한 등기로 전용하기로 한 약정은 그때부터 유효하고, 이로써 그 가등기가 소급하여 유효한 등기로 전환될 수 없다.

○ 해설 무효인 법률행위는 당사자가 무효임을 알고 추인할 경우 새로운 법률행위를 한 것으로 간주할 뿐이고 소급효가 없는 것이므로 무효인 가등기를 유효한 등기로 전용키로 한 약정은 그때부터 유효하고 이로써 위 가등기가 소급하여 유효한 등기로 전환될 수 없다. (대판 1992.5.12. 91다26546) ○ 정답 O

19 허위표시는 당사자간의 합의에 의하여 추인의 효과를 당사자 사이에서만 소급하여 행위시부터 유효한 것으로 할 수도 있다.

○ 해설 허위표시는 당사자간의 합의에 의하여 추인의 효과를 당사자 사이에서만 소급하여 행위시부터 유효한 것으로 할 수도 있다.(대판 1949.3.22. 4281민상361) ○ 정답 O

법률행위의 취소

20 임의대리인은 취소권 행사에 대한 수권이 없더라도 당연히 취소할 수 있다.

　○해설　대리행위에 취소사유가 있는 경우, 그 취소권은 본인에게 귀속된다. 따라서 ⅰ) 임의대리인은 별도의 특별수권을 받아야만 취소권자가 될 수 있다. 반면에 ⅱ) 법정대리인은 고유의 취소권자이다.　○정답　×

21 甲으로부터 부동산의 매각을 위임받은 대리인 乙이 丙의 기망에 의하여 丙과 매매계약을 체결한 경우, 취소권에 대한 특별수권 여부에 관계없이 乙은 甲의 대리인으로서 위 매매계약을 취소할 수 있다.

　○해설　임의대리인(乙)은 별도의 특별수권을 받아야만 취소권자가 될 수 있다.
　○정답　×

22 미성년자 A가 자신의 물건을 법정대리인의 동의 없이 B에게 매도하고 B는 다시 C에게 매도하였다. A가 매매계약을 취소하려면 그 의사표시는 C에 대하여 하여야 한다.

　○해설　취소권은 형성권이므로 취소권자의 법률행위의 상대방(B)에 대하여 일방적 의사표시로 하며, 명시적·묵시적 의사표시로도 가능하다.　○정답　×

23 법률행위의 취소를 전제로 한 소송상의 이행청구나 이를 전제로 한 이행거절에는 취소의 의사표시가 포함되어 있다고 볼 수 있다.

　○해설　법률행위의 취소를 당연한 전제로 한 소송상의 이행청구나 이를 전제로 한 이행거절 가운데는 취소의 의사표시가 포함되어 있다고 볼 수 있다. (대판 1993.9.14. 93다13162)
　○정답　○

24 제한능력을 이유로 법률행위를 취소하는 경우, 악의의 제한능력자는 그 행위로 인하여 받은 이익 전부를 상환하여야 한다.

　○해설　취소된 법률행위는 처음부터 무효인 것으로 본다. 다만, 제한능력자는 그 행위로 인하여 받은 이익이 현존하는 한도에서 상환할 책임이 있다(제141조 단서).　○정답　×

25 법률행위의 취소는 취소의 원인이 종료한 후에 하지 않으면 효력이 없다.

> **해설** 법률행위의 취소는 취소의 원인이 종료하였는지의 여부와 관계없이 할 수 있다. 그러나 추인은 취소원인이 종료한 후에 하여야 한다. 따라서 제한능력자는 능력자로 된 후에야, 착오·사기·강박의 상태에 있던 자는 그 상태를 벗어난 후에야 추인할 수 있다(제144조 1항). 취소원인이 종료되기 전에 한 추인은 효력이 없다. 다만, 법정대리인은 취소원인의 종료되기 전이라도 추인할 수 있다(제144조 2항).
>
> **정답** ×

26 취소의 원인이 종료되지 않았다고 하더라도 법정대리인은 추인할 수 있다.

> **해설** 법정대리인은 취소원인의 종료되기 전이라도 추인할 수 있다(제144조 2항).
>
> **정답** ○

27 취소할 수 있는 법률행위는 취소한 후에는 무효행위의 추인요건을 갖추더라도 다시 추인할 수 없다.

> **해설** 취소한 법률행위는 처음부터 무효로 되므로, 취소된 이상 취소할 수 있는 법률행위의 추인을 할 수는 없고, 다만 무효행위의 추인의 요건과 효력으로서 추인할 수는 있으나, 그 무효 원인이 소멸한 후에 하여야 한다. (대판 1997.12.12. 95다38240)
>
> **정답** ×

28 취소할 수 있는 법률행위로 취득한 권리를 취소권자의 상대방이 제3자에게 양도한 경우, 법정추인이 되지 않는다.

> **해설** 법정추인이 된다(제145조 5호).
>
> **정답** ○

29 사기의 사실을 안 취소권자가 취소할 수 있는 법률행위를 근거로 해서 상대방(채권자)으로부터 강제집행을 받은 경우, 법정추인사유에 해당한다.

> **해설** 제145조 6호
>
> **정답** ○

30 제한능력자로부터 부동산을 매수한 자가 목적물의 인도청구권을 양도한 경우에는 법정추인사유에 해당한다.

○ 해설 취소할 수 있는 행위로 취득한 권리의 전부나 일부의 양도는 취소권자가 양도하는 경우에 한하여 법정추인이 된다(제한적 권리를 설정하는 경우도 포함).　　　　　　　　　　○ 정답 ×

31 취소권의 행사의 결과로 발생하는 부당이득반환청구권은 그 취소권의 행사기간 내에 행사하여야 한다.

○ 해설 취소의 효과로 발생하는 부당이득반환청구권의 행사도 제146조의 취소권의 제척기간 내에 행사되어야 하는지 문제된다. 판례는 형성권의 행사로 발생하는 청구권은 형성권을 행사한 때로부터 따로이 소멸시효가 진행한다고 본다(대판 1991.2.22. 90다13420).　　○ 정답 ×

Chapter 08
법률행위의 조건·기한

Chapter 08 법률행위의 조건·기한

제1절 조 건

01. 법률행위의 부관인 조건에 관한 설명으로 옳은 것은? (다툼이 있으면 판례에 따름) *세무사 23년*

① 특정의 제3자가 사망하면 증여를 하겠다는 계약은 정지조건부 계약이다.
② 유언은 유언자의 사망을 정지조건으로 하는 법률행위이다.
③ 물권행위는 조건에 친하지 않은 법률행위이다.
④ 정지조건이든 해제조건이든 그 성취의 효과는 특별한 사정이 없는 한 소급하지 않는다.
⑤ 조건의 성취로 불이익을 받을 자가 과실로 신의성실에 반하여 조건의 성취를 방해한 때에는 조건의 성취가 의제될 여지가 없다.

○ 해설

① (×) 조건은 법률행위 효력의 발생 또는 소멸을 장래의 불확실한 사실의 성부에 의존하게 하는 법률행위의 부관이다. 그런데 '사람의 사망'이라는 사실은 장래에 확실히 도래하는 사실이므로 조건이 아니라, (불확정)기한에 해당한다.

② (×) 유언은 유언자가 사망한 때에 효력을 발생한다는 점에서 '정지조건'과 유사하지만, 당사자의 법률행위로(임의로) 붙인 부관이 아니라 법정조건에 불과하다. 법정조건은 부관(조건 등)으로 보지 않는다.

③ (×) 물권행위에도 조건을 붙일 수 있다. 예컨대 할부매매에서 소유권유보특약은 '매매대금의 완납'을 정지조건으로 하는 물권행위로 본다(정지조건부 소유권이전설).

④ (○) 정지조건 있는 법률행위는 조건이 성취한 때로부터 그 효력이 생긴다(제147조 1항). 해제조건 있는 법률행위는 조건이 성취한 때로부터 그 효력을 잃는다(동조 2항). 즉 조건성취의 효과는 반대의 특약이 없는 한 '조건이 성취한 때로부터' 장래를 향하여 효력을 가진다(원칙적 장래효).

⑤ (×) 조건의 성취로 인하여 불이익을 받을 당사자가 신의성실에 반하여 조건의 성취를 방해한 때에는 상대방은 그 조건이 성취한 것으로 주장할 수 있다(제150조 1항).

○ 정답 ④

02. 법률행위의 조건에 관한 설명으로 옳은 것은? <small>세무사 17년</small>

① 불법조건이 붙어 있는 경우 그 조건만 무효로 되고 그 법률행위의 전부가 무효로 되는 것은 아니다.
② 기성조건이 해제조건이라면 그 법률행위가 무효이다.
③ 불능조건이 정지조건이라면 그 법률행위는 조건 없는 법률행위이다.
④ 가족법상 법률행위에도 조건을 자유롭게 붙일 수 있다.
⑤ 조건부 권리의 경우 아직 조건이 성취되기 전에는 처분할 수 없다.

○ 해설

① (×) 조건이 선량한 풍속 기타 사회질서에 위반한 것인 때에는 그 법률행위 전체가 무효로 된다(제151조 1항).
② (○) 제151조 2항
③ (×) 불능조건이 정지조건이라면 그 법률행위가 무효이다(제151조 3항).
④ (×) 가족법상 행위인 신분행위 즉, 혼인·인지·이혼·입양·인지 등에는 조건을 붙일 수 없다. 다만, 유언과 약혼에는 조건을 붙일 수 있다.
⑤ (×) 조건부 권리도 일반규정에 의하여 처분, 상속, 보존 또는 담보로 할 수 있다(제149조).

○ 정답 ②

03. 법률행위의 조건과 기한에 관한 설명으로 옳은 것은?

① 정지조건 있는 법률행위는 조건이 성취한 때로부터 그 효력을 잃는다.
② 기한은 채권자의 이익을 위한 것으로 추정하며, 기한의 이익은 포기할 수 있다.
③ 기한의 도래가 미정한 권리의무는 일반규정에 의하여 처분하거나 담보로 할 수 없다.
④ 조건이 법률행위 당시 이미 성취한 것인 경우, 그 조건이 해제조건이면 그 법률행위는 무효로 한다.
⑤ 당사자가 조건성취의 효력을 그 성취 전에 소급하게 할 의사를 표시한 경우에도 그 효력은 조건이 성취된 때부터 발생한다.

○ 해설

① (×) 정지조건 있는 법률행위는 조건이 성취한 때로부터 그 효력이 생긴다(제147조 1항).
② (×) 기한은 채무자의 이익을 위한 것으로 추정한다. 기한의 이익은 포기할 수 있으나 상대방의 이익을 해하지 못한다(제153조).
③ (×) 기한의 도래가 미정한 권리의무는 일반규정에 의하여 처분, 상속, 보존 또는 담보로 할 수 있다(제154조).
④ (○) 조건이 법률행위의 당시 이미 성취한 것인 경우에는 그 조건이 정지조건이면 조건 없는 법률행위로 하고, 해제조건이면 그 법률행위는 무효로 한다(제151조).

핵심	가장조건의 효과	
	기성조건	불능조건
정지조건	조건 없는 법률행위	무효
해제조건	무효	조건 없는 법률행위

⑤ (×) 조건성취의 효력은 소급하지 않고 조건이 성취한 때로부터 장래를 향하여 발생한다(제147조 1항·제2항). 다만, 제3자의 권리를 해하지 않는 범위에서 당사자의 의사표시로 소급효를 인정할 수는 있다(제147조 3항).

○ 정답 ④

04. 조건에 관한 설명으로 옳지 않은 것은? (다툼이 있으면 판례에 따름) 세무사 21년

① 조건부 권리는 특별한 사정이 없는 한 그 조건이 성취되기 전이라도 처분할 수 있다.
② 법률행위에 불법조건이 붙은 경우에는 그 조건뿐 아니라 법률행위도 무효이다.
③ 다른 의사표시가 없는 한 조건 성취의 효과는 조건이 성취한 때부터 발생한다.
④ 조건이 법률행위의 당시에 이미 성취할 수 없는 것인 경우에는 그 조건이 해제조건이면 무효로 하고 정지조건이면 조건 없는 법률행위로 한다.
⑤ 조건이 법률행위의 당시에 이미 성취한 것인 경우에는 그 조건이 정지조건이면 조건 없는 법률행위로 하고 해제조건이면 그 법률행위는 무효로 한다.

○ 해설

① (○) 제149조.
② (○) 제151조 1항.
③ (○) 제147조 1항, 2항.
④ (×) 조건이 법률행위의 당시에 이미 성취할 수 없는 것인 경우(불능조건)에는 그 조건이 **해제조건이면 조건없는 법률행위로 하고 정지조건이면** 그 법률행위는 무효로 한다(제151조 3항).
⑤ (○) 제151조 2항.

○ 정답 ④

제2절 기 한

05. 조건과 기한에 관한 설명으로 옳지 않은 것은? (다툼이 있으면 판례에 따름) 세무사 19년

① 조건은 법률행위 효력의 발생 또는 소멸을 장래의 불확실한 사실의 성부에 의존하게 하는 법률행위의 부관이다.
② 장래의 사실이더라도 그것이 장래 반드시 실현되는 사실이면 실현되는 시기가 비록 확정되지 않더라도 이는 기한으로 보아야 한다.
③ 법률행위에 붙은 부관이 조건인지 기한인지가 불명확한 경우 법률행위의 해석을 통해서 이를 결정해야 한다.
④ 부관에 표시된 사실이 발생하지 않으면 채무를 이행하지 않아도 된다고 보는 것이 합리적인 경우에는 조건으로 보아야 한다.
⑤ 조건이 법률행위의 당시 이미 성취한 것인 경우에는 그 조건이 해제조건이면 조건 없는 법률행위로 하고 정지조건이면 그 법률행위는 무효로 한다.

○ 해설

① (○), ② (○), ③ (○), ④ (○) 조건은 법률행위 효력의 발생 또는 소멸을 장래의 불확실한 사실의 성부에 의존하게 하는 법률행위의 부관이다. 반면 장래의 사실이더라도 그것이 장래 반드시 실현되는 사실이면 실현되는 시기가 비록 확정되지 않더라도 이는 기한으로 보아야 한다. 법률행위에 붙은 부관이 조건인지 기한인지가 명확하지 않은 경우 법률행위의 해석을 통해서 이를 결정해야 한다. 부관에 표시된 사실이 발생하지 않으면 채무를 이행하지 않아도 된다고 보는 것이 합리적인 경우에는 조건으로 보아야 한다. 그러나 부관에 표시된 사실이 발생한 때에는 물론이고 반대로 발생하지 않는 것이 확정된 때에도 채무를 이행하여야 한다고 보는 것이 합리적인 경우에는 표시된 사실의 발생 여부가 확정되는 것을 불확정기한으로 정한 것으로 보아야 한다(대판 2018.6.28. 2018다201702).
⑤ (×) 제151조 2항.

○ 정답 ⑤

06. 기한에 관한 설명으로 옳지 않은 것은? (다툼이 있으면 판례에 따름) 세무사 21년

① 기한은 법률행위 효력의 발생 및 소멸을 장래 발생할 것이 확실한 사실에 의존시키는 법률행위의 부관이다.
② 장래 반드시 실현되는 사실이면 그 실현시기가 비록 확정되지 않더라도 기한이다.
③ 부관에 표시된 사실이 발생한 때에는 물론이고 반대로 발생하지 않은 것이 확정된 때 에도 채무를 이행해야 한다고 보는 것이 합리적인 경우에 그 사실은 정지조건으로 보아야 한다.

④ 기한부 권리는 특별한 사정이 없는 한 담보로 할 수 있다.
⑤ 기한은 채무자의 이익을 위한 것으로 추정한다.

○ 해설

① (○), ② (○) 조건은 법률행위 효력의 발생 또는 소멸을 장래의 불확실한 사실의 성부에 의존하게 하는 법률행위의 부관이다. 반면 장래의 사실이더라도 그것이 장래 반드시 실현되는 사실이면 실현되는 시기가 비록 확정되지 않더라도 이는 기한으로 보아야 한다(대판 2018. 6.28, 2018다201702).

③ (×) 부관에 표시된 사실이 발생하지 않으면 채무를 이행하지 않아도 된다고 보는 것이 합리적인 경우에는 조건으로 보아야 한다. 그러나 부관에 표시된 사실이 발생한 때에는 물론이고 반대로 발생하지 않는 것이 확정된 때에도 채무를 이행하여야 한다고 보는 것이 합리적인 경우에는 표시된 사실의 발생 여부가 확정되는 것을 불확정기한으로 정한 것으로 보아야 한다(대판 2018. 6.28, 2018다201702).

④ (○) 제154조, 제149조.

⑤ (○) 제153조 1항.

○ 정답 ③

07. 기한에 관한 설명으로 옳지 않은 것은? (다툼이 있으면 판례에 따름) 세무사 19년

① 기한부 권리는 기한이 도래하기 전에 처분, 상속, 보존 또는 담보로 할 수 있다.
② 기한은 채무자의 이익을 위한 것으로 추정한다.
③ 기한에는 소급효가 없으나 당사자의 약정에 의해 소급효를 인정할 수 있다.
④ 기한의 이익은 포기할 수 있다.
⑤ 어음에는 시기를 붙일 수 있다.

○ 해설

① (○) 제154조, 제149조.

② (○) 제153조 1항.

③ (×) 기한은 그것이 도래한 때로부터 법률행위 효력이 생기거나 잃게 되는 것이 그 본질이므로(제152조), 당사자의 특약에 의해서도 소급효를 인정할 수는 없다.

④ (○) 제153조 2항 본문.

⑤ (○) 어음행위에는 조건을 붙일 수 없으나 시기(이행기)는 붙일 수 있다.

○ 정답 ③

08. 기한의 이익에 관한 설명으로 옳은 것은? 세무사 17년

① 기한의 이익은 원칙적으로 채권자의 이익을 위한 것으로 추정한다.
② 무이자 소비대차의 경우, 채권자가 기한의 이익을 가진다.
③ 이자부 소비대차의 경우, 채무자가 기한의 이익을 가지고 채권자는 기한의 이익을 가지지 못한다.
④ 기한의 이익을 가지는 자는 기한이 도래하기 전에는 그 이익을 포기하지 못한다.
⑤ 기한의 이익을 가지는 자가 그 이익을 포기하는 경우, 그로 말미암아 상대방에게 손해를 준 경우에는 그 손해를 배상하여야 한다.

> **○ 해설**
>
> ① (×) 기한은 <u>채무자의 이익</u>을 위한 것으로 추정한다(제153조 1항).
> ② (×) 무이자 소비대차의 경우, 채무자가 기한의 이익을 가진다.
> ③ (×) 이자부 소비대차의 경우, 채무자와 채권자가 모두 기한의 이익을 가진다. 이자부 소비대차에서의 반환기도래시까지 대주는 이자를 취득할 수 있는 권리를 가지며, 차주는 반환청구를 당하지 않을 이익을 서로 가진다.
> ④ (×) ⑤ (○) 기한의 이익은 포기할 수 있다. 다만 상대방의 이익을 해하지 못하므로(제153조 2항), 상대방에게 손해를 준 경우에는 손해를 배상하여야 한다.
>
> **○ 정답** ⑤

09. 기한의 이익에 관한 설명으로 옳지 않은 것은? (다툼이 있으면 판례에 따름) 세무사 19년

① 기한의 이익이 채권자와 채무자 모두에게 있는 경우, 채무자는 채권자에게 손해를 배상하고 기한 전에 변제할 수 있다.
② 일정한 사유가 발생하면 채권자의 청구 등을 요함이 없이 당연히 기한의 이익이 상실되어 이행기가 도래하는 것으로 하는 특약은 정지조건부 기한이익 상실의 특약이다.
③ 일정한 사유가 발생한 후 채권자의 통지나 청구 등 채권자의 의사행위를 기다려 비로소 이행기가 도래하는 것으로 하는 특약은 형성권적 기한이익 상실의 특약이다.
④ 기한이익 상실의 특약이 정지조건부 기한이익 상실의 특약과 형성권적 기한이익 상실의 특약 중 어느 것에 해당하느냐는 당사자의 의사해석의 문제이다.
⑤ 일반적으로 기한이익 상실의 특약이 명백히 형성권적 기한이익 상실의 특약이라고 볼 만한 특별한 사정이 없는 이상 정지조건부 기한이익 상실의 특약으로 추정하는 것이 타당하다.

○ 해설

① (○) 채권자와 채무자 모두에게 기한의 이익이 있는 경우, 채무자의 기한 전 변제의 법리는 다음과 같다. 우선 채무자는 자신이 가진 기한의 이익을 포기하여(제153조 참조) 변제기 전에 변제할 수 있다(제468조 본문). 그런데 이 경우 채권자가 가진 기한의 이익이 침해되기 때문에, 채무자는 채권자의 그 손해에 대해서는 배상하여야 한다(제468조 단서). 즉 채무자는 채권자에게 손해를 배상하고 변제기 전에 변제할 수 있는 것이다.

② (○), ③ (○), ④ (○), ⑤ (×) 기한이익 상실의 특약은 그 내용에 의하여 일정한 사유가 발생하면 채권자의 청구 등을 요함이 없이 당연히 기한의 이익이 상실되어 이행기가 도래하는 것으로 하는 <u>정지조건부 기한이익 상실의 특약</u>과 일정한 사유가 발생한 후 채권자의 통지나 청구 등 채권자의 의사행위를 기다려 비로소 이행기가 도래하는 것으로 하는 <u>형성권적 기한이익 상실의 특약</u>의 두 가지로 대별할 수 있고, <u>기한이익 상실의 특약이 위의 양자 중 어느 것에 해당하느냐는 당사자의 의사해석의 문제이지만 일반적으로 기한이익 상실의 특약이 채권자를 위하여 둔 것인 점에 비추어 명백히 정지조건부 기한이익 상실의 특약이라고 볼 만한 특별한 사정이 없는 이상 형성권적 기한이익 상실의 특약으로 추정하는 것이 타당하다</u>(대판 2002.9.4. 2002다28340).

○ 정답 ⑤

10. 기한부 법률행위에 관한 설명으로 옳은 것은? (다툼이 있으면 판례에 따름)　세무사 22년

① 기한은 원칙적으로 채권자의 이익을 위한 것으로 추정한다.
② 불확정한 사실이 발생한 때를 이행기한으로 정한 경우, 그 사실의 발생이 불가능하게 되었다면 기한은 도래하지 않은 것으로 보아야 한다.
③ 기한부 법률행위의 당사자는 기한의 도래로 인하여 생길 상대방의 이익을 해하지 못한다.
④ 어음·수표행위에 시기(始期)를 붙이는 것은 원칙적으로 허용되지 않는다.
⑤ 형성권적 기한이익 상실의 특약이 있는 경우, 채무자는 기한이익의 상실사유의 발생으로 즉시 기한의 이익을 상실한다.

○ 해설

① (×) 기한은 <u>채무자의 이익</u>을 위한 것으로 추정한다(제153조 1항).
② (×) 당사자가 불확정한 사실이 발생한 때를 이행기한으로 정한 경우에는 <u>그 사실이 발생한 때는 물론 그 사실의 발생이 불가능하게 된 때에도 이행기한은 도래한 것으로 보아야 한다</u>. (대판 2002.3.29. 2001다41766)
③ (○) 제153조 2항.
④ (×) 어음·수표행위에는 <u>조건을 붙일 수 없다</u>. 다만 어음보증에는 조건을 붙일 수 있다(대판 1986.3.11. 85다카1600). 한편 기한을 붙이는 것은 가능하다.

⑤ (×) 기한이익 상실의 특약은 그 내용에 의하여 일정한 사유가 발생하면 채권자의 청구 등을 요함이 없이 당연히 기한의 이익이 상실되어 이행기가 도래하는 것으로 하는 정지조건부 기한이익 상실의 특약과 일정한 사유가 발생한 후 채권자의 통지나 청구 등 채권자의 의사행위를 기다려 비로소 이행기가 도래하는 것으로 하는 형성권적 기한이익 상실의 특약의 두 가지로 대별할 수 있고, 특별한 사정이 없는 이상 형성권적 기한이익 상실의 특약으로 추정한다(대판 2002.9.4. 2002다28340).

○ 정답 ③

11. 기한에 관한 설명으로 옳지 않은 것은? (다툼이 있으면 판례에 따름)   세무사 23년

① 부관에 표시된 사실이 발생하지 않는 것으로 확정된 때에도 채무를 이행해야 한다고 인정되면 그 사실은 조건이 아니라 불확정기한이다.
② 기한의 이익은 채무자에게 있는 것으로 추정된다.
③ 이자부소비대차에서 채무자는 상대방의 손해를 배상하고 기한 전에 변제할 수 있다.
④ 당사자간에 체결된 기한이익 상실 특약은 특별한 사정이 없는 한 형성권적 기한이익 상실의 특약으로 추정된다.
⑤ 형성권적 기한이익상실의 특약이 있는 할부채무의 경우 그 요건이 충족되면 채권자의 의사표시를 기다리지 않고 곧바로 채권 전액에 대해 소멸시효가 진행한다.

○ 해설

① (○) 부관에 표시된 사실이 발생한 때에는 물론이고 반대로 발생하지 않는 것이 확정된 때에도 채무를 이행하여야 한다고 보는 것이 합리적인 경우에는 표시된 사실의 발생 여부가 확정되는 것을 불확정기한으로 정한 것으로 보아야 한다(대판 2018.6.28. 2018다201702).
② (○) 제153조 1항.
③ (○) 기한의 이익은 이를 포기할 수 있으나(제153조 2항 본문), 상대방의 이익을 해하지 못한다(동항 단서). 이자부소비대차는 채권자와 채무자 모두 기한의 이익을 가지므로, 채무자는 채권자의 손해를 배상하고 기한의 이익을 포기할 수 있다.
④ (○) 기한이익 상실의 특약은 그 내용에 의하여 일정한 사유가 발생하면 채권자의 청구 등을 요함이 없이 당연히 기한의 이익이 상실되어 이행기가 도래하는 것으로 하는 정지조건부 기한이익 상실의 특약과 일정한 사유가 발생한 후 채권자의 통지나 청구 등 채권자의 의사행위를 기다려 비로소 이행기가 도래하는 것으로 하는 형성권적 기한이익 상실의 특약의 두 가지로 대별할 수 있고, 특별한 사정이 없는 이상 형성권적 기한이익 상실의 특약으로 추정한다(대판 2002.9.4. 2002다28340).
⑤ (×) 형성권적 기한이익 상실의 특약이 있는 할부채무에 있어서는 1회의 불이행이 있더라도 각 할부금에 대해 그 각 변제기의 도래시마다 그 때부터 순차로 소멸시효가 진행하고 채권자가 특히 잔존 채무 전액의 변제를 구하는 취지의 의사를 표시한 경우에 한하여 전액에 대하여 그 때부터 소멸시효가 진행한다. (대판 2002.9.4. 2002다28340)

○ 정답 ⑤

12. 민법상 조건에 관한 설명으로 옳지 않은 것은? (다툼이 있으면 판례에 따름) 세무사 20년

① 조건의사가 있더라도 외부에 표시되지 않는 이상 이는 법률행위의 동기에 불과하다.
② 불능조건이 정지조건이면, 그 법률행위는 무효이다.
③ 현상광고에 정한 지정행위의 완료에 조건을 붙일 수 있다.
④ 조건부 권리는 조건이 성취되기 전까지 담보로 제공될 수 없다.
⑤ 조건을 붙이는 것이 허용되지 않는 법률행위에 조건을 붙인 경우, 그 법률행위 전부가 무효이다.

○ 해설

① (○) 조건의사가 있더라도 외부에 표시되지 않는 이상 이는 법률행위의 동기에 불과하므로, 법률행위의 부관으로서의 조건이 되는 것은 아니다(대판 2003.5.13. 2003다10797).
② (○) 제151조 3항.
③ (○) 제675조 참조. 경찰이 탈옥수를 수배하면서 '제보로 검거되었을 때에 현상금을 지급한다.'는 내용의 현상광고를 한 경우, 현상광고의 **지정행위**는 '탈옥수의 소재를 경찰에 제보하는 것'이고 '탈옥수가 검거되었을 때'는 지정행위의 완료에 **조건을 붙인** 것으로서 유효하다(대판 2000.8.22. 2000다3675).
④ (×) 조건의 성취가 미정한 권리의무도 일반규정에 의하여 처분, 상속, 보존 또는 담보로 할 수 있다(제149조).
⑤ (○) 조건부 법률행위에 있어 조건의 내용 자체가 불법적인 것이어서 무효일 경우 또는 조건을 붙이는 것이 허용되지 아니하는 법률행위에 조건을 붙인 경우 그 조건만을 분리하여 무효로 할 수는 없고 그 법률행위 전부가 무효로 된다(대결 2005.11.8. 2005마541).

○ 정답 ④

13. 조건부 법률행위에 관한 설명으로 옳지 않은 것은? (다툼이 있으면 판례에 따름) 세무사 22년

① 조건의 경우에도 의사표시의 일반원칙에 따라 조건의사와 그 표시가 필요하다.
② 법률행위에 불법조건이 붙어 있는 경우, 그 조건은 물론 법률행위 자체도 무효이다.
③ 불능조건이 해제조건이면 조건 없는 법률행위가 된다.
④ 법률행위가 정지조건부 법률행위에 해당한다는 사실은 그 법률효과의 발생을 다투려는 자가 주장·증명하여야 한다.
⑤ 조건의 성취로 인하여 불이익을 받을 당사자가 신의칙에 반하여 조건의 성취를 방해한 경우, 조건은 그러한 방해행위가 있었던 때에 성취된 것으로 본다.

○ 해설

① (○) 조건은 당해 법률행위를 구성하는 의사표시의 일체적인 내용을 이루는 것이므로, 조건의사가 있더라도 그것이 외부에 표시되지 않으면 법률행위의 동기에 불과할 뿐이고 그것만으로는 법률행위의 부관으로서의 조건이 되는 것은 아니다. (대판 2003.5.13. 2003다10797)
② (○) 조건이 선량한 풍속 기타 사회질서에 위반한 것인 때에는 그 법률행위 전체가 무효로 된다(제151조 1항).
③ (○) 조건이 법률행위의 당시에 이미 성취할 수 없는 것인 경우에는 그 조건이 해제조건이면 조건없는 법률행위로 하고 정지조건이면 그 법률행위는 무효로 한다(제151조 3항).
④ (○) ① 정지조건부 법률행위의 경우에는 「조건의 존재」 사실은 권리 발생을 저지하는 자가, 「조건의 성취」 사실은 권리 발생을 주장하는 자가 각각 주장·증명하여야 한다. 반면에 ② 해제조건부 법률행위의 경우에는 「조건의 존재」 및 「조건의 성취」 사실 모두를 권리 소멸을 주장하는 자가 주장·증명하여야 한다.
⑤ (×) 조건의 성취로 인하여 불이익을 받을 당사자가 신의성실에 반하여 조건의 성취를 방해한 때에는 상대방은 그 조건이 성취한 것으로 주장할 수 있다(제150조 1항).

○ 정답 ⑤

제3절 기간의 계산방법

14. 민법상 기간에 관한 설명으로 옳지 않은 것은? 세무사 23년

① 기간을 주, 월 또는 연으로 정한 때에는 이를 일(日)로 환산하여 계산한다.
② 기간의 계산은 법률행위에 의하여 민법규정과 다르게 정할 수 있다.
③ 연령계산에는 출생일을 산입한다.
④ 기간의 계산은 법령이나 재판상의 처분에 다른 정한 바가 없으면 민법규정에 의한다.
⑤ 기간의 말일이 토요일 또는 공휴일에 해당한 때에는 기간은 그 익일로 만료한다.

○ 해설

① (×) 기간을 주, 월 또는 연으로 정한 때에는 역에 의하여 계산한다(제160조 1항).
② (○) 기간의 계산에 관한 민법규정은 임의규정이다. 따라서 법률행위로 달리 정할 수 있다(제155조 참고).
③ (○) 제158조.
④ (○) 제155조.
⑤ (○) 제161조.

○ 정답 ①

15. 민법상 기간에 관한 설명으로 옳지 않은 것은? 세무사 19년

① 기간의 계산은 법령, 재판상의 처분 또는 법률행위에 다른 정한 바가 없으면 민법의 규정에 의한다.
② 기간을 시, 분, 초로 정한 때에는 즉시로부터 기산한다.
③ 기간을 일, 주, 월 또는 연으로 정한 때에도 그 기간이 오전 영시로부터 시작하는 경우에는 기간의 초일을 산입한다.
④ 연령계산에는 출생일을 산입하지 아니한다.
⑤ 기간의 말일이 토요일 또는 공휴일에 해당하는 때에는 기간은 그 익일로 만료한다.

○ 해설

① (○) 제155조.
② (○) 제156조.
③ (○) 제157조 단서.
④ (×) 연령계산에는 출생일 산입한다(제158조).
⑤ (○) 제161조.

○ 정답 ④

16. 기간에 관한 설명으로 옳은 것은? (다툼이 있으면 판례에 따름) 세무사 21년

① 다가오는 2월 16일부터 5일간이라고 한 경우에 기산점은 2월 17일이 된다.
② 원칙적으로 정년이 60세라 함은 만 61세에 도달하는 날의 전날을 의미한다.
③ 1월 29일 정오에 오늘부터 1개월이라고 한 경우와 1월 31일 정오에 오늘부터 1개월이라고 한 경우, 양자는 같은 시점에 기간이 만료된다.
④ 5월 16일 정오에 오늘부터 6일간이라고 한 경우에 5월 17일이 공휴일이면, 그 기산점은 5월 18일이 된다.
⑤ 기간의 말일이 토요일인 경우에는 그 익일인 일요일에 기간이 만료된다.

○ 해설

① (×) 기간이 오전 영시로부터 시작하는 때에는 초일을 산입한다(제157조 단서). 따라서 기산점은 2월 16일이다.
② (×) 정년이 60세라 함은 만 60세가 만료되는 날을 의미하는 것이 아니라, 만 60세에 도달하는 날을 말하는 것이다(대판 1973.6.12. 71다2669).

③ (○) 기간을 주, 월 또는 연으로 정한 때에는 역에 의하여 계산하며(제160조), 최종의 월에 만료점의 해당일이 없는 때에는 그 월의 말일로 기간이 만료한다(제160조 3항). 따라서 ⅰ) 1월 29일 정오에 오늘부터 1개월이라고 한 경우에는 초일불산입의 원칙상 1월 30일이 기산점이고(제157조 본문), 만료점은 2월의 마지막 날(통상 2월 28일)이다. ⅱ) 1월 31일 정오에 오늘부터 1개월이라고 한 경우에는 초일불산입의 원칙상 2월 1일이 기산점이고(제157조 본문), 만료점은 2월의 마지막 날(통상 2월 28일)이다. 결국 양자는 같은 시점에 기간이 만료한다.
④ (×) 기간의 초일이 공휴일이라 하더라도 기간은 초일부터 기산한다(대판 1982.2.23. 81누204). 따라서 기산점은 5월 17일이다.
⑤ (×) 기간의 말일이 토요일 또는 공휴일에 해당한 때에는 기간은 그 익일로 만료한다(제161조). 따라서 말일이 토요일이면 그 익일인 일요일이 말일에 해당하는데, 일요일은 다시금 공휴일이므로 월요일이 말일이 된다.

○ 정답 ③

17. 2017년 4월 17일 10:30에 지금부터 1개월이라고 기간을 정한 경우, 민법의 기간계산 방법에 따른 그 기간의 기산점과 만료시점은? (토요일, 공휴일은 고려하지 않음) _{세무사 17년}

① 기산점은 2017년 4월 17일 10:30이고, 만료시점은 2017년 5월 16일 10:30이다.
② 기산점은 2017년 4월 17일 10:30이고, 만료시점은 2017년 5월 18일 24:00이다.
③ 기산점은 2017년 4월 18일 00:00이고, 만료시점은 2017년 5월 16일 10:30이다.
④ 기산점은 2017년 4월 18일 00:00이고, 만료시점은 2017년 5월 17일 24:00이다.
⑤ 기산점은 2017년 4월 18일 24:00이고, 만료시점은 2017년 5월 17일 24:00이다.

○ 해설
④ 기산점은 초일불산입의 원칙이 적용되므로 2017년 4월 18일 00:00이다(제157조 본문). 만료시점은 역법에 따라 기산일에 해당하는 날의 전일 24시이므로 2017년 5월 17일 24:00이다(제160조).

○ 정답 ④

필수지문 O X

조 건

01 조건은 조건의사와 표시를 요건으로 하는 법률행위의 부관으로서, 조건의사가 있더라도 조건이 외부에 표시되지 않으면 법률행위의 동기에 지나지 않는다.

해설 조건은 당해 법률행위를 구성하는 의사표시의 일체적인 내용을 이루는 것이므로, 의사표시의 일반원칙에 따라 조건을 붙이고자 하는 의사, 즉 조건의사가 있더라도 그것이 외부에 표시되지 않으면 법률행위의 동기에 불과할 뿐이고 그것만으로는 법률행위의 부관으로서의 조건이 되는 것은 아니다. (대판 2003.5.13. 2003다10797) **정답** O

02 부관이 붙은 법률행위에서, 부관에 표시된 사실이 발생하지 않으면 채무를 이행하지 않아도 된다고 보는 것이 상당한 경우에는 조건으로 보아야 하고, 표시된 사실이 발생한 때에는 물론 발생하지 않는 것으로 확정된 때에도 그 채무를 이행하여야 한다고 보는 것이 상당한 경우에는 불확정기한으로 보아야 한다.

해설 부관에 표시된 사실이 발생하지 아니하면 채무를 이행하지 아니하여도 된다고 보는 것이 상당한 경우에는 조건으로 보아야 하고, 표시된 사실이 발생한 때에는 물론이고 반대로 발생하지 아니하는 것이 확정된 때에도 그 채무를 이행하여야 한다고 보는 것이 상당한 경우에는 불확정기한으로 보아야 한다(대판 2003.8.19. 2003다24215). 불확정기한부 채무의 경우에는 그 사실이 발생한 때는 물론 그 사실의 발생이 불가능하게 된 때에도 이행기한은 도래한 것으로 보아야 한다. (대판 2003.8.19. 2003다24215) **정답** O

03 당사자가 불확정한 사실이 발생한 때를 이행기한으로 정한 경우, 그 사실의 발생이 불가능하게 된 때에는 그 이행기한이 도래한 것으로 볼 수 없다.

해설 당사자가 불확정한 사실이 발생한 때를 이행기한으로 정한 경우에는 그 사실이 발생한 때는 물론 그 사실의 발생이 불가능하게 된 때에도 이행기한은 도래한 것으로 보아야 한다. (대판 2002.3.29. 2001다41766) **정답** X

04 이미 부담하고 있는 채무의 변제에 관하여 일정한 사실이 부관으로 붙여진 경우에는 특별한 사정이 없는 한, 그것은 변제기를 유예한 것으로서 그 사실이 발생한 때 또는 발생하지 아니하는 것으로 확정된 때에 기한이 도래한다.

해설 이미 부담하고 있는 채무의 변제에 관하여 일정한 사실이 부관으로 붙여진 경우에는 특별한 사정이 없는 한 그것은 변제기를 유예한 것으로서 그 사실이 발생한 때 또는 발생하지 아니하는 것으로 확정된 때에 기한이 도래한다. (대판 2003.8.19. 2003다24215)   **정답** O

05 조건이 법률행위 당시에 이미 성취할 수 없는 것인 경우에 그 조건이 해제조건이면 조건 없는 법률행위가 된다.

해설 조건이 법률행위의 당시에 이미 성취할 수 없는 것(불능조건)인 경우에는 그 조건이 해제조건이면 조건없는 법률행위로 하고 정지조건이면 그 법률행위는 무효로 한다(제151조 3항).   **정답** O

06 조건의 성취로 인하여 불이익을 받을 당사자가 신의성실에 반하여 조건의 성취를 방해한 경우, 조건이 성취된 것으로 의제되는 시점은 이러한 신의성실에 반하는 행위가 있었던 때이다.

해설 조건의 성취로 인하여 불이익을 받을 당사자가 신의성실에 반하여 조건의 성취를 방해한 경우, 조건이 성취된 것으로 의제되는 시점은 이러한 신의성실에 반하는 행위가 없었더라면 조건이 성취되었으리라고 추산되는 시점이다. (대판 1998.12.22. 98다42356)   **정답** ×

07 해제조건부 법률행위를 원인행위로 하여 소유권이전등기를 마친 경우, 그 조건이 성취된 때에는 소유권이 법률행위시에 소급하여 원상회복된다.

해설 해제조건부증여로 인한 부동산소유권이전등기를 마쳤다 하더라도 그 해제조건이 성취되면 그 소유권은 증여자에게 복귀한다고 할 것이고, 당사자간에 특별한 의사표시가 없는 한 그 조건성취의 효과는 소급하지 아니한다. (대판 1992.5.22. 92다5584)   **정답** ×

08 법률행위에 조건이 붙어 있는지의 여부에 대한 증명책임은 그 조건의 존재를 주장하는 자에게 있다.

해설 조건부 법률행위라는 사실, 즉 조건의「존재」는 이를 주장하는 자가 주장·증명책임을 진다.   **정답** O

기 한

09 기한의 이익은 채권자를 위한 것으로 추정한다.

○ 해설 │ 기한은 채무자의 이익을 위한 것으로 추정한다(제153조 1항).

○ 정답 ×

10 무상임치와 무이자 소비대차의 경우, 채무자만이 기한이익을 갖는다.

○ 해설 │ 기한의 이익은 법률행위의 성질에 따라 그 이익귀속의 주체가 달라진다. ⅰ) 채권자만이 가지는 경우(무상임치에서의 임치인), ⅱ) 채무자만이 가지는 경우(무이자 소비대차에서의 차주), ⅲ) 채권자와 채무자 쌍방 모두가 가지는 경우(이자부 소비대차에서의 반환기도래시까지 대주는 이자를 취득할 수 있는 권리를 가지며, 차주는 반환청구를 당하지 않을 이익을 서로 가짐)가 있다.

○ 정답 ×

11 甲이 乙로부터 금전을 빌리면서 자력이 있는 친구인 丙을 보증인으로 세우기로 약정하였는데, 丙의 반대로 甲이 丙을 보증인으로 할 수 없게 되었다고 하여, 乙에 대한 甲의 차용금반환채무의 이행기가 도래한 것으로 의제되는 것은 아니다.

○ 해설 │ 채무자(甲)가 담보제공 의무를 불이행하면 기한의 이익 상실사유가 된다(제388조 2호). 기한의 이익 상실의 효과는 채무자는 기한의 이익을 주장하지 못하는 것이므로(기한의 도래가 간주되는 것이 아니다. 다만, 파산선고의 경우에는 기한의 도래가 간주된다), 채권자는 기한 도래 전에 이행을 청구할 수도 있고 이행기까지 기다려서 이행을 청구할 수도 있다.

○ 정답 ○

12 기한이익 상실의 특약은 일반적으로 채권자를 위한 약정이므로, 특별한 사정이 없으면 일정한 사유의 발생으로 당연히 채무자가 기한의 이익을 상실하고 이행기가 도래하는 정지조건부 기한이익 상실 특약으로 추정하는 것이 타당하다.

○ 해설 │ 기한이익 상실의 특약은 일정한 사유가 발생하면 채권자의 청구 등을 요함이 없이 당연히 기한의 이익이 상실되어 이행기가 도래하는 것으로 하는 정지조건부 기한이익 상실의 특약과, 일정한 사유가 발생한 후 채권자의 청구 등 의사행위를 기다려 비로소 이행기가 도래하는 것으로 하는 형성권적 기한이익 상실의 특약의 두 가지가 있고, 기한이익 상실의 특약이 어느 것에 해당하느냐는 당사자의 의사해석의 문제이지만 기한이익 상실의 특약이 채권자를 위하여 둔 것인 점에 비추어 명백히 정지조건부 기한이익 상실의 특약이라고 볼 만한 특별한 사정이 없는 이상 형성권적 기한이익 상실의 특약으로 추정하는 것이 타당하다. (대판 2002.9.4. 2002다28340)

◉ 정답 ✕

13 정지조건부 기한이익 상실특약을 한 경우에는 그 특약에 정한 사유가 발생한 후 기한의 이익을 상실케 하는 채권자의 의사표시가 있어야 이행기도래의 효과가 발생한다.

◉ 해설 정지조건부 기한이익 상실의 특약을 하였을 경우에는, 기한의 이익을 상실케 하는 채권자의 의사표시가 없더라도 그 상실사유가 발생함과 동시에 이행기 도래의 효과가 발생하고, 채무자는 그 때부터 이행지체의 상태에 놓이게 된다. (대판 1999.7.9. 99다15184) ◉ 정답 ✕

기간 – 기간의 계산방법

14 1995. 3. 30. 오후 9시에 출생한 자는 2014. 3. 29. 오후 12시에 성년자로 된다.

◉ 해설 ⅰ) 기산일은 연령계산이므로 초일을 산입하여 1995.3.30. 이다. ⅱ) 말일은 역법에 따라 2014.3.30.의 전일인 2014.3.29.이다. 따라서 ⅲ) 말일인 2014.3.29.의 만료시점인 2014.3.29. 24시 (또는 2014.3.30. 오전 0시)에 성년이 된다. ◉ 정답 ○

15 정년이 만 60세인 경우, 1952년 7월 8일 오후 3시에 출생한 직원은 2012년 7월 8일 오전 0시에 정년을 맞이한다.

◉ 해설 ⅰ) 기산일은 연령계산이므로 초일을 산입하여 1952. 7.8. 이다. ⅱ) 말일은 역법에 따른 해당일의 전일인 2012.7.7.이다. 따라서 ⅲ) 말일의 만료시점인 2012.7.7. 24시 (또는 2012.7.8. 오전 0시)에 정년이 된다. ◉ 정답 ○

16 사원총회를 1주일 전에 통지하여야 하는 경우, 5월 25일 총회 예정일을 기준으로 늦어도 5월 17일 24시까지는 사원들에게 소집통지를 발송하여야 한다.

◉ 해설 기간의 역산에도 기간의 순산방법이 유추적용된다. 따라서 ⅰ) 기산일은 초일을 불산입(=전일)하므로 5. 24. 이다. ⅱ) 말일은 역법에 따른 해당일의 익일이므로 5.18.이다. 따라서 ⅲ) 말일인 5.18.의 만료시점(=오전 0시)인 5.18. 오전 0시 (또는 5.17. 24시)까지 소집통지를 발송하여야 한다. ◉ 정답 ○

Chapter 09
소멸시효

Chapter 09 소멸시효

제1절 서 설

01. 제척기간에 관한 설명으로 옳은 것은? (다툼이 있으면 판례에 따름)   세무사 21년

① 제척기간은 소멸시효와 같이 중단이 인정된다.
② 형성권이외에 청구권도 제척기간의 경과에 의해 소멸할 수 있다.
③ 변론주의의 원칙상 제척기간에 따른 권리소멸은 당사자가 주장하여야 한다.
④ 특별한 사정이 없는 한 제척기간이 규정되어 있는 권리는 재판외에서 행사할 수 없고 재판상 행사해야 한다.
⑤ 제척기간이 규정되어 있는 권리는 제척기간이 경과하더라도 당사자의 원용이 있어야 소멸한다.

○ 해설

① (×) 제척기간에 있어서는 소멸시효와 같이 <u>기간의 중단이 있을 수 없다</u>(대판 2003.1.10. 2000다26425).
② (○) 제척기간은 대체로 형성권에 관하여 적용되지만, 청구권과 같은 다른 권리에 적용되기도 한다(예컨대, 매도인의 담보책임 기간).
③ (×) 소멸시효의 경우에는 변론주의 원칙상 시효이익을 받을 자가 주장하여야 하지만, <u>제척기간의 경우에는 법원이 직권으로 고려하여야</u> 하므로 당사자의 주장은 필요하지 않다(대판 1996.9.20. 96다25371).
④ (×) 제척기간의 준수를 위한 권리행사는 특별한 사정이 없는 한 재판상·재판외에서 권리행사를 모두 포함한다(대판 1993.7.27. 92다52795). 다만, 점유보호청구권의 경우에는 예외적으로 출소기간으로 본다(대판 2002.4.26. 2000다8097).
⑤ (×) 제척기간이 도과하였는지 여부는 당사자의 주장에 관계없이 <u>법원이 직권으로 조사하여 고려하여야</u> 할 사항이다(대판 1996.9.20. 96다25371).

○ 정답 ②

02. 소멸시효와 제척기간에 관한 설명으로 옳지 않은 것은? (다툼이 있으면 판례에 따름) 세무사 19년

① 소멸시효에는 소급효가 인정되나 제척기간에는 소급효가 인정되지 않는다.
② 소멸시효기간은 단축 또는 경감할 수 있으나 제척기간은 단축 또는 경감할 수 없다.
③ 민법 제146조의 취소권의 단기 행사기간은 제척기간이다.
④ 소송에서 소멸시효에 따른 권리소멸은 당사자가 주장하여야 하나, 제척기간의 경과에 따른 권리소멸은 법원의 직권조사사항이다.
⑤ 소멸시효나 제척기간은 모두 그 기간 중 권리자가 권리를 중단하면 그때부터 다시 기간이 진행된다.

○ 해설

① (○) 제167조 참조.
② (○) 제184조 2항 참조.
③ (○) 대판 1996.9.20. 96다25371.
④ (○) 소멸시효의 경우에는 변론주의 원칙상 시효이익을 받을 자가 주장하여야 하지만, 제척기간의 경우에는 법원은 직권으로 고려하여야 하므로 당사자의 주장은 필요하지 않다(대판 1996.9.20. 96다25371).
⑤ (×) 제척기간에 있어서는 기간의 중단이 있을 수 없다(대판 2003.1.10. 2000다26425).

○ 정답 ⑤

03. 제척기간에 관한 설명으로 옳지 않은 것은? (다툼이 있으면 판례에 따름) 세무사 23년

① 매매의 일방예약완결권은 제척기간의 적용을 받는다.
② 취소권의 존속기간은 제척기간이다.
③ 형성권 이외에 청구권도 제척기간의 경과에 의해 소멸할 수 있다.
④ 제척기간은 특별한 사유가 없는 한 발생한 권리를 행사할 수 있는 때로부터 기산한다.
⑤ 제척기간의 도과여부는 당사자의 주장이 없더라도 법원이 직권으로 조사한다.

○ 해설

① (○) 대판 1995.11.10. 94다22682.
② (○) 취소권은 형성권으로서 그 존속기간의 성질은 제척기간이다.
③ (○) 제척기간은 대부분 형성권을 그 대상으로 하지만, 청구권도 제척기간일 수 있다. 예컨대 매도인의 담보책임에 관한 기간(제582조)은 제척기간이다(대판 2011.10.13. 2011다10266 참고). 권리의 행사기간과 관련하여 명문에 '시효로 인하여'라는 문구가 있으면 소멸시효로 보고, 그 외 경우에는 제척기간으로 본다.
④ (×) 소멸시효는 '권리를 행사할 수 있는 때'로부터 진행하지만, 제척기간은 '권리가 발생한 때'로부터 진행한다.
⑤ (○) 소멸시효의 경우에는 변론주의 원칙상 시효이익을 받을 자가 주장하여야 하지만, 제척기간의 경우에는 법원은 직권으로 고려하여야 하므로 당사자의 주장은 필요하지 않다(대판 1996.9.20. 96다25371).

○ 정답 ④

04. 제척기간에 관한 설명으로 옳지 않은 것은? (다툼이 있으면 판례에 따름) 세무사 22년

① 제척기간에는 기간의 중단이나 정지가 인정되지 않는다.
② 매매예약완결권은 형성권으로서 제척기간의 적용을 받는다.
③ 제척기간은 기간의 도과로 권리가 소멸하므로 그 포기가 인정되지 않는다.
④ 미성년자의 법률행위를 취소할 수 있는 권리는 형성권으로서 그 취소권의 존속기간은 제척기간이라고 보아야 한다.
⑤ 매매예약완결권의 행사기간을 30년으로 약정하더라도, 예약성립일로부터 10년간 예약완결권을 행사하지 않으면 그 예약완결권은 소멸한다.

○ 해설

① (○) 대판 2003.1.10. 2000다26425.
② (○) 대판 1995.11.10. 94다22682.
③ (○) 소멸시효와 달리 제척기간에도 포기제도가 없다.
④ (○) 취소권은 형성권으로서 제척기간에 해당하며, 취소권은 추인할 수 있는 날로부터 3년내에 법률행위를 한 날로부터 10년내에 행사하여야 한다(제146조 참고).
⑤ (×) i) 매매예약의 완결권은 일종의 형성권으로서 당사자 사이에 그 행사기간을 약정한 때에는 그 기간 내에, ii) 그러한 약정이 없는 때에는 그 예약이 성립한 때로부터 10년 내에 이를 행사하여야 하고, 그 기간을 지난 때에는 예약 완결권은 제척기간의 경과로 인하여 소멸한다. (대판 1995.11.10. 94다22682)

○ 정답 ⑤

05. 소멸시효와 제척기간에 관한 설명으로 옳은 것은? (다툼이 있으면 판례에 따름) 세무사 20년

① 상인이 판매한 상품의 대가에 관한 채권은 5년의 소멸시효에 걸린다.
② 제척기간의 중단은 인정되지만 정지는 인정되지 않는다.
③ 소멸시효의 기산점인 권리를 행사할 수 있는 때라는 것은 권리를 행사하는데 법률상의 장애가 없는 경우를 말한다.
④ 제척기간이 지났는지 여부는 당사자의 원용에 따라야 하므로 법원의 직권조사 사항이 아니다.
⑤ 매매대금 지급청구권에 정지조건이 붙어 있는 경우, 그 권리는 매매계약의 체결시부터 소멸시효가 진행한다.

○ 해설

① (×) 제163조 6호.
② (×) 제척기간은 중단이 없다(대판 2003.1.10. 2000다26425). 정지에 관하여는 학설의 대립이 있다.
③ (○) 대판(전) 1992.3.31. 91다32053.
④ (×) 제척기간의 경우 법원은 직권으로 고려하여야 하며, 주장은 필요하지 않다(대판 1996.9.20. 96다25371).
⑤ (×) 정지조건부 권리는 조건이 미성취인 동안은 권리를 행사할 수 없는 것이어서 소멸시효가 진행하지 않으며, 조건이 성취된 때부터 소멸시효가 진행한다(대판 1992.12.22. 92다28822).

○ 정답 ③

제2절 소멸시효의 요건

06. 소멸시효에 관한 설명으로 옳지 않은 것은? (다툼이 있으면 판례에 따름) 세무사 17년

① 인격권과 같은 비재산권은 소멸시효에 걸리지 않는다.
② 동시이행의 항변권이 붙은 채권도 소멸시효에 걸릴 수 있다.
③ 점유권과 유치권은 성질상 소멸시효에 걸리지 않는다.
④ 피담보채권이 존속하는 경우 담보물권만이 독립하여 소멸시효에 걸리지는 않는다.
⑤ 공유물분할청구권은 소유권과 독립하여 소멸시효에 걸릴 수 있다.

○ 해설

② (○) 동시이행의 항변이라는 장애는 권리자의 의사에 의하여 언제든지 제거될 수 있으므로, 그 항변권이 붙은 채권은 이행기부터 소멸시효가 진행한다(대판 1991.3.22. 90다9797 참고).

⑤ (×) 공유물분할청구권은 공유관계에서 수반되는 형성권이므로 공유관계가 존속하는 한 그 분할청구권만이 독립하여 시효소멸될 수 없다(대판 1981.3.24. 80다1888,1889).

○ 정답 ⑤

07. 소멸시효의 대상이 되지 않는 권리를 모두 고른 것은? (다툼이 있으면 판례에 따름) 세무사 22년

ㄱ. 소유권에 기한 물권적 청구권
ㄴ. 매수한 부동산을 인도받아 점유하고 있는 매수인의 소유권이전등기청구권
ㄷ. 수급인이 보수(報酬)채권의 확보를 위해 완성물에 대하여 행사하고 있는 유치권

① ㄱ   ② ㄴ
③ ㄱ, ㄷ   ④ ㄴ, ㄷ   ⑤ ㄱ, ㄴ, ㄷ

○ 해설

ㄱ (×) 소유권은 소멸시효에 걸리지 않으므로(제162조 2항), 소유권에 기한 물권적 청구권도 소멸시효에 걸리지 않는다(판례).

ㄴ (×) 부동산 매수인이 그 목적물을 인도받아서 이를 사용수익하고 있는 경우에는 그 매수인을 권리 위에 잠자는 것으로 볼 수도 없으므로, 매수인의 등기청구권은 소멸시효에 걸리지 않는다. (대판 1976.11.6. 76다148 전원합의체)

ㄷ (×) 유치권은 점유의 상실로 인하여 소멸하며(제328조), 점유가 계속되는 한 따로 소멸시효에 걸리지 않는다.

○ 정답 ⑤

08. 소멸시효에 걸리는 권리로 옳은 것은? (다툼이 있으면 판례에 따름) 세무사 23년

① 취득시효 완성자가 점유를 상실한 경우의 등기청구권
② 수급인의 대금채권담보를 위한 완성물에 대한 유치권
③ 소유권에 기한 물권적 청구권
④ 점유권
⑤ 인격권

제2절 소멸시효의 요건

◦ 해설

① (○) 토지에 대한 취득시효 완성으로 인한 소유권이전등기청구권은 ⅰ) 토지에 대한 점유가 계속되는 한 시효로 소멸하지 아니하고(대판 1995.2.10. 94다28468), ⅱ) 그 후 점유를 상실하였다고 하더라도 ① 시효이익의 포기로 볼 수 있는 경우가 아닌 한 소유권이전등기청구권이 바로 소멸되는 것은 아니나, ② 소멸시효는 이와 별개의 문제이므로, 점유자가 점유를 상실한 때로부터 10년간 등기청구권을 행사하지 아니하면 소멸시효가 완성한다. (대판 1996.3.8. 95다34866·34873)

② (×) 유치권은 점유의 상실로 인하여 소멸하며(제328조), 점유가 계속되는 한 따로 소멸시효에 걸리지 않는다.

③ (×) 소유권은 소멸시효에 걸리지 않으므로(제162조 2항), 소유권에 기한 물권적 청구권도 소멸시효에 걸리지 않는다(대판 1991.11.26. 91다34387 등).

④ (×) 점유권은 점유가 계속되는 한 인정되며, 점유를 상실하면 소멸한다. 따라서 점유권은 별도로 소멸시효에 걸리지 않는다.

⑤ (×) 사람은 살아 있는 동안 인격권의 주체가 되며, 인격권은 별도로 소멸시효에 걸리지 않는다.

◦ 정답 ①

09. 소멸시효의 기산점에 관한 설명으로 옳지 않은 것은? (다툼이 있으면 판례에 따름) 세무사 21년

① 부작위를 목적으로 하는 채권의 소멸시효는 위반행위를 한 때로부터 진행한다.
② 정지조건부 권리는 조건이 성취되지 않는 한 시효가 진행되지 않는다.
③ 신축 중인 건물에 관한 소유권이전등기청구권은 건물이 완공되지 않는 한 시효가 진행되지 않는다.
④ 주택임대차 종료 후 임차인이 보증금을 반환받기 위해 임차목적물을 적법하게 점유하고 있는 경우에 보증금반환채권의 시효는 진행된다.
⑤ 법원은 특별한 사정이 없는 한 당사자가 주장한 기산일을 기준으로 시효완성 여부를 판단해야 한다.

◦ 해설

① (○) 제166조 2항.

② (○) 대판 2009.12.24. 2007다64556.

③ (○) 대판 2007.8.23. 2007다28024.

④ (×) 임차인이 임대차 종료 후 동시이행항변권을 근거로 임차목적물을 계속 점유하는 것은 임대인에 대한 보증금반환채권에 기초한 권능을 행사한 것으로서 보증금반환채권에 대한 권리를 행사하는 것으로 보아야 한다. 따라서 주택임대차보호법에 따른 임대차에서 그 기간이 끝난 후 임차인이 보증금을 반환받기 위해 목적물을 점유하고 있는 경우 보증금반환채권에 대한 소멸시효는 진행하지 않는다. (대판 2020.7.9. 2016다244224).

⑤ (○) 대판 2009.12.24. 2009다60244.

◦ 정답 ④

10. 소멸시효의 기산점에 관한 설명으로 옳지 않은 것은? (다툼이 있으면 판례에 따름) 세무사 22년

① 신축 중인 건물에 관한 소유권이전등기청구권의 소멸시효는 특별한 사정이 없는 한 건물의 완공 시부터 진행한다.
② 변제기가 불확정기한인 때에는 그 기한이 객관적으로 도래한 때로부터 소멸시효가 진행한다.
③ 부당이득반환청구권은 기한의 정함이 없는 채권이므로 채권자가 그 이행을 청구한 때로부터 소멸시효가 진행한다.
④ 부작위를 목적으로 하는 채권의 소멸시효는 위반행위를 한 때로부터 진행한다.
⑤ 채권자가 변제기 도래 후에 채무자에 대하여 기한을 유예한 경우, 채권의 소멸시효는 유예한 변제기로부터 다시 진행한다.

○ 해설

① (○) 건물에 관한 소유권이전등기청구권에 있어서 그 목적물인 건물이 완공되지 아니하여 이를 행사할 수 없었다는 사유는 법률상의 장애사유에 해당한다. (대판 2007.8.23. 2007다28024,28031) 따라서 신축 중인 건물에 대한 매매계약으로 인한 매수인의 소유권이전등기청구권의 소멸시효는 매매계약시가 아니라, 건물완공시부터 진행한다.
② (○) 불확정기한부 채권은 기한이 객관적으로 도래한 때부터 진행한다. 기한도래를 알았는가의 여부는 묻지 않는다.
③ (×) 부당이득반환청구권이 발생한 때부터 소멸시효가 진행한다.
④ (○) 제166조 2항.
⑤ (○) 채권의 소멸시효는 이행기가 도래한 때로부터 진행되지만 이행기일이 도래한 후에 채권자가 채무자에 대하여 기한을 유예한 경우에는 유예시까지 진행된 시효는 포기한 것으로서 유예한 이행기일로부터 다시 시효가 진행된다. (대판 1992.12.22. 92다40211)

○ 정답 ③

11. 민법상 소멸시효기간에 관한 설명으로 옳지 않은 것은? 세무사 17년

① 소유권의 소멸시효기간은 20년이다.
② 음식점 음식료의 소멸시효기간은 1년이다.
③ 변호사 수임료의 소멸시효기간은 3년이다.
④ 단기소멸시효에 걸리지 않는 일반적인 민사채권의 소멸시효기간은 10년이다.
⑤ 단기소멸시효에 걸리는 채권에 대하여 재판상 화해가 이루어지면 소멸시효기간은 10년으로 연장된다.

◐ 해설

① (×) 소유권은 소멸시효에 걸리지 않는다(제162조 2항).
② (○) 제164조 1호.
③ (○) 제163조 4호.
④ (○) 제162조 1항.
⑤ (○) 제165조 2항.

◐ 정답 ①

12. 甲은 乙에게 1,000만 원을 대여하고 매월 10만 원의 이자를 받기로 하였다. 이에 관한 설명으로 옳지 않은 것은? (다툼이 있으면 판례에 따름) _{세무사 17년}

① 원금 1,000만 원의 소멸시효기간은 10년이다.
② 이자의 소멸시효기간은 1년이다.
③ 乙이 원금의 반환을 이행지체하는 경우, 지연손해금의 소멸시효기간은 10년이다.
④ 甲이 乙에 대하여 압류 또는 가압류를 한 경우에는 소멸시효의 진행이 중단된다.
⑤ 甲이 乙의 파산절차에 참가한 경우에는 소멸시효의 진행이 중단된다.

◐ 해설

② (×) 매월 이자를 받기로 한 이자채권의 소멸시효기간은 3년이다(제163조 1호).
③ (○) 금전채무의 이행지체로 인하여 발생하는 지연손해금은 그 성질이 손해배상금이지 이자가 아니며, 제163조 1호가 규정한 '1년 이내의 기간으로 정한 채권'도 아니므로 3년간의 단기소멸시효의 대상이 되지 아니한다(대판 1998.11.10. 98다42141). 지연손해배상 채권은 본래의 급부의 소멸시효기간이 적용된다. 지문의 경우에는 본래의 급부채권이 일반채권이므로 10년의 시효가 적용된다.

◐ 정답 ②

제3절 소멸시효의 중단·정지

13. 소멸시효의 중단에 관한 설명으로 옳지 않은 것은? (다툼이 있으면 판례에 따름) 세무사 20년

① 재심의 소제기는 시효중단 사유인 재판상 청구에 준한다.
② 원고의 소제기에 대하여 피고가 응소를 한 경우, 응소로 인한 시효중단의 효력은 피고가 응소한 때가 아니라 원고가 소를 제기한 때에 발생한다.
③ 시효중단의 효력 있는 승인에는 상대방의 권리에 관한 처분권한이 있음을 요하지 않는다.
④ 원인채권의 지급을 확보하기 위하여 어음이 수수된 경우, 어음채권을 피보전권리로 한 가압류는 원인채권의 소멸시효를 중단시키는 효력이 있다.
⑤ 파산절차참가는 채권자가 이를 취소하면 시효중단의 효력이 없다.

○ 해설
① (○) 대판 1988.6.12. 96다26961.
② (×) 응소의 경우 소멸시효가 중단되는 시기는 피고가 응소한 때(준비서면을 보내거나 진술한 때)이며, 원고가 소를 제기한 때로 소급하지 않는다(대판 2005.12.23. 2005다59383·593900).
③ (○) 제177조.
④ (○) 대판 1999.6.11. 99다16378.
⑤ (○) 제171조.

○ 정답 ②

14. 시효중단에 관한 설명으로 옳지 않은 것은? (다툼이 있으면 판례에 따름) 세무사 19년

① 채권양수인이 채권양도의 대항요건을 갖추지 못한 상태에서 채무자를 상대로 재판상 청구를 한 경우, 소멸시효 중단사유인 재판상 청구에 해당한다.
② 가압류의 피보전채권에 관하여 본안의 승소판결이 확정된 경우에도 가압류에 의한 시효중단의 효력은 소멸되지 않는다.
③ 채무부존재확인의 소에서 피고로서 응소하여 그 소송에서 적극적으로 권리를 주장하고 그것이 받아들여진 경우, 시효중단사유인 재판상 청구에 해당한다.
④ 시효중단사유가 주채무자에 대한 압류·가압류 및 가처분인 경우, 이를 보증인에게 통지하여야 보증인에 대한 시효중단의 효력이 발생한다.
⑤ 시효중단의 효력이 있는 채무승인은 묵시적으로도 할 수 있다.

o 해설

① (○) 대판 2005.11.11. 2005다41818.
② (○) 대판 2000.4.25. 2000다11102.
③ (○) 대판(전) 1993.12.21. 92다47861.
④ (×) 제440조는 제169조의 예외 규정으로서 이는 채권자 보호 내지 채권담보의 확보를 위하여 주채무자에 대한 시효중단의 사유가 발생하였을 때는 그 보증인에 대한 별도의 중단조치가 이루어지지 아니하여도 동시에 시효중단의 효력이 생기도록 한 것이고, 그 시효중단사유가 압류, 가압류 및 가처분이라고 하더라도 이를 보증인에게 통지하여야 비로소 시효중단의 효력이 발생하는 것은 아니다(대판 2005.10.27. 2005다35554).

o 정답 ④

15. 소멸시효의 중단에 관한 설명으로 옳지 않은 것은? (다툼이 있으면 판례에 따름) 세무사 22년

① 재판상 청구가 각하된 후 6월내에 다시 재판상 청구를 하면 시효는 최초의 재판상 청구로 인하여 중단된 것으로 본다.
② 채무의 승인은 시효이익을 받을 자가 시효로 권리를 잃는 자에게 그 권리가 있음을 알고 있다는 뜻을 표시함으로써 성립하는 관념의 통지이다.
③ 시효중단의 효력 있는 승인에는 상대방의 권리에 관한 처분의 능력이나 권한 있음을 요한다.
④ 시효를 주장하는 자가 제기한 소에 대하여 권리자가 피고로서 응소하여 적극적으로 권리를 주장하고 그것이 받아들여진 경우, 시효중단의 효과가 발생한다.
⑤ 시효중단의 효과는 원칙적으로 시효중단에 관여한 당사자로부터 중단의 효과를 받는 권리를 그 중단 효과의 발생 이후에 승계한 특정승계인에게도 미친다.

o 해설

① (○) 제170조 2항.
② (○) 시효중단사유로서의 채무의 승인은 시효의 완성 전에 시효의 이익을 받을 자가 시효로 인하여 권리를 잃을 자에 대하여 그 권리를 인정한다는 관념의 통지이다.
③ (×) 시효중단의 효력있는 승인에는 상대방의 권리에 관한 처분의 능력이나 권한있음을 요하지 아니한다 (제177조).
④ (○) 권리자가 시효를 주장하는 자로부터 제소당하여 직접 응소행위로서 상대방의 청구를 적극적으로 다투면서 자신의 권리를 주장하여 그것이 받아들여진 경우에는 시효중단사유인 재판상의 청구에 해당한다. (대판 1997.12.12. 97다30288)
⑤ (○) 제169조는 시효중단의 효력이 당사자 및 그 승계인 간에 미친다고 규정하고 있다. 여기서 당사자라 함은 중단행위에 관여한 당사자를 가리키고 시효의 대상인 권리 또는 청구권의 당사자는 아니며, 승계인

이라 함은 시효중단에 관여한 당사자로부터 중단의 효과를 받는 권리 또는 의무를 그 중단 효과 발생 이후에 승계한 자를 뜻하고 포괄승계인은 물론 특정승계인도 이에 포함된다(대판 1997.4.25. 96다46484 등 참조).

정답 ③

---

16. 소멸시효의 중단에 관한 설명으로 옳지 않은 것은? (다툼이 있으면 판례에 따름) 세무사 23년

① 시효의 중단은 당사자 및 그 승계인간에만 효력이 있지만, 주채무자에 대한 시효의 중단은 보증인에 대하여 효력이 있다.
② 압류, 가압류 및 가처분이 법률의 규정에 따르지 않아 취소된 경우 시효중단의 효력이 없다.
③ 시효중단의 효력이 있는 승인에는 상대방의 권리에 관한 처분의 능력이나 권한 있음을 요하지 아니한다.
④ 시효중단의 효력이 있는 승인은 묵시적으로도 할 수 있다.
⑤ 채권양수인이 채권양도의 대항요건을 갖추지 못한 상태에서 채무자를 상대로 재판상 청구를 한 경우, 소멸시효 중단사유인 재판상 청구에 해당하지 않는다.

해설

① (○) 제440조.
② (○) 압류, 가압류 및 가처분은 권리자의 청구에 의하여 또는 법률의 규정에 따르지 아니함으로 인하여 취소된 때에는 시효중단의 효력이 없다(제175조).
③ (○) 제177조.
④ (○) 소멸시효 중단사유로서의 승인은 시효이익을 받을 당사자인 채무자가 소멸시효의 완성으로 권리를 상실하게 될 자 또는 그 대리인에 대하여 그 권리가 존재함을 인식하고 있다는 뜻을 표시함으로써 성립하는바, 그 표시의 방법은 아무런 형식을 요구하지 아니하고 또한 명시적이건 묵시적이건 불문한다. (대판 2010.9.30. 2010다36735)
⑤ (×) 채권양도의 대항요건(제450조 1항)을 갖추지 못하여 채무자에게 대항하지 못한다고 하더라도 채권의 양수인이 채무자를 상대로 재판상의 청구를 하였다면 소멸시효 중단사유인 재판상의 청구에 해당한다. (대판 2005.11.10. 2005다41818)

정답 ⑤

17. 甲은 乙에게 1억 원을 대여하였고, 丙은 乙의 甲에 대한 채무를 담보하기 위하여 자기소유 X부동산 위에 甲명의의 저당권을 설정하였다. 다음 설명 중 옳은 것을 모두 고른 것은? (다툼이 있으면 판례에 따름)

<small>세무사 21년</small>

> ㄱ. 丙이 제기한 대여금채무부존재확인의 소에서 甲이 피고로서 응소하여 그 소송에서 적극적으로 권리를 주장하고 그것이 받아들여진 경우에 甲의 乙에 대한 채권의 시효가 중단된다.
> ㄴ. 甲이 X에 대한 압류를 한 후 이러한 사실을 乙에게 통지하면, 乙에 대한 시효중단의 효력이 발생한다.
> ㄷ. 甲의 乙에 대한 채권의 시효가 완성된 경우에 丙은 甲에게 소멸시효를 주장할 수 있다.

① ㄴ　　② ㄱ, ㄴ
③ ㄱ, ㄷ　　④ ㄴ, ㄷ　　⑤ ㄱ, ㄴ, ㄷ

○ 해설

ㄱ (×) 물상보증인은 채권자에 대하여는 아무런 채무도 부담하고 있지 아니하므로, 물상보증인이 그 피담보채무의 부존재 또는 소멸을 이유로 제기한 저당권설정등기 말소등기청구소송에서 채권자 겸 저당권자가 청구기각의 판결을 구하고 피담보채권의 존재를 주장하였다고 하더라도 이로써 직접 채무자에 대하여 재판상 청구를 한 것으로 볼 수는 없는 것이므로 피담보채권의 소멸시효 중단에 관한 제168조 1호의 '청구'에 해당하지 아니한다. (대판 2004.1.16. 2003다30890)

ㄴ (○) 제176조.

ㄷ (○) 물상보증인 丙은 피담보채무의 소멸시효 완성으로 그 이익을 직접 받는 자에 해당하므로 시효원용권자이다.

○ 정답 ④

제4절 소멸시효의 효력

18. 소멸시효 완성에 관한 설명으로 옳지 않은 것은? (다툼이 있으면 판례에 따름)   세무사 21년

① 가압류의 피보전채권에 관하여 승소판결이 확정되면 가압류에 의한 시효중단의 효력은 소멸하므로 그 채권은 확정판결 후 10년이 경과하면 시효로 소멸한다.
② 저당권부 채권의 채무자가 그 채권의 시효완성 후에 시효이익을 포기한 경우에 그 포기는 저당부동산의 제3취득자에게는 효력이 미치지 않는다.
③ 시효가 완성되기 전에 한 시효이익의 포기는 무효이다.
④ 채무자가 시효이익을 포기하면 그 때부터 새로이 소멸시효가 진행된다.
⑤ 시효완성의 효력은 그 기산일로 소급하여 생긴다.

○ 해설

① (×) 제168조에서 가압류와 재판상의 청구를 별도의 시효중단사유로 규정하고 있는데 비추어 보면, <u>가압류의 피보전채권에 관하여 본안의 승소판결이 확정되었다고 하더라도 가압류에 의한 시효중단의 효력이 이에 흡수되어 소멸된다고 할 수 없다.</u> (대판 2000.4.25. 2000다11102)
② (○) 대판 2010.3.11. 2009다100098.
③ (○) 제184조 1항.
④ (○) 채무자가 소멸시효 완성 후에 채권자에 대하여 채무 일부를 변제함으로써 시효의 이익을 포기한 경우에는 그때부터 새로이 소멸시효가 진행한다(대판 2013.5.23. 2013다12464).
⑤ (○) 제167조

○ 정답 ①

---

19. 甲은 乙에 대하여 1,000만 원의 채권이 있다. 이에 관한 설명으로 옳지 않은 것은? (다툼이 있으면 판례에 따름)   세무사 17년

① 乙은 소멸시효 완성 전에는 미리 소멸시효의 이익을 포기하지 못한다.
② 乙이 소멸시효 완성 전에 500만 원을 갚은 경우, 다른 특별한 사정이 없는 한 나머지 500만 원에 대하여도 소멸시효가 중단된다.
③ 乙이 소멸시효 완성 후 500만 원을 갚은 경우, 다른 특별한 사정이 없는 한 그 채무 전체에 대하여 시효이익을 포기한 것으로 보아야 한다.
④ 위 ③항의 경우 500만 원을 갚은 시점부터 소멸시효가 새로이 진행한다.

⑤ 1,000만 원의 원금채권이 시효로 소멸하여도 그에 대한 이자채권까지 시효로 소멸하는 것은 아니다.

해설

① (○) 제184조 1항
② (○) 시효완성 전에 채무의 일부를 변제한 경우에는, 채무승인으로서의 효력이 있어 채무 전부에 관하여 시효중단의 효력이 발생한다(대판 2009.11.12. 2009다51028).
③ (○) ④ (○) 채무자가 소멸시효 완성 후 채무를 일부 변제한 때에는 그 액수에 관하여 다툼이 없는 한 그 채무 전체를 묵시적으로 승인한 것으로 보아야 한다(대판 2001.6.12. 2001다3580).
⑤ (×) 소멸시효가 완성하면 권리는 그 기산일에 소급하여 소멸한다(제167조). 따라서 원본채권이 시효로 소멸하면 처음부터 이자채권도 발생하지 않는 것으로 되므로 함께 소멸한다(부종성).

정답 ⑤

필수지문 OX

서 설

01 제척기간 내에 권리자의 권리주장 또는 의무자의 승인이 있으면 제척기간은 중단된다.

> **해설** 제척기간에는 중단제도가 없다.
>
> **정답** ×

02 소멸시효에 의한 권리의 소멸은 소급적으로 소멸하나, 제척기간에 의한 권리의 소멸은 장래에 향하여 소멸한다.

> **해설** 소멸시효가 완성되면 그 기산일로 소급하여 권리가 소멸하지만, 제척기간의 경우에는 장래를 향하여 소멸한다.
>
> **정답** ○

03 변론주의의 원칙상 법원은 당사자가 주장하는 기산점을 기준으로 소멸시효를 계산하여야 한다.

> **해설** 소멸시효의 기산일은 변론주의의 적용 대상이므로, 본래의 소멸시효 기산일과 당사자가 주장하는 기산일이 서로 다른 경우에는 변론주의의 원칙상 법원은 당사자가 주장하는 기산일을 기준으로 소멸시효를 계산하여야 하며, 이는 당사자가 본래의 기산일보다 뒤의 날짜를 기산일로 하여 주장하는 경우는 물론이고 그 반대의 경우에도 마찬가지이다. (대판 1995.8.25. 94다35886)
>
> **정답** ○

04 예약완결권을 재판상 행사하는 경우, 그 행사의 의사표시가 담긴 소장 부본이 제척기간 내에 상대방에게 송달되어야만 적법하게 예약완결권을 행사하였다고 볼 수 있다.

> **해설** 예약완결권은 재판상이든 재판외이든 그 기간 내에 행사하면 되는 것으로서, 예약완결권자가 예약완결권 행사의 의사표시를 담은 소장 부본을 상대방에게 송달함으로써 재판상 행사하는 경우에는 소장 부본이 제척기간 내에 상대방에게 송달되어야만 예약완결권자가 제척기간 내에 적법하게 예약완결권을 행사하였다고 볼 수 있다. (대판 2019.7.25. 2019다227817 미간행)
>
> **정답** ○

05 가구상 甲이 乙에게 고가의 가구를 외상으로 판매한 후 乙을 상대로 외상대금의 지급을 청구하는 소를 제기하였다. 위 소송에서 甲과 乙이 외상대금채권의 소멸시효기간을 상법이 정한 5년이라고 주장하였더라도, 법원은 그 소멸시효기간을 민법이 정한 3년으로 판단할 수 있다.

○해설 소멸시효기간이 얼마나 되는지에 관한 주장은 단순한 법률상의 주장에 불과하므로 변론주의의 적용대상이 되지 않고 법원이 직권으로 판단할 수 있다. (대판 2013.2.15. 2012다68217) ○정답 ○

소멸시효의 요건

06 매수인이 목적부동산을 인도받아 계속 점유하고 있다면 그 소유권이전등기청구권의 소멸시효는 진행하지 않는다.

○해설 부동산 매수인이 그 목적물을 인도받아서 이를 사용수익하고 있는 경우에는 그 매수인을 권리 위에 잠자는 것으로 볼 수도 없으므로, 매수인의 등기청구권은 소멸시효에 걸리지 않는다. (대판 1976.11.6. 76다148 전원합의체) ○정답 ○

07 부동산 매수인이 부동산을 인도받아 사용·수익하다가 타인에게 처분하고 그 점유를 승계하여 준 경우, 그 매수인의 소유권이전등기청구권의 소멸시효는 진행되지 않는다.

○해설 부동산의 매수인이 그 부동산을 인도받은 이상 이를 사용·수익하다가 그 부동산에 대한 보다 적극적인 권리 행사의 일환으로 다른 사람에게 그 부동산을 처분하고 그 점유를 승계하여 준 경우에도, 등기청구권의 소멸시효는 진행되지 않는다. (대판 1999.3.18. 98다32175 전원합의체) ○정답 ○

08 채권담보 목적의 부동산 양도담보의 경우 피담보채무가 변제된 이후에 양도담보설정자가 행사하는 등기청구권은 양도담보권설정자의 실질적 소유권에 기한 물권적 청구권이므로 시효소멸되지 않는다.

○해설 채권담보의 목적으로 이루어지는 부동산 양도담보의 경우에 있어서 피담보채무가 변제된 이후에 양도담보권설정자가 행사하는 등기청구권은 양도담보권설정자의 실질적 소유권에 기한 물권적청구권이므로 따로이 시효소멸되지 아니한다. (대판 1979.2.13. 78다2412) ○정답 ○

09 임대차 기간이 끝난 후 임차인이 보증금을 반환받기 위해 목적물을 점유하고 있는 경우, 보증금반환채권에 대한 소멸시효는 진행하지 않는다.

○ 해설 임차인이 임대차 종료 후 동시이행항변권을 근거로 임차목적물을 계속 점유하는 것은 임대인에 대한 보증금반환채권에 기초한 권능을 행사한 것으로서 보증금을 반환받으려는 계속적인 권리행사의 모습이 분명하게 표시되었다고 볼 수 있다. 따라서 임대차 종료 후 임차인이 보증금을 반환받기 위해 목적물을 점유하는 경우 보증금반환채권에 대한 권리를 계속해서 행사하는 것으로 보아야 하므로, 주택임대차보호법에 따른 임대차에서 그 기간이 끝난 후 임차인이 보증금을 반환받기 위해 목적물을 점유하고 있는 경우 보증금반환채권에 대한 소멸시효는 진행하지 않는다고 보아야 한다. (대판 2020.7.9. 2016다244224·244231) ○ 정답 ○

10 소멸시효는 권리를 행사할 수 없는 동안은 진행하지 않는데, 여기서 '권리를 행사할 수 없는 때'라 함은 그 권리행사에 법률상의 장애사유가 있는 것을 말하고, 사실상 그 권리의 존재나 권리행사 가능성을 알지 못하였거나 알지 못함에 있어 과실유무 등은 시효진행에 영향을 미치지 않는다.

○ 해설 소멸시효는 권리를 행사할 수 없는 동안은 진행하지 않는바, '권리를 행사할 수 없는' 경우라 함은 그 권리행사에 법률상의 장애사유, 예컨대 기간의 미도래나 조건불성취 등이 있는 경우를 말하는 것이고, 사실상 권리의 존재나 권리행사 가능성을 알지 못하였고 알지 못함에 과실이 없다고 하여도 법률상 장애사유에 해당하지 않는다. (대판 2004.4.27. 2003두10763) ○ 정답 ○

11 A토지 수용 사유의 특수성과 법규의 미비 등으로 상당한 기간이 지난 뒤에 甲이 보상금을 청구할 수 있는 절차가 마련된 경우라면, 乙의 대상청구권의 소멸시효는 위 절차가 마련된 시점부터 진행한다.

○ 해설 대상청구권은 특별한 사정이 없는 한 매매 목적물의 수용 또는 국유화로 인하여 매도인의 소유권이전등기의무가 이행불능 되었을 때 매수인이 그 권리를 행사할 수 있다고 보아야 할 것이고 따라서 그 때부터 소멸시효가 진행하는 것이 원칙이라 할 것이나, 법규의 미비 등으로 그 보상금의 지급을 구할 수 있는 방법이나 절차가 없다가 상당한 기간이 지난 뒤에야 보상금청구의 방법과 절차가 마련된 경우라면, 보상금을 청구할 수 있는 방법이 마련된 시점부터 대상청구권에 대한 소멸시효가 진행한다. (대판 2002.2.8. 99다23901) ○ 정답 ○

12 건물에 관한 소유권이전등기청구권에서 그 목적물인 건물이 완공되지 아니하여 이를 행사할 수 없었다는 사유는 사실상의 장애사유에 불과하다.

○ 해설 건물에 관한 소유권이전등기청구권에 있어서 그 목적물인 건물이 완공되지 아니하여 이를 행사할 수 없었다는 사유는 법률상의 장애사유에 해당한다. (대판 2007.8.23. 2007다28024,28031) 따라서 신축 중인 건물에 대한 매매계약으로 인한 매수인의 소유권이전등기청구권의 소멸시효는 매매계약시가 아니라, 건물완공시부터 진행한다. ○ 정답 ×

13 할부채무에 있어서 기한이익 상실의 특약이 있는 경우, 그 특약에 따른 기한이익 상실사유가 발생하면 특별한 사정이 없는 한 채권자의 청구가 없더라도 당연히 기한이익이 상실되어 그 때부터 잔존채무 전액에 대한 소멸시효가 진행한다.

○ 해설 기한의 이익상실특약은 당사자가 특별히 정함이 없는 한, 형성권적 기한의 이익 상실특약으로 해석한다. 형성권적 기한이익 상실의 특약이 있는 할부채무에 있어서는 1회의 불이행이 있더라도 각 할부금에 대해 그 각 변제기의 도래시마다 그 때부터 순차로 소멸시효가 진행하고 채권자가 특히 잔존 채무 전액의 변제를 구하는 취지의 의사를 표시한 경우에 한하여 전액에 대하여 그 때부터 소멸시효가 진행한다. (대판 2002.9.4. 2002다28340) ○ 정답 ×

14 타인의 대리인으로 계약을 한 자가 그 대리권을 증명하지 못하고 또 본인의 추인을 얻지 못한 때에 상대방이 가지는 무권대리인에 대한 계약이행 또는 손해배상청구권의 소멸시효는, 무권대리인이 대리권을 증명하지 못하거나 본인의 추인을 얻지 못함을 그 상대방이 안 때부터 진행한다.

○ 해설 제135조의 무권대리인의 상대방이 가지는 계약이행 또는 손해배상청구권의 소멸시효는 선택권을 행사할 수 있는 때로부터 진행하며, 선택권을 행사할 수 있는 때라고 함은 대리권의 증명 또는 본인의 추인을 얻지 못한 때라고 할 것이다. (대판 1965.8.24. 64다1156)
○ 정답 ×

15 계속적 거래관계로 발생한 채권이라 하더라도 변제기에 관한 특약이 없는 한, 그 시효기간은 개별적인 채권이 발생한 때로부터 개별적으로 진행하며 계속적 거래관계가 종료한 때부터 진행하는 것이 아니다.

○ 해설 계속적 물품공급계약에 기하여 발생한 외상대금채권은 특별한 사정이 없는 한 개별 거래로 인한 각 외상대금채권이 발생한 때로부터 개별적으로 소멸시효가 진행하는 것이지 거래종료일부터 외상대금채권 총액에 대하여 한꺼번에 소멸시효가 기산한다고 할 수 없다. (대판 2007.1.25. 2006다68940) ○ 정답 ○

16 환자가 장기간 입원치료를 받는 경우, 의사의 치료비채권은 환자의 퇴원시부터 소멸시효가 진행된다.

○ 해설 '의사의 치료에 관한 채권'은 개개의 진료가 종료될 때마다 각각의 이행기가 도래하여 소멸시효가 진행되는 것이지, 퇴원시부터 소멸시효가 진행된다고 볼 수는 없다. (대판 2001.11.9. 2001다52568)   ○ 정답 ×

17 금전채무의 이행지체로 인하여 발생하는 지연이자는 단기소멸시효에 관한 민법 제163조 제1호가 규정한 '1년 이내의 기간으로 정한 채권'에 해당하여 3년의 단기소멸시효의 대상이 된다.

○ 해설 금전채무의 이행지체로 인하여 발생하는 지연손해금은 그 성질이 손해배상금이지 이자가 아니며, 제163조 1호가 규정한 '1년 이내의 기간으로 정한 채권'도 아니므로 3년간의 단기소멸시효의 대상이 되지 아니한다(대판 1998.11.10. 98다42141). 연이자채권은 (지연)손해배상채권이므로 본래의 급부의 소멸시효기간이 적용된다.   ○ 정답 ×

소멸시효의 중단 · 정지

18 형사소송에서 「소송촉진 등에 관한 특례법」에서 정한 배상명령을 신청한 경우를 제외하고는, 피해자가 가해자를 상대로 고소하거나 그 고소에 기하여 형사재판이 개시되어도 이를 소멸시효의 중단사유인 재판상의 청구로 볼 수 없다.

○ 해설 시효중단 사유로서의 재판상 청구는 민사소송이면 족하고, 소의 종류는 묻지 않는다(이행의 소, 확인의 소, 형성의 소, 본소·반소 모두 포함됨). but 행정소송×(다만 과세처분 무효확인·취소의 소 O, 근로기준법상 구제신청후 행정소송 O). 형사소송×(다만 소송촉진등에관한특례법의 배상명령신청 O).   ○ 정답 O

19 甲이 乙을 상대로 불법행위에 따른 손해배상금의 지급을 구하는 지급명령을 신청하였다가 각하되자 그로부터 6개월 내에 손해배상청구의 소를 제기한 경우 시효는 소를 제기한 날에 중단된다.

○ 해설 민사소송법 제472조 2항은 "채무자가 지급명령에 대하여 적법한 이의신청을 한 경우에는 지급명령을 신청한 때에 소가 제기된 것으로 본다."라고 규정하고 있는바, 지급명령 사건이 채무자의 이의신청으로 소송으로 이행되는 경우에 지급명령에 의한 시효중단의 효과는 소송으로 이행된 때가 아니라 지급명령을 신청한 때에 발생한다. (대판 2015.2.12. 2014다228440) 제170조 1항에 규정하고 있는 '재판상의 청구'란 종국판결을 받기 위한 '소의 제기'에 한정되지 않고, 지급명령 신청도 포함된다. (대판 2011.11.10. 2011다54686)   ○ 정답 ×

20 당연무효인 가압류신청은 시효중단의 효력이 없다.

> ○ 해설 사망한 사람을 피신청인으로 한 가압류신청은 부적법하고 그 신청에 따른 가압류결정이 내려졌다고 하여도 그 결정은 당연 무효로서 그 효력이 상속인에게 미치지 않으며, 이러한 당연 무효의 가압류는 제168조 1호에 정한 소멸시효의 중단사유에 해당하지 않는다. (대판 2006.8.24. 2004다26287·26294)   ○ 정답 ○

21 물상보증인이 그 피담보채무의 부존재 또는 소멸을 주장하며 제기한 저당권설정등기 말소청구소송에서 채권자 겸 저당권자가 피담보채권의 존재를 주장하며 청구기각의 판결을 구하였다 하더라도 이로써 피담보채무의 소멸시효는 중단되지 않는다.

> ○ 해설 물상보증인은 채권자에 대하여는 아무런 채무도 부담하고 있지 아니하므로, 물상보증인이 그 피담보채무의 부존재 또는 소멸을 이유로 제기한 저당권설정등기 말소등기청구소송에서 채권자 겸 저당권자가 청구기각의 판결을 구하고 피담보채권의 존재를 주장하였다고 하더라도 이로써 직접 채무자에 대하여 재판상 청구를 한 것으로 볼 수는 없는 것이므로 피담보채권의 소멸시효 중단에 관한 제168조 1호의 '청구'에 해당하지 아니한다. (대판 2004.1.16. 2003다30890)   ○ 정답 ○

22 교직원의 학교법인을 상대로 한 의원면직처분 무효확인청구의 소도 교직원의 학교법인에 대한 급여청구의 한 실현수단이 될 수 있어 소멸시효의 중단사유인 재판상 청구에 해당한다.

> ○ 해설 파면된 사립학교 교원이 제기한 파면무효확인의 소는 보수금채권을 실현하는 수단이라는 성질을 가지고 있으므로 보수금채권 자체에 관한 이행소송을 제기하지 않았다 하더라도 위 소의 제기에 의하여 보수금채권에 대한 시효는 중단된다. (대판 1978.4.11. 77다2509)   ○ 정답 ○

23 피담보채권이 소멸하기 전 그 채무자인 근저당권설정계약자에게 근저당권설정등기청구의 소를 제기하는 것은 그 피담보채권에 대하여도 소멸시효 중단의 효력을 생기게 한다.

> ○ 해설 근저당권설정등기청구의 소에는 그 피담보채권이 될 채권의 존재에 관한 주장이 당연히 포함되어 있다고 볼 것이므로, 근저당권설정등기청구의 소의 제기는 그 피담보채권의 재판상의 청구에 준하는 것으로서 피담보채권에 대한 소멸시효를 중단시킨다. (대판 2004.2.13. 2002다7213)   ○ 정답 ○

24 원인채권의 지급을 확보하기 위하여 어음이 수수된 경우, 어음채권을 피보전권리로한 가압류는 원인채권의 소멸시효를 중단시키는 효력이 있다.

○ 해설 원인채권의 지급을 확보하기 위한 방법으로 어음이 수수된 경우에 원인채권과 어음채권은 별개로서 채권자는 그 선택에 따라 권리를 행사할 수 있고, 원인채권에 기하여 청구를 한 것만으로는 어음채권 그 자체를 행사한 것으로 볼 수 없어 어음채권의 소멸시효를 중단시키지 못한다. (그러나) 어음채권의 행사는 원인채권을 실현하기 위한 것일 뿐만 아니라, 원인채권의 소멸시효는 어음금 청구소송에 있어서 채무자의 인적항변 사유에 해당하는 관계로 채권자가 어음채권의 소멸시효를 중단하여 두어도 채무자의 인적항변에 따라 그 권리를 실현할 수 없게 되는 불합리한 결과가 발생하게 되므로, 채권자가 어음채권에 기하여 청구를 하는 반대의 경우에는 원인채권의 소멸시효를 중단시키는 효력이 있다고 봄이 상당하다. 이러한 법리는 채권자가 어음채권을 피보전권리로 하여 채무자의 재산을 (가)압류함으로써 그 권리를 행사한 경우에도 마찬가지로 적용된다. (대판 1999.6.11. 99다16378) ○ 정답 ○

25 한 개의 채권 중 일부에 관하여만 판결을 구한다는 취지를 명백히 하여 소송을 제기한 경우에는 소제기에 의한 소멸시효중단의 효력이 그 일부에 관하여만 발생한다.

○ 해설 ⅰ) 하나의 채권 중 일부에 관하여만 판결을 구한다는 취지를 명백히 하여 소송을 제기한 경우에는 소제기에 의한 소멸시효중단의 효력이 그 일부에 관하여만 발생하고, 나머지 부분에는 발생하지 아니하지만, ⅱ) 일부만을 청구하면서 소송의 진행경과에 따라 장차 청구금액을 확장할 뜻을 표시하고 당해 소송이 종료될 때까지 실제로 청구금액을 확장한 경우에는 소제기 당시부터 채권 전부에 관하여 판결을 구한 것으로 해석되므로, 채권 전부에 관하여 재판상 청구로 인한 시효중단의 효력이 발생한다. (대판 2020.2.6. 2019다223723) ○ 정답 ○

26 소장에서 청구의 대상으로 삼은 채권 중 일부만을 청구하면서 소송의 진행경과에 따라 장차 청구금액을 확장할 뜻을 표시하였으나 당해 소송이 종료될 때까지 실제로 청구금액을 확장하지 않은 경우, 나머지 부분에 대하여는 재판상 청구로 인한 시효중단의 효력이 발생하지 아니하지만, 특별한 사정이 없는 한 소송이 계속 중인 동안에는 최고에 의한 권리행사가 지속되고 있는 것으로 볼 수 있다.

○ 해설 [1] 채권 중 일부만을 청구하면서 소송의 진행경과에 따라 장차 청구금액을 확장할 뜻을 표시하였으나 당해 소송이 종료될 때까지 실제로 청구금액을 확장하지 않은 경우에는 소송의 경과에 비추어 볼 때 채권 전부에 관하여 판결을 구한 것으로 볼 수 없으므로, 나머지 부분에 대하여는 재판상 청구로 인한 시효중단의 효력이 발생하지 아니한다.
[2] 그러나 이와 같은 경우에도 장차 청구금액을 확장할 뜻을 표시한 채권자로서는 장래에 나머지 부분을 청구할 의사를 가지고 있는 것이 일반적이므로, 다른 특별한 사정이 없는 한 당해 소송이 계속 중인 동안에는 나머지 부분에 대하여 권리를 행사하겠다는 의사가 표명되어 최고에 의한 권리행사 상태가 지속되고 있는 것으로 보아야 한다. 따라서 채권자는 당해 소송이 종료된 때부

터 6월 내에 제174조에서 정한 조치를 취함으로써 나머지 부분에 대한 소멸시효를 중단시킬 수 있다. (대판 2020.2.6. 2019다223723) ○ 정답 ○

27 소송고지서에 채권자가 채무자에 대하여 채무의 이행을 청구하는 의사가 표명되어 있으면, 그 소송고지서가 채무자에게 송달된 시점에 민법 제174조에 정한 시효중단사유로서의 최고의 효력이 인정된다.

○ 해설 소송고지의 요건이 갖추어진 경우에 그 소송고지서에 고지자가 피고지자에 대하여 채무의 이행을 청구하는 의사가 표명되어 있으면 제174조에 정한 시효중단사유로서의 최고의 효력이 인정된다. 소송고지에 의한 최고는 보통의 최고와는 달리 법원의 행위를 통하여 이루어지는 것이므로 만일 법원이 소송고지서의 송달사무를 우연한 사정으로 지체하는 바람에 소송고지서의 송달 전에 시효가 완성된다면 고지자가 예상치 못한 불이익을 입게 된다는 점 등을 고려하면, 소송고지에 의한 최고의 경우에는 당사자가 소송고지서를 법원에 제출한 때에 시효 중단의 효력이 발생한다고 봄이 상당하다. (대판 2015.5.14. 2014다16494) ○ 정답 ×

28 소멸시효기간이 2009. 7. 1. 만료하는 채권에 관하여 채권자가 2009. 4. 1. 재판 외의 최고를 한 후 그로부터 6개월 내인 2009. 8. 1. 재판상의 청구를 하였다가 그 소송 도중인 2010. 3. 1. 소를 취하하였으나 그로부터 6개월 내인 2010. 4. 1. 다시 재판상 청구를 한 경우에 그 채권에 관한 소멸시효는 중단된다.

○ 해설 [1] 최고를 여러번 거듭하다가 재판상 청구 등을 한 경우, 시효중단의 효력은 최초의 최고시에 발생하는 것이 아니라 재판상 청구 등을 한 시점을 기준으로 하여 소급하여 6월 이내에 한 최고시에 발생한다. (대판 1987.12.22. 87다카2337)
[2] 2010. 3. 1. 소를 취하(=소송계속의 소급적 소멸)하였으므로 2009. 8. 1.일자 재판상의 청구는 최고로서의 의미를 가질 뿐이다. 결국 2009. 4. 1.일자 최고(1차 최고)와 2009. 8. 1.일자 최고(2차 최고)가 존재하는 것과 다름이 없다. 그러므로 6개월 내의 재판상 청구가 있는 최고는 2차 최고일 뿐이므로, 2009. 8. 1.에 소멸시효가 중단될 수 있을 뿐인데, 소멸시효기간이 이미 2009. 7. 1. 만료된 이후이므로 소멸시효의 중단은 발생하지 않는다. ○ 정답 ×

29 가압류에 의한 시효중단 효력의 발생시기는 가압류를 신청한 때에 소급한다.

○ 해설 가압류를 시효중단사유로 규정한 이유는 가압류에 의하여 채권자가 권리를 행사하였다고 할 수 있기 때문인데, 가압류채권자의 권리행사는 가압류를 신청한 때에 시작되므로, 가압류에 의한 시효중단의 효력은 가압류신청을 한 때로 소급한다. (대판 2017.4.7. 2016다35451) ○ 정답 ○

30 주택임대차보호법상 임차권등기명령에 따른 임차권등기에는 소멸시효 중단사유인 압류 또는 가압류, 가처분에 준하는 효력이 있다.

○ 해설 주택임대차보호법에서 정한 임차권등기명령에 따른 임차권등기는 압류 또는 가압류, 가처분과 달리 담보적 기능을 주목적으로 한다. (중략) 따라서 임차권등기명령에 따른 임차권등기에는 제168조 2호에서 정하는 소멸시효 중단사유인 압류 또는 가압류, 가처분에 준하는 효력이 있다고 볼 수 없다. (대판 2019.5.16. 2017다226629)　　　○ 정답 ×

31 가압류의 피보전채권에 관하여 승소판결이 확정되면 가압류에 의한 시효중단의 효력은 소멸하므로 그 채권은 확정판결 후 10년이 경과하면 시효로 소멸한다.

○ 해설 제168조에서 가압류와 재판상의 청구를 별도의 시효중단사유로 규정하고 있는데 비추어 보면, 가압류의 피보전채권에 관하여 본안의 승소판결이 확정되었다고 하더라도 가압류에 의한 시효중단의 효력이 이에 흡수되어 소멸된다고 할 수 없다. (대판 2000.4.25. 2000다11102)　　　○ 정답 ×

32 乙이 甲의 丙에 대한 채무를 보증한 경우, 丙이 보증인 乙의 재산을 압류한 조치는 甲에 대한 통지가 없는 한 丙의 甲에 대한 주채무의 소멸시효 진행에 영향을 주지 않는다.

○ 해설 채권자가 물상보증인이나, 저당부동산의 제3취득자에 대하여 그 피담보채권의 실행으로서 경매를 신청하여 경매법원이 경매개시결정을 하고 경매절차의 이해관계인인 채무자에게 그 결정이 송달된 경우에는 시효의 이익을 받은 채무자는 제176조에 의하여 피담보채권의 소멸시효 중단의 효과를 받는다. (대판 1990.6.26. 89다카32606)　　　○ 정답 ○

33 소멸시효의 중단사유로서의 승인과 관련하여 현존하지 아니하는 장래의 채권을 미리 승인하는 것은 채무자가 그 권리의 존재를 인식하고서 한 것이라고 볼 수 없어 허용되지 않는다.

○ 해설 소멸시효의 중단사유로서의 승인은 시효이익을 받을 당사자인 채무자가 그 권리의 존재를 인식하고 있다는 뜻을 표시함으로써 성립하는 것이므로 이는 소멸시효의 진행이 개시된 이후에만 가능하고 그 이전에 승인을 하더라도 시효가 중단되지는 않는다. 또한 현존하지 아니하는 장래의 채권을 미리 승인하는 것은 채무자가 그 권리의 존재를 인식하고서 한 것이라고 볼 수 없어 허용되지 않는다. (대판 2001.11.9. 2001다52568)　　　○ 정답 ○

34 "입원비 기타 제 요금이 체납될 시는 乙병원의 법적 조치에 대하여 아무런 이의를 하지 않겠다."는 약정은 환자 甲이 치료비 채무의 존재를 미리 승인한 것으로 볼 수 없다.

○ 해설 소멸시효의 중단사유로서의 승인은 시효이익을 받을 당사자인 채무자가 그 권리의 존재를 인식하고 있다는 뜻을 표시함으로써 성립하는 것이므로 이는 소멸시효의 진행이 개시된 이후에만 가능하고 그 이전에 승인을 하더라도 시효가 중단되지는 않는다. 또한 현존하지 아니하는 장래의 채권을 미리 승인하는 것은 채무자가 그 권리의 존재를 인식하고서 한 것이라고 볼 수 없어 허용되지 않는다. (대판 2001.11.9. 2001다52568) ○ 정답 O

35 채무자가 소멸시효 완성 후에 그 사실을 알고 채권자에 대하여 채무 일부를 변제함으로써 시효의 이익을 포기한 경우에는 그때부터 새로이 소멸시효가 진행한다.

○ 해설 채무자가 소멸시효 완성 후에 채권자에 대하여 채무 일부를 변제함으로써 시효의 이익을 포기한 경우에는 그때부터 새로이 소멸시효가 진행한다. (대판 2013.5.23. 2013다12464) ○ 정답 O

36 시효의 중단은 당사자 및 그 승계인간에만 효력이 있지만, 주채무자에 대한 시효중단은 보증인에 대하여 그 효력이 있다.

○ 해설 주채무자에 대한 시효의 중단은 보증인에 대하여 그 효력이 있다(제440조). ○ 정답 O

37 부진정연대채무에서 채무자 1인에 대한 재판상 청구는 다른 채무자에게 시효중단의 효력을 발생시키지 않는다.

○ 해설 시효중단의 효력은 당사자 및 그 승계인 사이에만 미친다(제169조; 시효중단의 상대효). 그러나 어느 연대채무자 1인에 대한 이행청구는 다른 연대채무자에게도 효력이 있으므로(제416조) 다른 연대채무자에 대하여도 시효가 중단된다. 하지만, 부진정연대채무의 경우에는 제416조가 적용되지 않으므로, 부진정연대채무에서 채무자 1인에 대한 재판상 청구 등 소멸시효의 중단사유는 다른 채무자에게 효력을 미치지 않는다. (대판 2017.9.12. 2017다865) ○ 정답 O

38 천재 기타 사변으로 인하여 소멸시효를 중단할 수 없을 때에는 그 사유가 종료한때로부터 6개월 내에는 시효가 완성하지 않는다.

○ 해설 천재 기타 사변으로 인하여 소멸시효를 중단할 수 없을 때에는 그 사유가 종료한 때로부터 1월 내에는 시효가 완성하지 아니한다(제182조). ○ 정답 ×

소멸시효의 효력

39 채무불이행으로 인한 손해배상청구권에 대한 소멸시효 항변이 불법행위로 인한 손해배상청구권에 대한 소멸시효 항변을 포함한 것으로 볼 수는 없다.

> **해설** 채무불이행으로 인한 손해배상청구권에 대한 소멸시효 항변이 불법행위로 인한 손해배상청구권에 대한 소멸시효 항변을 포함한 것으로 볼 수는 없다. (대판 1998.5.29. 96다51110)
>
> **정답** O

40 소멸시효가 완성된 경우 그 채무자에 대한 다른 일반 채권자는 자기의 채권을 보전하기 위하여 필요한 한도 내에서 채무자를 대위하여 소멸시효의 완성을 주장할 수 있을 뿐 채권자의 지위에서 독자적으로 소멸시효의 완성을 주장할 수 없다.

> **해설** 채무자에 대한 일반채권자는 채무자를 대위하여 채무자에 대한 다른 채권자의 채권의 소멸시효를 주장할 수 있을 뿐, 채권자의 지위에서 독자적으로 다른 채권자의 채권의 소멸시효를 주장할 수 없다. (대판 1997.12.26. 97다22676)
>
> **정답** O

41 채권자대위소송의 제3채무자도 피보전채권의 소멸시효가 완성된 경우 이를 원용할 수 있다.

> **해설** 채권자대위권의 행사에서 제3채무자는 채무자가 채권자에 가지는 항변으로 대항할 수 없고, 채권의 소멸시효가 완성된 경우 이를 원용할 수 있는 자는 원칙적으로는 시효이익을 직접 받는 자뿐이므로 제3채무자는 이를 행사할 수 없다. (대판 1998.12.8. 97다31472)
>
> **정답** ×

42 사해행위취소소송에서 피고인 수익자는 취소채권자의 피보전채권의 소멸시효 완성을 주장할 수 있다.

> **해설** 소멸시효를 원용할 수 있는 사람은 권리의 소멸에 의하여 직접 이익을 받는 자에 한정되는바, 사해행위취소소송의 상대방이 된 수익자는, 채권자의 채권이 소멸하면 이익의 상실을 면하므로, 그 채권의 소멸에 의하여 직접 이익을 받는 자에 해당한다. (대판 2007.11.29. 2007다54849)
>
> **정답** O

43 후순위 담보권자는 선순위 담보권의 피담보채권 소멸로 직접 이익을 받는 자에 해당하지 않아 선순위 담보권의 피담보채권에 관한 소멸시효가 완성되었다고 주장할 수 없다.

○ 해설 소멸시효가 완성된 경우 이를 주장할 수 있는 사람은 시효로 채무가 소멸되는 결과 직접적인 이익을 받는 사람에 한정된다. 후순위 담보권자는 선순위 담보권의 피담보채권이 소멸하면 담보권의 순위가 상승하고 이에 따라 피담보채권에 대한 배당액이 증가할 수 있지만, 이는 반사적 이익에 지나지 않는다. 후순위 담보권자는 선순위 담보권의 피담보채권 소멸로 직접 이익을 받는 자에 해당하지 않아 선순위 담보권의 피담보채권에 관한 소멸시효가 완성되었다고 주장할 수 없다. (대판 2021.2.25. 2016다232597)   ○ 정답 O

44 금전채무가 시효소멸한 후 채무자가 미지급이자를 담보하기 위해 자신이 소유한 부동산에 근저당권을 설정해줌으로써 시효이익을 포기한 경우, 그 후 채무자로부터 그 부동산을 매수한 양수인은 채무자가 한 시효이익 포기의 효력을 부정할 수 있다.

○ 해설 소멸시효 이익의 포기는 상대적 효과가 있을 뿐이어서 다른 사람에게는 영향을 미치지 아니함이 원칙이나, 소멸시효 이익의 포기 당시에는 권리의 소멸에 의하여 직접 이익을 받을 수 있는 이해관계를 맺은 적이 없다가 나중에 시효이익을 이미 포기한 자와의 법률관계를 통하여 비로소 시효이익을 원용할 이해관계를 형성한 자는 이미 이루어진 시효이익 포기의 효력을 부정할 수 없다(대판 2015.6.11. 2015다200227). 따라서 근저당권이 설정된 부동산을 양수하기 전에 채무자가 이미 시효이익을 포기한 경우에는 양수인이 법률상 이해관계를 가질 당시에 이미 피담보채권의 시효이익 포기가 확정된 상태이므로, 양수인은 소멸시효완성을 주장할 수 없다.
○ 정답 ×

45 국민을 보호할 의무가 있는 국가가 공무원의 불법행위로 인한 손해배상을 하지 않고 있다가, 채권자인 피해 국민으로부터 손해배상청구를 받자 비로소 소멸시효 완성을 주장하는 경우, 국가의 소멸시효 완성의 항변은 권리남용에 해당하여 허용될 수 없다.

○ 해설 국가의 소멸시효 완성 주장이 신의성실의 원칙에 반하고 권리남용에 해당한다고 하기 위해서도 특별한 사정이 인정되어야 할 것이고, 또한 위와 같은 일반적 원칙을 적용하여 법이 두고 있는 구체적인 제도의 운용을 배제하는 것은 법해석에 있어 또 하나의 대원칙인 법적 안정성을 해할 위험이 있으므로 그 적용에는 신중을 기하여야 할 것이다. (대판 2010.3.11. 2009다86147)
○ 정답 ×

46 소멸시효 완성 후 시효이익을 받는 당사자인 채무자가 채권자에게 자신의 채무가 있음을 알고 있다는 뜻을 표시하여 채무승인을 한 경우, 시효의 완성으로 인한 법적인 이익을 받지 않겠다는 효과의사가 없더라도 소멸시효 이익의 포기로 인정될 수 있다.

> **해설** 소멸시효이익의 포기는 의사표시로서 상대방 있는 단독행위이며 처분행위이다. 따라서 시효완성으로 인한 법적인 이익을 받지 않겠다는 효과의사가 필요하다. **정답** ×

47 소멸시효 완성의 이익 포기의 의사표시는 채무자에게 불리한 행위로서 시효이익을 받을 당사자인 채무자에 의하여 행하여져야 하고, 그 대리인에 의하여 행하여질 수 없다.

> **해설** 시효완성의 이익 포기의 의사표시를 할 수 있는 자는 시효완성의 이익을 받을 당사자 또는 그 대리인에 한정되고, 그 밖의 제3자가 시효완성의 이익 포기의 의사표시를 하였다 하더라도 이는 시효완성의 이익을 받을 자에 대한 관계에서 아무 효력이 없다. (대판 2014.1.23. 2013다64793) **정답** ×

48 주채무의 소멸시효 완성으로 보증채무가 소멸된 상태에서 보증인이 보증채무를 이행하거나 승인한 경우, 특별한 사정이 없는 한 보증인이 주채무의 시효소멸을 이유로 보증채무의 소멸을 주장할 수는 없다.

> **해설** 주채무에 대한 소멸시효가 완성되어 보증채무가 소멸된 상태에서 보증인이 보증채무를 이행하거나 승인하였다고 하더라도, 주채무자가 아닌 보증인의 행위에 의하여 주채무에 대한 소멸시효 이익의 포기 효과가 발생된다고 할 수 없으며, 주채무의 시효소멸에도 불구하고 보증채무를 이행하겠다는 의사를 표시한 경우 등과 같이 부종성을 부정하여야 할 다른 특별한 사정이 없는 한 보증인은 여전히 주채무의 시효소멸을 이유로 보증채무의 소멸을 주장할 수 있다. (대판 2012.7.12. 2010다51192) **정답** ×

49 소멸시효에 관한 규정은 강행규정이므로, 소멸시효는 법률행위에 의하여 단축 또는 경감할 수 없다.

> **해설** 소멸시효는 법률행위에 의하여 이를 배제, 연장 또는 가중할 수 없으나 이를 단축 또는 경감할 수 있다(제184조 2항). **정답** ×

Chapter 10
자연인

기본에 충실한
세무사객관식민법

Chapter 10 자연인

제1절 자연인의 권리능력

01. 권리능력에 관한 설명으로 옳지 않은 것은? 세무사 18년

① 2인 이상이 동일한 위난으로 사망한 경우에는 동시에 사망한 것으로 추정한다.
② 특허권, 상표권에 관해서는 상호주의에 따라 외국인의 권리능력이 제한된다.
③ 인정사망이란 사망의 확증은 없으나 사망이 확실하다고 인정되는 경우, 가족관계등록부에 사망으로 기재하여 사망을 간주하는 제도이다.
④ 동시사망 시에도 대습상속이 가능하다.
⑤ 실존인물인 경우에 특별한 사정이 없는 한 생존한다고 추정되고, 사망의 사실 및 시기에 대한 증명책임은 그것을 전제로 한 법률효과를 주장하는 자가 진다.

○ 해설

① (○) 제30조.
③ (×) 인정사망은 <u>사망추정</u> 규정일 뿐이다.

○ 정답 ③

02. 권리능력에 관한 설명으로 옳은 것은? (다툼이 있으면 판례에 따름) 세무사 20년

① 애완견은 물건을 소유할 수 있다.
② 사망한 사람도 채무를 부담한다.
③ 사단법인 소유의 물건은 사원들의 공동소유이다.
④ 치매로 사물을 판단할 능력이 전혀 없는 사람도 권리능력이 제한되지 않는다.
⑤ 태아는 사람과 동일한 권리능력을 가진다.

○ 해설

① (×) 동물은 권리능력이 인정되지 않기 때문에 물건에 대한 소유권의 주체가 될 수 없다.
② (×) 제3조에 따라 사람은 생존한 동안 권리와 의무의 주체가 되므로, 사망한 자는 의무를 부담하지 않는다.

③ (×) 사단법인은 권리능력을 가지므로(제34조), 그 사원이 아니라 사단법인이 독자적으로 물건의 소유권을 가진다. 비법인사단에 있어서 그 사원이 집합체로서 물건을 소유할 때 그것을 총유라는 공동소유형태로 구성하는 것(제275조 1항)과 다르다.
④ (○) 권리능력 평등의 원칙에 의하여 사람은 사람이기만 하면 모두 똑같이 권리능력을 가진다.
⑤ (×) 태아는 민법상 사람이 아니며 따라서 권리능력을 가지지 못한다(제3조 참조). 그러나 태아에게 권리능력을 전혀 인정하지 않는다면 그에게 매우 불리한 경우가 생기기 때문에, 우리 민법은 몇가지 중요한 법률관계에 관하여 태아를 이미 출생한 것으로 보아 권리능력을 인정하고 있다(개별적 보호주의).

○ 정답 ④

03. 태아의 권리능력에 관한 설명으로 옳지 않은 것은?   세무사 18년

① 태아는 법정대리인에 의한 수증(受贈)행위를 할 수 있다.
② 상속에 관하여 태아는 이미 출생한 것으로 본다.
③ 태아에게 유류분권이 인정된다.
④ 부(父)가 교통사고로 상해를 입은 경우에 태아 자신의 정신적 고통에 대한 위자료 청구가 인정된다.
⑤ 태아에게 대습상속권이 인정된다.

○ 해설

① (×) 태아는 단독행위인 유증을 받을 수 있는 권리능력은 있지만(제1064조), 증여계약을 체결할 권리능력은 없으므로 수증(受贈)행위를 할 수 없다. "증여에 관하여는 태아의 수증능력이 인정되지 아니하고, 또 태아인 동안에는 법정대리인이 있을 수 없으므로 법정대리인에 의한 수증행위도 할 수 없다"(대판 1982.2.9. 81다534).
② (○) 제1000조 3항.
③ (○) 유류분권은 상속인에게 인정되는 권리인데, 태아는 상속의 권리능력이 있으므로(제1000조 3항) 유류분권도 인정된다.
④ (○) 태아도 손해배상청구권에 관하여는 이미 출생한 것으로 보는바, 부가 교통사고로 상해를 입을 당시 태아가 출생하지 아니하였다고 하더라도 그 뒤에 출생한 이상 부의 부상으로 인하여 입게 될 정신적 고통에 대한 위자료를 청구할 수 있다(대판 1993.4.27. 93다4663).
⑤ (○) 대습상속권은 상속인에게 인정되는 권리인데, 태아는 상속의 권리능력이 있으므로(제1000조 3항) 대습상속권도 인정된다.

○ 정답 ①

04. 태아에게 권리능력이 인정되는 경우를 모두 고른 것은? 　　세무사 19년

| ㄱ. 상속 | ㄴ. 유증. |
| ㄷ. 태아의 인지청구권 | ㄹ. 불법행위로 인한 손해배상청구권 |

① ㄱ, ㄴ, ㄷ　　② ㄱ, ㄴ, ㄹ
③ ㄱ, ㄷ, ㄹ　　④ ㄴ, ㄷ, ㄹ　　⑤ ㄱ, ㄴ, ㄷ, ㄹ

◯ 해설

㉠(○) 태아는 상속(제100조 3항), 대습상속(제1001조), 유류분반환청구권(제1112조)과 관련하여 권리능력이 인정된다.
㉡(○) 태아는 유증을 받을 권리능력이 인정된다(제1064조).
㉢(×) 태아는 인지를 받을 권리는 인정되나(제858조), 적극적인 인지청구권은 없다(통설).
㉣(○) 태아는 불법행위로 인한 손해배상청구권에 관하여 권리능력이 인정된다.

◯ 정답　②

---

05. 자연인의 능력에 관한 설명으로 옳지 않은 것은? (다툼이 있으면 판례에 따름)　　세무사 17년

① 생후 1개월인 영아는 권리능력을 가진다.
② 15세인 대학생은 행위능력이 제한된다.
③ 의사능력의 유무는 구체적인 법률행위와 관련하여 개별적으로 판단되어야 한다.
④ 태아는 출생하는 것을 전제로 하여 불법행위를 이유로 한 손해배상청구권을 가질 수 있다.
⑤ 상속개시 당시에 태아인 경우에는 그 후 출생하더라도 상속권이 인정되지 않는다.

◯ 해설

④ (○) 제762조 [손해배상청구권에 있어서의 태아의 지위] 태아는 손해배상의 청구권에 관하여는 이미 출생한 것으로 본다.
⑤ (×) 태아는 상속순위에 관하여는 이미 출생한 것으로 본다(제1000조 3항). 판례는 정지조건설의 입장이다. 즉, 태아로 있는 동안은 권리능력을 취득할 수 없으나 살아서 출생하는 것을 전제로 하여 그 출생시기가 문제된 사건(ex. 상속, 불법행위에 의한 손해배상청구 등)의 시기까지 소급하여 그 때에 태아가 출생한 것과 같이 법률상 보아준다는 의미이다(대판 1976.9.14. 76다1365).

◯ 정답　⑤

06. 자연인의 권리능력에 관한 설명으로 옳지 않은 것은? (다툼이 있으면 판례에 따름)   세무사 22년

① 권리능력에 관한 민법의 규정은 강행규정이다.
② 태아는 부(父)의 생명침해에 대한 자신의 위자료청구권에 관하여 이미 출생한 것으로 본다.
③ 부(父)의 사망 후 태아가 살아서 태어나면 상속개시 시에 이미 출생한 것으로 본다.
④ 가족관계등록부에 기재된 출생 사실은 그 기재사실에 반하는 증거에 의하여 그 추정을 번복할 수 있다.
⑤ 인정사망은 사망의 대세적 효력을 가지므로 그 후에 반대의 증거가 제출되더라도 그 효력이 소멸하지 않는다.

해설

① (○) 권리능력과 행위능력에 관한 규정은 강행규정이다.
② (○) 태아도 손해배상청구권에 관하여는 이미 출생한 것으로 보는바, 부가 교통사고로 상해를 입을 당시 태아가 출생하지 아니하였다고 하더라도 그 뒤에 출생한 이상 부의 부상으로 인하여 입게 될 정신적 고통에 대한 위자료를 청구할 수 있다(대판 1993.4.27. 93다4663).
③ (○) 태아는 상속순위에 관하여는 이미 출생한 것으로 본다(제1000조 3항). 판례는 정지조건설의 입장이다. 즉, 태아로 있는 동안은 권리능력을 취득할 수 없으나 살아서 출생하는 것을 전제로 하여 그 출생시기가 문제된 사건(ex. 상속, 불법행위에 의한 손해배상청구 등)의 시기까지 소급하여 그 때에 태아가 출생한 것과 같이 법률상 보아준다는 의미이다(대판 1976.9.14. 76다1365).
④ (○) 가족관계등록부에 기재된 사실은 진실한 것으로 추정되지만, 그 기재사실에 반하는 증거에 의하여 그 추정을 번복할 수 있다.
⑤ (×) 인정사망은 실종선고와 달리 반대사실의 증명에 의하여 번복할 수 있다.

정답 ⑤

---

07. 민법상 능력에 관한 설명으로 옳지 않은 것은? (다툼이 있으면 판례에 따름)   세무사 23년

① 사람은 생존한 동안 권리와 의무의 주체가 된다.
② 행위능력의 유무는 객관적이고 획일적으로 판단한다.
③ 의사무능력자의 법률행위는 무효이다.
④ 태아는 법정대리인에 의한 수증(受贈)행위를 할 수 없다.
⑤ 실종선고를 받은 자는 권리능력을 상실한다.

○ 해설

① (○) 제3조.
② (○) 의사능력은 개별적으로 판단하지만 행위능력은 획일적으로 판단한다. 즉 행위능력이 제한되는 자는 미성년자, 피성년후견인, 피한정후견인에 한한다.
③ (○) 의사무능력자의 법률행위는 무효이고, 제한능력자의 법률행위는 취소사유에 해당한다.
④ (○) 태아는 단독행위인 유증을 받을 수 있는 권리능력은 있지만(제1064조), 증여계약을 체결할 권리능력은 없으므로 수증(受贈)행위를 할 수 없다. "증여에 관하여는 태아의 수증능력이 인정되지 아니하고, 또 태아인 동안에는 법정대리인이 있을 수 없으므로 법정대리인에 의한 수증행위도 할 수 없다"(대판 1982.2.9. 81다534).
⑤ (×) 실종선고는 실종자의 권리능력 자체를 박탈시키는 제도가 아니다. 실종선고는 ⅰ) 종래의 주소를 중심으로, ⅱ) 실종기간 만료시의, ⅲ) 사법적 법률관계(재산관계와 가족관계)에 대하여만 사망간주의 효과를 발생시킬 뿐이다.

○ 정답 ⑤

제2절 주소 및 부재와 실종

08. 법원에 의한 부재자재산관리가 종료될 수 있는 사유가 아닌 것은? (다툼이 있으면 판례에 따름)

세무사 17년

① 부재자가 재산관리인을 선임한 경우
② 부재자가 스스로 재산관리를 할 수 있게 된 경우
③ 부재자가 사망한 경우
④ 부재자에 대하여 실종선고가 행하여진 경우
⑤ 부재자가 행방불명이 된 경우

○ 해설

⑤ (×) 부재자의 소식이 끊겨서 행방불명이 된 경우에도 부재자의 재산관리 필요성은 계속되므로 부재자재산관리는 종료되지 않는다.

○ 정답 ⑤

09. 부재자의 재산관리인에 관한 설명으로 옳지 않은 것은? _{세무사 18년}

① 부재자가 재산관리인을 정하였다면 이해관계인이 재산관리인의 개임을 청구할 수 없다.
② 법원이 선임한 재산관리인은 관리할 재산목록을 작성하여야 한다.
③ 부재자의 생사가 분명하지 아니한 경우에 부재자가 정한 재산관리인은 법원의 허가 없이는 권한을 넘는 행위를 할 수 없다.
④ 법원은 그 선임한 재산관리인으로 하여금 재산의 반환에 관하여 상당한 담보를 제공하게 할 수 있다.
⑤ 법원은 그 선임한 재산관리인에 대하여 부재자의 재산으로 상당한 보수를 지급할 수 있다.

○ 해설

① (×) 제23조【관리인의 개임】 부재자가 재산관리인을 정한 경우에 **부재자의 생사가 분명하지 아니한 때에는 법원은** 재산관리인, 이해관계인 또는 검사의 청구에 의하여 재산관리인을 개임할 수 있다.
② (○) 제24조 1항.
③ (○) 제25조.
④ (○) 제26조 1항.
⑤ (○) 제26조 2항.

○ 정답 ①

10. 부재자 재산관리인에 관한 설명으로 옳은 것은? (다툼이 있으면 판례에 따름) _{세무사 19년}

① 부재자 재산관리인은 자기의 재산에 대한 것과 동일한 주의의무로 부재자의 재산을 관리하여야 한다.
② 부재자가 정한 재산관리인은 부재자의 생사가 분명하지 아니한 경우, 가정법원 허가를 얻어 권한을 넘는 행위를 할 수 있다.
③ 법원이 부재자 재산관리인의 권한을 정하지 않은 때에는 보존행위만을 할 수 있다.
④ 부재자 재산관리인이 법원의 허가를 받아 부동산을 매매한 후 그 허가결정이 취소되면 그 매매행위는 효력을 상실한다.
⑤ 부재자 재산관리인이 법원의 허가를 받아 처분행위를 하였으나 처분 시점에서 부재자가 이미 사망한 경우에는 부재자의 처분행위는 효력이 없다.

○ 해설

① (×) 부재자가 직접 관리인을 둔 경우 재산관리인은 부재자의 수임인이므로 「선량한 관리자의 주의 」를 가지고 사무를 처리해야 한다. 법원이 선임한 재산관리인도 마찬가지이다.

② (○) 부재자 자신이 재산관리인을 둔 경우 민법은 원칙적으로 간섭을 하지 않지만, 「부재자의 생사가 분명하지 않게 된 때」에는 예외적으로 가정법원이 관여할 수 있다. 즉 가정법원은 일정한 자의 청구에 의하여 재산관리인을 바꿀 수 있고(제23조) 혹은 바꾸지 않고 그를 감독만 할 수도 있다. 감독만 하는 경우 재산관리인이 권한을 넘는 행위를 하려면 법원의 허가를 얻어야 한다(제25조 2문).

③ (×) 법원이 재산관리인의 권한을 정하지 않았다면, 관리인은 부재자의 재산에 관하여 제118조가 정하는 「관리행위」(보존행위+이용·개량행위)를 할 수 있다(제25조 1문).

④ (×) 부재자재산관리인이 권한초과처분 허가를 얻어 부동산을 매매한 후 그 허가결정이 취소되었다 할지라도 그 취소결정은 장래효를 가질 뿐이므로, 그 매매행위는 여전히 유효하다(대판 1960.2.4. 4291민상636).

⑤ (×) 법원에 의하여 일단 부재자의 재산관리인 선임결정이 있었던 이상, 부재자가 법원의 재산관리인 선임결정 이전에 사망하였음이 위 결정 후에 확실하여졌다 하더라도 선임결정이 취소되지 않는 한 선임된 부재자재산관리인의 권한이 당연히 소멸되지 아니한다. 나아가 이후에 선임결정이 취소된 경우에도 그 취소의 효력은 장래에 향하여서만 생기므로 그간의 부재자재산관리인의 적법한 권한행사의 효과는 이미 사망한 그 부재자의 재산상속인에게 미친다(대판 1970.1.27. 69다719)

○ 정답 ②

11. 부재자의 재산관리인에 관한 설명으로 옳지 않은 것은? _{세무사 21년}

① 부재자가 재산관리인을 정하지 않은 때에는 법원은 이해관계인이나 검사의 청구에 의해 재산관리에 필요한 처분을 명해야 한다.
② 부재자의 부재중에 재산관리인의 권한이 소멸한 때 법원은 이해관계인이나 검사의 청구에 의해 부재자의 실종선고를 해야 한다.
③ 법원은 그 선임한 재산관리인에게 재산의 관리 및 반환에 관해 상당한 담보를 제공하게 할 수 있다.
④ 부재자가 재산관리인을 정한 경우에 부재자의 생사가 분명하지 않은 때는 법원은 이해관계인의 청구에 의해 재산관리인을 개임할 수 있다.
⑤ 법원은 그 선임한 재산관리인에 대해 부재자의 재산으로 보수를 지급할 수 있다.

○ 해설

① (○) 제22조 1항 1문.
② (×) 처음부터 재산관리인이 없었던 경우와 동일하게, 이해관계인이나 검사의 청구에 의해 법원은 재산관리에 필요한 처분을 명한다(제22조 1항 2문).
③ (○) 제26조 1항.
④ (○) 제23조.
⑤ (○) 제26조 2항.

○ 정답 ②

12. 부재자의 재산관리를 위해 법원이 선임한 재산관리인에 관한 설명으로 옳지 않은 것은? (다툼이 있으면 판례에 따름)　　　　　　　　　　　　　　　　　　　　　　세무사 23년

① 재산관리인이 권한 없이 부재자소유 부동산을 매각하였더라도 이후에 법원의 허가를 얻어 이전등기절차를 마쳤다면 그 처분행위는 유효하다.
② 재산관리인이 부재자의 사망을 확인하였다면 법원의 재산관리인 선임결정 취소 전이라도 권한을 행사할 수 없다.
③ 재산관리인은 부재자의 실종선고를 청구할 수 있는 이해관계인에 포함된다.
④ 재산관리인은 선량한 관리자의 주의로 직무를 처리해야 한다.
⑤ 법원은 재산관리인에 대해 부재자의 재산으로 보수를 지급할 수 있다.

○ 해설

① (○) 부재자의 재산관리인에 의한 부재자소유 부동산 매각행위에 대한 법원의 허가는 그 재산에 대한 장래의 처분행위뿐만 아니라 기왕의 처분행위를 추인하는 행위로도 할 수 있다. (대판 1982.12.14. 80다1872·1873)
② (×) 법원이 선임한 부재자의 재산관리인은 그 부재자의 사망이 확인된 후라 할지라도 위 선임결정이 취소되지 않는 한 그 관리인으로서의 권한이 소멸되는 것은 아니다. (대판 1971.3.23. 71다189)
③ (○) 제27조의 실종선고를 청구할 수 있는 이해관계인이라 함은 부재자의 사망으로 직접적으로 신분상 또는 경제상의 권리를 취득하거나 의무를 면하게 되는 사람만을 뜻한다(대판 1986.10.10. 86스20). 따라서 부재자재산관리인도 부재자의 실종선고를 청구할 수 있는 이해관계인에 포함된다.
④ (○) 법원이 선임한 재산관리인은 부재자의 법정대리인으로서 법정위임관계에 있으므로 선량한 관리자의 주의의무로써 재산관리 등 직무를 수행하여야 한다.
⑤ (○) 법원은 그 선임한 재산관리인에 대하여 부재자의 재산으로 상당한 보수를 지급할 수 있다(제26조 2항).

○ 정답 ②

13. 실종선고에 관한 설명으로 옳지 않은 것은?　　　　　　　　　　　　　　　세무사 18년

① 사망의 원인이 될 위난을 당한 자의 실종기간은 위난종료시로부터 1년이다.
② 실종선고를 받은 자는 사망한 것으로 의제되며, 실종선고 그 자체가 법원에 의해 취소되지 않는 한 이 사망의 효과는 계속된다.
③ 가족관계등록부상 사망한 것으로 기재되어 있는 자는 그 사망기재의 추정력을 뒤집을 수 있는 자료가 없는 한 실종선고를 할 수 없다.
④ 제1순위 상속인이 있어도 제2순위 상속인은 실종선고를 청구할 수 있는 이해관계인에 해당한다.
⑤ 피상속인의 사망 후에 피상속인의 딸에 대한 실종선고가 이루어졌으나 실종기간이 피상속인의 사망 전에 만료되었다면 그 딸은 상속인이 될 수 없다.

> 해설

① (○) 제27조 2항.
② (○) 실종선고로 인한 사망간주의 효과를 소멸시키기 위해서는 법원의 실종선고 취소가 있어야만 한다.
③ (○) 가족관계등록부상 이미 사망한 것으로 기재되어 있는 자는 그 사망기재의 추정력을 뒤집을 수 있는 자료가 없는 한 그 생사가 불분명한 자라고 볼 수 없어 실종선고를 할 수 없다(대판 1997.11.27. 97스4).
④ (×) 제2순위 상속인에 불과한 자는 '부재자'에 대한 실종선고를 청구할 이해관계인이 될 수 없다(대판 1986.10.10. 86스20).
⑤ (○) 甲(실종선고자)이 피상속인의 사망 이전에 사망한 것으로 간주된 경우에는 피상속인의 상속인이 될 수 없다. (대판 1982.09.14. 82다144)

> 정답 ④

14. 실종선고에 관한 설명으로 옳은 것은? (다툼이 있으면 판례에 따름) 세무사 17년

① 실종선고를 받은 자는 실종기간이 만료한 때에 사망한 것으로 추정한다.
② 실종자를 사망한 것으로 보는 시기는 실종기간이 만료한 때가 아니라 실종선고가 이루어진 때이다.
③ 실종선고의 효력은 사법상 법률관계는 물론이고, 공법상 법률관계에도 그 효력이 미친다.
④ 이해관계 없는 후순위 상속인은 선순위 상속인이 있더라도 실종선고를 청구할 수 있다.
⑤ 실종선고가 취소되지 않는 한, 실종자의 생존 등의 반증을 들어도 선고의 효력을 부정할 수 없다.

> 해설

① (×) 사망으로 추정하는 것이 아니라, 간주한다(제28조).
② (×) 사망간주의 시기는 실종선고시가 아니라 실종기간이 만료한 때로 소급한다(제28조).
③ (×) 실종자의 종래의 주소를 중심으로 하는 실종기간 만료시의 사법상 법률관계에 관하여만 사망의 효과가 생긴다. 따라서 새로운 주소에서의 법률관계나 종래의 주소에 생환한 이후의 법률관계에는 영향이 없으며, 공법상의 법률관계에도 영향을 미치지 않는다.
④ (×) 제27조의 실종선고를 청구할 수 있는 이해관계인이란, 실종자의 사망으로 인하여 직접적으로 권리를 취득하거나 의무를 면하게 되는 사람만을 뜻한다. 따라서 실종자의 제2순위 상속인에 불과한 자는 실종선고를 청구할 이해관계인이 될 수 없다
⑤ (○) 실종선고의 효력은 오로지 법원에 의한 실종선고 취소(제29조)로만 그 효력을 부정할 수 있다. 따라서 실종자가 살아 있음이 증명되어도 그 선고의 효력은 부정되지 않는다.

> 정답 ⑤

15. 실종선고에 관한 설명으로 옳은 것은? (다툼이 있으면 판례에 따름) 세무사 21년

① 강가에서 낚시를 하고 있던 자의 생사가 1년간 분명하지 않은 경우에 이해관계인은 실종선고를 청구할 수 있다.
② 가족관계등록부상 이미 사망한 것으로 기재되어 있는 자에 대해서는 그 사망기재의 추정력을 뒤집을 수 있는 자료가 없는 한 실종선고를 할 수 없다.
③ 실종선고는 실종자의 종래 주소 또는 거소를 중심으로 하는 사법적·공법적 법률관계를 종료시킨다.
④ 실종자가 실종기간의 기산점 이후에 생존했음을 이유로 실종선고가 취소된 경우에는 다시 실종선고를 청구할 수 없다.
⑤ 실종선고가 취소되면 실종선고를 직접원인으로 하여 재산을 취득한 자는 악의인 경우라도 발생한 손해를 배상할 필요가 없다.

○ 해설

① (×) 제27조의 문언이나 규정의 체계 및 취지 등에 비추어, 그 제2항에서 정하는 "사망의 원인이 될 위난"이라고 함은 화재·홍수·지진·화산 폭발 등과 같이 일반적·객관적으로 사람의 생명에 명백한 위험을 야기하여 사망의 결과를 발생시킬 가능성이 현저히 높은 외부적 사태 또는 상황을 가리킨다(대결 2011.1.31. 2010스165). 따라서 강가에서 낚시를 하고 있다가 생사불분명이라는 사정만으로 사망의 원인이 될 위난이라고 할 수 없다.
② (○) 대판 1997.11.27. 97스4.
③ (×) 사법적 법률관계에 관하여만 사망을 의제하므로 공법상의 관계에는 영향을 미치지 않는다.
④ (×) 실종기간 기산점 이후에 생존을 이유로 실종선고가 취소된 경우에, 일단 선고 전의 상태로 되돌아가고 이해관계인은 그가 원한다면 다시 새로운 실종선고를 청구할 수 있게 된다.
⑤ (×) 실종선고의 취소가 있을 때에 실종의 선고를 **직접원인으로** 하여 재산을 취득한 자가 **선의인 경우**에는 그 받은 이익이 현존하는 한도에서 반환할 의무가 있고 **악의인 경우**에는 그 받은 이익에 이자를 붙여서 반환하고 손해를 배상하여야 한다(제29조 2항).

○ 정답 ②

---

16. 부재와 실종에 관한 설명으로 옳지 않은 것은? (다툼이 있으면 판례에 따름) 세무사 22년

① 법인은 그 성질상 부재자가 될 수 없다.
② 실종선고를 받은 자는 실종선고가 확정된 날로부터 사망한 것으로 본다.
③ 선순위상속인이 있는 경우, 후순위상속인은 실종선고를 청구할 수 있는 이해관계인에 해당하지 않는다.

④ 실종선고 후 그 취소 전에 선의로 이루어진 행위는 실종선고의 취소에 의해 영향을 받지 않는다.
⑤ 재산관리인의 처분행위에 대한 법원의 허가는 과거의 처분행위에 대한 추인을 위해서도 할 수 있다.

○ 해설

① (○) 부재자의 재산관리 제도는 자연인에게만 적용된다.
② (×) 실종선고를 받은 자는 실종기간이 만료한 때에 사망한 것으로 본다(제28조).
③ (○) 제2순위 상속인에 불과한 자는 '부재자에' 대한 실종선고를 청구할 이해관계인이 될 수 없다(대판 1986.10.10. 86스20).
④ (○) 제29조 1항 단서.
⑤ (○) 부재자의 재산관리인에 의한 부재자소유 부동산 매각행위에 대한 법원의 허가는 그 재산에 대한 장래의 처분행위뿐만 아니라 기왕의 처분행위를 추인하는 행위로도 할 수 있다. (대판 1982.12.14. 80다1872·1873)

○ 정답 ②

17. 실종선고 및 그 취소에 관한 설명으로 옳은 것은? (다툼이 있으면 판례에 따름)   세무사 20년

① 부재자의 부모가 생존해 있는 경우에도 부재자의 형제는 상속인이라는 이유로 실종선고를 청구할 수 있다.
② 침몰한 선박 중에 있던 자가 실종선고를 받은 경우, 그는 선박이 완전히 침몰한 때에 사망한 것으로 본다.
③ 실종자가 실종기간이 만료한 때와 다른 시기에 사망한 것이 증명되고 이해관계인이 실종선고의 취소를 청구한 경우, 법원은 실종선고를 취소하여야 한다.
④ 실종선고의 취소는 실종선고 후 그 취소 전에 악의로 한 행위의 효력에도 영향을 미치지 아니한다.
⑤ 실종선고가 취소되면 실종의 선고를 직접원인으로 하여 재산을 취득한 자는 그 받은 이익을 모두 반환할 의무가 있다.

◎ 해설

① (×) 제1순위의 상속인(부재자의 부모)이 있는 경우 제2순위 상속인(부재자의 형제)은 부재자에 대한 실종선고를 청구할 이해관계인이 될 수 없다(대판 1980.9.6. 80스27).

② (×) 실종자는 실종기간이 만료한 때에 사망한 것으로 본다(제28조).

③ (○) 실종선고의 요건이 갖추어지면 법원은 반드시 실종선고를 취소하여야 한다(제29조 1항 본문).

④ (×) 실종선고의 취소는 **실종선고후 그 취소전에 선의로** 한 행위의 효력에는 영향을 미치지 아니한다(제29조 1항 단서).

⑤ (×) 실종선고의 취소가 있을 때에 실종의 선고를 **직접원인으로** 하여 재산을 취득한 자가 **선의인 경우**에는 그 받은 이익이 현존하는 한도에서 반환할 의무가 있고 **악의인 경우**에는 그 받은 이익에 이자를 붙여서 반환하고 손해를 배상하여야 한다(제29조 2항).

◎ 정답 ③

필수지문 O ✕

자연인의 권리능력

01 사람이 출생한 후 출생신고에 의하여 가족관계등록부에 기재되어야 권리능력을 취득한다.

> **해설** 사람은 생존하는 동안 권리와 의무의 주체가 되므로(제3조), 출생과 동시에 권리능력을 취득한다.
> **정답** ✕

02 甲이 태아인 상태에서 父가 乙의 불법행위에 의해서 장애를 얻었다면, 살아서 출생한 甲은 乙에 대하여 父의 장애로 인한 자신의 정신적 손해에 대한 배상을 청구할 수 없다.

> **해설** 태아도 손해배상청구권에 관하여는 이미 출생한 것으로 보는바, 부(父)가 교통사고로 상해를 입을 당시 태아가 출생하지 아니하였다고 하더라도 그 뒤에 출생한 이상 부의 부상으로 인하여 입게 될 정신적 고통에 대한 위자료를 청구할 수 있다.(대판 1993.4.27. 93다4663)
> **정답** ✕

03 태아의 부(父)가 타인의 불법행위로 사망한 경우, 부(父)의 생명침해로 인한 재산적 손해에 대해서는 태아에게 직접 손해배상청구권이 발생한다.

> **해설** 태아는 상속순위에 관하여는 이미 출생한 것으로 보므로(제1000조 3항), 부(父)가 생전에 취득한 손해배상청구권을 상속한다(상속구성론).
> **정답** ✕

04 태아의 母가 태아를 대리하여 증여자와 증여계약을 체결한 경우에 태아가 살아서 출생하면 증여계약상의 권리를 주장할 수 있다.

> **해설** 증여에 관하여는 태아의 수증능력이 인정되지 아니하고, 또 태아인 동안에는 법정대리인이 있을 수 없으므로 법정대리인에 의한 수증행위도 할 수 없다. (대판 1982.2.9. 81다534) 즉, 태아는 유증받을 권리능력은 있지만, 증여계약을 체결할 권리능력은 없다.
> **정답** ✕

05 태아가 살아서 출생하지 못한 경우에는 권리능력이 인정되지 않는다.

> **해설** 태아가 모체와 같이 사망하여 출생의 기회를 못 가져 살아서 태어나지 않은 이상, 손해배상청구권을 논할 여지 없다.(대판 1976.9.14. 76다1365)
> **정답** O

주소 및 부재와 실종

06 법원이 선임한 부재자 甲의 재산관리인 丁이 甲의 재산에 대한 법원의 매각처분허가를 얻은 때에도 甲의 채무를 담보하기 위하여 甲의 부동산에 저당권을 설정하려면 다시 법원의 허가를 얻어야 한다.

> **해설** 부재자재산관리인이 매각을 허가 받은 재산을 매도담보 또는 대물변제로 공하거나 이에 저당권을 설정함에는 다시 법원의 허가를 받을 필요가 없다. (대판 1957.3.23. 4289민상677)
> **정답** ×

07 재산관리인이 법원의 허가를 받아 행한 처분행위는 후에 그 허가가 취소되더라도 유효하다.

> **해설** 가정법원의 재산관리처분허가의 취소는 장래에 향하여만 효력이 생기며 소급하지 않는다(대판 1970.1.27. 69다719).
> **정답** ○

08 부재자 재산관리인이 법원의 허가를 받고 선임결정이 취소되기 전에 한 처분행위는 그것이 부재자에 대한 실종기간 만료 후에 이루어졌더라도 유효하며, 그 효과는 부재자의 상속인에게 미친다.

> **해설** 부재자재산관리인이 권한초과행위의 허가를 받고 그 선임결정이 취소되기 전에 한 행위는 부재자에 대한 실종선고기간의 만료된 후에 이뤄졌다고 하더라도 유효하므로, 그 권한행사의 효과는 부재자의 재산상속인에게 미친다. (대판 1975.6.10. 73다2023)
> **정답** ○

09 부재자가 재산관리인을 선임하면서 처분권까지 부여하였더라도, 이후 부재자의 생사가 분명하지 않게 되었다면 위 부재자 재산관리인의 처분행위는 법원의 허가를 받아야 한다.

> **해설** 부재자로부터 재산처분권까지 위임받은 재산관리인은 그 재산을 처분함에 있어 법원의 허가를 요하는 것은 아니다. (대판 1973.7.24. 72다2136)
> **정답** ×

10 부재자가 재산의 관리 및 처분의 권한을 母에게 위임하였다면, 母가 이후 부재자의 실종 후 법원에 신청하여 위 부재자의 재산관리인으로 선임된 경우라 할지라도, 母가 부재자 재산에 대하여 보존행위 혹은 관리행위 이외의 처분행위를 할 때에 별도로 법원의 허가를 받을 필요가 없다.

○해설 부재자가 재산관리인을 둔 경우 그 권한 범위는 부재자의 수권행위에 의하여 정하여지므로 수권범위 내라면 처분행위라 하더라도 법원의 허가를 받을 필요가 없다. 그러나 부재중 부재자의 생사불명으로 법원이 재산관리인을 개임한 경우(제23조)에는 그 때부터는 재산관리인의 종전의 임의대리인 지위는 소멸하고 법정대리인의 지위를 취득하므로 그 권한 범위는 수권행위가 아니라 제25조에 의한다. 따라서 처분행위에는 법원의 허가가 필요하다. ○정답 ×

11 가족관계등록부상 이미 사망한 것으로 기재되어 있는 자에 대해서는 그 사망기재의 추정력을 뒤집을 수 있는 자료가 없는 한 실종선고를 할 수 없다.

○해설 가족관계등록부의 기재사항은 이를 번복할 만한 명백한 반증이 없는 한 진실에 부합하는 것으로 추정되므로, 등록부상 이미 사망한 것으로 기재되어 있는 자는 그 생사가 불분명한 자라고 볼 수 없어 실종선고를 할 수 없다. (대판 1997.11.27. 97스4) ○정답 O

12 실종상태에 있는 자 중에 실종선고를 받지 않은 자는 특별한 사정이 없는 한 생존하고 있는 것으로 추정되므로, 사망의 사실에 대한 증명책임은 이를 주장하는 자가 부담한다.

○해설 실존인물임이 인정되고 그러한 연령의 사람이 생존한다는 것이 매우 이례적이라고 보여지는 고령에 해당되지 않는 이상 특별한 사정이 없는 한 현재 생존하고 있는 것으로 추정되고, 그가 사망하였다는 점은 이를 주장하는 자가 적극적으로 증명하여야 한다. (대판 1994.10.25. 94다18683) ○정답 O

13 잠수장비를 착용하고 바다에 입수하여 부상하지 아니한 채 행방불명되었다면 1년의 특별실종기간이 진행된다.

○해설 제27조의 문언이나 규정의 체계 및 취지 등에 비추어, 그 제2항에서 정하는 "사망의 원인이 될 위난"이라고 함은 화재·홍수·지진·화산 폭발 등과 같이 일반적·객관적으로 사람의 생명에 명백한 위험을 야기하여 사망의 결과를 발생시킬 가능성이 현저히 높은 외부적 사태 또는 상황을 가리킨다. (대판 2011.1.31. 2010스165) 따라서 잠수장비를 착용한 채 바다에 입수하였다가 부상하지 아니한 채 행방불명되었다 하더라도, 이는 "사망의 원인이 될 위난"이라고 할 수 없으므로 보통실종기간 5년이 적용된다. ○정답 ×

14 A와 B가 비행기추락사고로 실종된 사안에서, 사고 후 1년이 지난 뒤 후순위 상속인 E가 A와 B의 실종선고를 청구한 경우, 법원은 법률이 규정한 절차에 따라 실종선고를 하여야 한다.

해설 제27조의 실종선고를 청구할 수 있는 이해관계인이라 함은 부재자의 사망으로 직접적으로 신분상 또는 경제상의 권리를 취득하거나 의무를 면하게 되는 사람만을 뜻한다. (따라서) 부재자의 자매로서 후순위 상속인에 불과한 자는 실종선고를 청구할 이해관계인이 될 수 없다. (대판 1986.10.10. 86스20)

정답 ×

15 2013년 4월 16일 제주도행 여객선이 침몰하여 행방불명된 甲에 대하여 2015년 2월 11일 실종선고가 내려진 경우, 甲은 2014년 4월 16일 24시에 사망한 것으로 간주된다.

해설 특별실종기간 1년이 적용되므로 기산일(2013.4.17.)로부터 1년이 만료되는 2014. 4.16. 24시에 사망간주된다.

정답 ○

16 본인의 생존 및 기타의 반증이 있더라도 실종선고의 취소가 없는 한, 사망의 효과를 다툴 수 없다.

해설 실종선고를 받은 자는 사망한 것으로 간주한다(제28조). 따라서 생존사실 등 기타의 반증을 하여도 실종선고의 효과를 다툴 수 없으며, 오직 실종선고의 취소에 의해서만 사망의 효과를 뒤집을 수 있다.

정답 ○

17 실종선고에 의해 실종자 甲은 권리능력을 상실하므로 재산법적 법률관계와 가족법적 법률관계는 모두 종료된다.

해설 실종선고는 ⅰ) 종래의 주소를 중심으로, ⅱ) 실종기간 만료시의, ⅲ) 사법적 법률관계(재산관계와 가족관계)에 대하여만 사망간주의 효과를 발생시킨다. 따라서 ① 실종자의 권리능력 자체를 박탈시키는 제도가 아니므로 새로운 주소에서의 법률관계나 종래의 주소에 살아 돌아온 이후의 법률관계에는 영향이 없다. ② 또한 공법상의 법률관계에도 영향을 미치지 않는다.

정답 ×

18 丙에 대한 실종선고가 취소되는 경우, 丙은 선의의 상속인으로부터 실종선고 취소 전에 상속재산을 직접 취득한 선의의 제3자에 대하여 그 받은 이익이 현존하는 한도에서 재산의 반환을 청구할 수 있다.

해설 실종선고 취소로 생환자는 본래의 자기재산에 대하여 소유권에 기한 반환청구를 할 수 있음이 원칙이다. 그러나 제29조 1항 단서는 거래의 안전을 보호하기 위하여 그러한 물권적 청구가 부정되는 경우를 정하고 있다. 즉 제29조 1항 단서가 적용되는 경우 생환자는 반사적으로 소유권을 상실한다. 한편 부당이득반환은 제29조 2항에 의하여 청구할 수 있는데, 그 상대방은 실종선고를 직접 원인으로 이익을 얻은 자에 한하므로, 제3자에게는 부당이득반환을 청구할 수 없다.

정답 ×

19 甲에게 내려진 실종선고에 기인하여 乙이 甲 소유의 아파트를 상속한 후 이 아파트를 丙에게 매도하였는데, 그 후 실종선고가 취소되었다면, 乙과 丙이 선의인 경우에도 乙은 그 이익이 현존하는 한 반환의무가 있다.

○ 해설 물권적 반환 문제(제29조 1항 단서)와 달리 채권적 부당이득 반환 문제는 제29조 2항에 따른다. 실종선고를 직접 원인으로 재산을 취득한 자(ex. 상속인, 유증 받은 자, 생명보험금 수익자 등)는 실종선고 취소로 그 이득을 보유할 「법률상 원인(제741조)」이 소멸하므로 선악에 관계없이 부당이득 반환의무를 진다. 다만 그 반환범위는 선악에 따라 달라진다(제29조 2항). 전득자는 여기의 반환의무자에 포함되지 않는다. ○ 정답 ○

Chapter 11
법 인

Chapter 11 법 인

제1절 법인 아닌 사단 / 법인 아닌 재단

01. 민법상 법인 아닌 사단에 관한 설명으로 옳은 것은? (다툼이 있으면 판례에 따름) 세무사 17년

① 사단법인에 관한 민법 규정은 법인 아닌 사단에도 모두 유추 적용된다.
② 사원이 없게 되면 법인 아닌 사단은 청산절차를 거치지 않더라도 즉시 소멸한다.
③ 정관에 기재된 대표권 제한에 관하여 거래의 상대방이 알았거나 알 수 있었다면, 법인 아닌 사단은 대표권 제한 위반의 거래행위가 유효하지 않음을 주장할 수 있다.
④ 법인 아닌 사단의 구성원 일부가 집단적으로 사단을 탈퇴하였다면 기존의 법인 아닌 사단은 각각 두 개의 독립한 사단으로 분열되었다고 보아야 한다.
⑤ 종중(宗中) 재산의 관리 및 처분에 관하여 종중규약에서 규정하고 있지 않다면, 특별한 사정이 없는 한, 종중 대표가 단독으로 종중재산을 유효하게 처분할 수 있다.

○ 해설

① (×) 비법인사단의 법률관계는 사단법인에 관한 규정 중에서 법인격을 전제로 하는 것을 제외하고 유추적용된다.
② (×) 청산절차를 종료하여야만 소멸한다.
③ (○) 비법인사단의 경우에는 대표자의 대표권 제한에 관하여 등기할 방법이 없어 제60조의 규정을 준용할 수 없고, 비법인사단의 대표자가 정관에서 사원총회의 결의를 거쳐야 하도록 규정한 대외적 거래행위에 관하여 이를 거치지 아니한 경우라도, 이는 비법인사단의 내부적 의사결정에 불과하다 할 것이므로, 그 거래 상대방이 그와 같은 대표권 제한 사실을 알았거나 알 수 있었을 경우가 아니라면 그 거래행위는 유효하다고 봄이 상당하고., 이 경우 거래의 상대방이 대표권 제한 사실을 알았거나 알 수 있었음은 비법인사단측이 주장·증명하여야 한다(대판 2003.7.22. 2002다64780).
④ (×) 우리 민법이 사단법인에 있어서 구성원의 탈퇴나 해산은 인정하지만 사단법인의 구성원들이 2개의 법인으로 나뉘어 각각 독립한 법인으로 존속하면서 종전 사단법인에게 귀속되었던 재산을 소유하는 방식의 사단법인의 분열은 인정하지 아니한다. 그 법리는 법인 아닌 사단에 대하여도 동일하게 적용되며, 법인 아닌 사단의 구성원들의 집단적 탈퇴로써 사단이 2개로 분열되고 분열되기 전 사단의 재산이 분열된 각 사단들의 구성원들에게 각각 총유적으로 귀속되는 결과를 초래하는 형태의 법인 아닌 사단의 분열은 허용되지 않는다(대판 2006.4.20. 2004다37775 전원합의체).
⑤ (×) 종중재산은 총유물이므로 대표자가 단독으로 처분할 수 없다. 그 처분은 종중총회의 결의가 있어야만 유효하다(제276조 1항).

○ 정답 ③

02. 법인 아닌 사단에 관한 설명으로 옳은 것은? (다툼이 있으면 판례에 따름) 세무사 20년

① 종중총회가 종중의 토지에 대한 수용보상금을 종원에게 분배하기로 결의하였다면, 종원은 종중에 대하여 직접 분배금 지급을 청구할 수 있다.
② 법인 아닌 사단의 구성원 개인이 사원총회의 결의를 거쳤다면 총유재산에 관한 소송의 당사자가 될 수 있다.
③ 교회의 구성원들이 각각 독립한 2개의 교회로 나뉘어 존속하면서 종전 교회에게 귀속되었던 재산을 소유하는 방식의 분열도 인정된다.
④ 종중총회의 소집통지는 반드시 서면으로 하여야 한다.
⑤ 단체로서의 실체를 갖추고 독자적인 활동을 하고 있더라도 사단법인의 하부조직은 사단법인과는 별개의 독립된 법인 아닌 사단으로 볼 수 없다.

○ 해설

① (○) 대판 1994.4.26. 93다32446.
② (×) 총유재산에 관한 소송은 ⅰ) 법인 아닌 사단이 그 명의로 사원총회의 결의를 거쳐 하거나 또는 그 구성원 전원이 당사자가 되어 필수적 공동소송의 형태로 할 수 있을 뿐 ⅱ) <u>그 사단의 구성원은 설령 그가 사단의 대표자라거나 사원총회의 결의를 거쳤다 하더라도 그 소송의 당사자가 될 수 없고</u>, 이러한 법리는 총유재산의 보존행위로서 소를 제기하는 경우에도 마찬가지이다. (대판 2005.9.15. 2004다44971 전원합의체)
③ (×) 법인 아닌 사단의 구성원들의 집단적 탈퇴로써 사단이 2개로 분열되고 분열되기 전 사단의 재산이 분열된 각 사단들의 구성원들에게 각각 총유적으로 귀속되는 결과를 초래하는 형태의 <u>법인 아닌 사단의 분열은 허용되지 않는다</u>(대판(전) 2006.4.20. 2004다37775).
④ (×) 그 소집통지의 방법은 반드시 직접 서면으로 하여야만 하는 것은 아니고 구두 또는 전화로 하여도 되고 다른 종중원이나 세대주를 통하여 하여도 무방하다(대판 2007.9.6. 2007다34982).
⑤ (×) 사단법인의 하부조직의 하나라 하더라도 스스로 단체로서의 실체를 갖추고 독자적인 활동을 하고 있다면 사단법인과는 별개의 독립된 비법인사단으로 볼 수 있다(대판 2009.1.30. 2006다60908).

○ 정답 ①

03. 민법상 비법인사단에 관한 설명으로 옳지 않은 것은? (다툼이 있으면 판례에 따름) 세무사 22년

① 비법인사단과 민법상 조합을 구별함에 있어서는 단체성의 강약을 기준으로 판단하여야 한다.
② 법인의 불법행위책임에 관한 민법 제35조의 규정은 비법인사단에 유추적용된다.
③ 고유한 의미의 종중은 종중원의 신분이나 지위를 박탈시킬 수 없다.
④ 사원총회의 결의를 거쳤다 하더라도 비법인사단의 구성원 중 1인은 총유재산에 대한 소송의 당사자가 될 수 없다.
⑤ 교회는 비법인사단에 해당하므로 합병 및 분열이 인정된다.

O 해설

① (○) 민법상의 조합과 비법인사단을 구별함에 있어서는 그 단체성의 강약을 기준으로 판단하여야 하는바, ⅰ) 조합은 2인 이상이 상호간에 금전 기타 재산 또는 노무를 출자하여 공동사업을 경영할 것을 약정하는 계약관계에 의하여 성립하므로(제703조) 어느 정도 단체성에서 오는 제약을 받게 되는 것이지만 구성원의 개인성이 강하게 드러나는 인적 결합체인 데 비하여 ⅱ) 비법인사단은 구성원의 개인성과는 별개로 권리의무의 주체가 될 수 있는 독자적 존재로서의 단체적 조직을 가지는 특성이 있다.(대판 1992.7.10. 92다2431)

② (○) 대판 2003.7.25. 2002다27088.

③ (○) 고유의 의미의 종중의 경우에는 종중이 종중원의 자격을 박탈한다든지 종중원이 종중을 탈퇴할 수 없다(대판 1998.2.27. 97도1993).

④ (○) 총유재산에 관한 소송은 ⅰ) 법인 아닌 사단이 그 명의로 사원총회의 결의를 거쳐 하거나 또는 그 구성원 전원이 당사자가 되어 필수적 공동소송의 형태로 할 수 있을 뿐 ⅱ) 그 사단의 구성원은 설령 그가 사단의 대표자라거나 사원총회의 결의를 거쳤다 하더라도 그 소송의 당사자가 될 수 없고, 이러한 법리는 총유재산의 보존행위로서 소를 제기하는 경우에도 마찬가지이다. (대판 2005.9.15. 2004다44971 전원합의체)

⑤ (×) 법인 아닌 사단의 구성원들의 집단적 탈퇴로써 사단이 2개로 분열되고 분열되기 전 사단의 재산이 분열된 각 사단들의 구성원들에게 각각 총유적으로 귀속되는 결과를 초래하는 형태의 법인 아닌 사단의 분열은 허용되지 않는다(대판(전) 2006.4.20. 2004다37775).

O 정답 ⑤

04. A비법인사단은 대표자 甲을 두고 있으며, A의 구성원들은 집합체로서 X부동산을 소유하고 있다. 다음 설명 중 옳지 않은 것은? (다툼이 있으면 판례에 따름)　　세무사 21년

① A의 구성원들은 X를 총유한다.
② A명의로도 X에 대한 등기를 할 수 있다.
③ A는 민사소송에서 당사자가 될 수 있다.
④ 甲이 그 직무에 관하여 제3자에게 불법행위를 한 경우에 A는 제3자에게 손해배상책임을 부담한다.
⑤ 甲이 정관에서 정한 대표권 제한을 위반하여 제3자와 거래행위를 한 경우에 제3자가 선의·무과실이더라도 그 거래행위는 무효이다.

○ 해설

① (○) 제275조 1항.
② (○) 부동산등기법 제26조.
③ (○) 민사소송법 제52조.
④ (○) 제35조 1항 유추적용(대판 2003.7.25. 2002다27088).
⑤ (×) 비법인사단의 경우에는 대표자의 대표권 제한에 관하여 등기할 방법이 없어 제60조의 규정을 준용할 수 없고, 비법인사단의 대표자가 정관에서 사원총회의 결의를 거쳐야 하도록 규정한 대외적 거래행위에 관하여 이를 거치지 아니한 경우라도, 이는 비법인사단의 내부적 의사결정에 불과하다 할 것이므로, 그 거래 상대방이 그와 같은 대표권 제한 사실을 알았거나 알 수 있었을 경우가 아니라면 그 거래행위는 유효하다고 봄이 상당하고., 이 경우 거래의 상대방이 대표권 제한 사실을 알았거나 알 수 있었음은 비법인사단측이 주장·증명하여야 한다(대판 2003.7.22. 2002다64780).

○ 정답 ⑤

05. 비법인사단인 종중에 관한 설명으로 옳지 않은 것은? (다툼이 있으면 판례에 따름) 세무사 19년

① 종중원이 집합체로서 물건을 소유할 때에는 총유로 한다.
② 공동선조의 성과 본을 같이 하는 후손은 성별의 구별 없이 성년이 되면 당연히 종중의 구성원이 된다.
③ 종중은 관습상 당연히 성립하기 때문에 특별한 조직행위를 필요로 하지 않는다.
④ 종중은 종중원의 신분이나 지위를 박탈시킬 수 없으나 종중원은 종중을 탈퇴할 수 있다.
⑤ 종중총회의 소집통지의 방법은 구두 또는 전화로 하여도 되고 다른 종중원을 통하여도 할 수 있다.

○ 해설

① (○) 종중소유의 재산은 종중원의 총유에 속하는 것이므로 그 관리 및 처분은 먼저 종중규약에 정한 바가 있으면 이에 따라야 하고, 그 점에 관한 종중규약이 없으면 종중총회의 결의에 의하여야 한다(대판 1994.9.30. 93다27703).
② (○) 종중이란 공동선조의 분묘수호와 제사 및 종원 상호간의 친목 등을 목적으로 하여 구성되는 자연발생적인 종족집단이므로, 종중의 이러한 목적과 본질에 비추어 볼 때 공동선조와 성과 본을 같이 하는 후손은 성별의 구별 없이 성년이 되면 당연히 그 구성원이 된다고 보는 것이 조리에 합당하다(대판(전) 2005.7.21. 2002다1178).
③ (○) 종중은 관습상 당연히 성립하기 때문에 특별한 조직행위를 필요로 하지 않는다(대판 1997.11.14. 96다25715).
④ (×) 고유의 의미의 종중의 경우에는 종중이 종중원의 자격을 박탈한다든지 종중원이 종중을 탈퇴할 수 없다(대판 1998.2.27. 97도1993).

⑤ (○) 종중총회 소집통지의 방법은 반드시 직접 서면으로 하여야만 하는 것은 아니고 구두 또는 전화로 하여도 되고 다른 종중원이나 세대주를 통하여 하여도 무방하다(대판 2000.2.25. 99다20155).

○ 정답 ④

06. 법인 아닌 사단에 관한 설명으로 옳지 않은 것은? (다툼이 있으면 판례에 따름) 세무사 23년

① 일부 신도들이 사찰 운영에 반대하여 신도회에서 탈퇴한 경우에는 사찰이 분열된 것으로 인정된다.
② 교회의 구성원들이 집합체로서 물건을 소유할 때에는 총유로 한다.
③ 종중규약에 다른 규정이 없으면, 종원은 대리인을 통하여 결의권을 행사할 수 있다.
④ 대표권 제한에 관한 정관을 위반한 대표자의 거래행위는 상대방이 선의·무과실인 경우에 유효하다.
⑤ 비법인 사단의 이사가 없어서 법원이 선임한 임시이사는 원칙적으로 정식이사와 동일한 권한을 가진다.

○ 해설

① (×) 일단 사찰이 성립한 이상 그 분열은 인정되지 않고 그 요소의 하나인 신도회도 분열될 수 없는 것이며, 일부 승려나 신도들이 신도회에서 탈퇴하였다 하더라도 이를 가리켜 사찰 또는 신도회가 분열되었다고 할 수는 없다. (대판 1997.12.9. 94다41249)
② (○) 교회는 법인 아닌 사단이며, 법인이 아닌 사단의 사원이 집합체로서 물건을 소유할 때에는 총유로 한다(제275조 1항).
③ (○) 종중총회의 결의방법에 있어 종중규약에 다른 규정이 없는 이상 종원은 서면이나 대리인으로 결의권을 행사할 수 있다.(대판 1991.11.8. 91다25383)
④ (○) 비법인사단의 경우에는 대표자의 대표권 제한에 관하여 등기할 방법이 없어 제60조의 규정을 준용할 수 없고, 비법인사단의 대표자가 정관에서 사원총회의 결의를 거쳐야 하도록 규정한 대외적 거래행위에 관하여 이를 거치지 아니한 경우라도, 이는 비법인사단의 내부적 의사결정에 불과하다 할 것이므로, 그 거래 상대방이 그와 같은 대표권 제한 사실을 알았거나 알 수 있었을 경우가 아니라면 그 거래행위는 유효하다고 봄이 상당하고., 이 경우 거래의 상대방이 대표권 제한 사실을 알았거나 알 수 있었음은 비법인사단측이 주장·증명하여야 한다(대판 2003.7.22. 2002다64780).
⑤ (○) 제63조에 의하여 법원이 선임한 임시이사는 정식이사와 동일한 권한을 가진다. (대판 2013.6.13. 2012다40332)

○ 정답 ①

제2절 법인의 설립

07. 민법상 비영리법인의 설립에 관한 입법주의는? 세무사 22년

① 특허주의 ② 준칙주의
③ 인가주의 ④ 허가주의 ⑤ 자유설립주의

○ 해설

④ (○) 학술, 종교, 자선, 기예, 사교 기타 영리아닌 사업을 목적으로 하는 사단 또는 재단은 주무관청의 허가를 얻어 이를 법인으로 할 수 있다(제32조). 즉, 우리 민법은 비영리법인의 설립에 관하여 허가주의를 택하고 있다.

○ 정답 ④

08. 민법상 비영리사단법인이 법인격을 취득하는 시기는? 세무사 17년

① 설립자들이 단체를 결성하기로 합의한 때
② 설립자들이 사단법인의 정관을 작성한 때
③ 주무관청으로부터 설립에 관한 허가를 받은 때
④ 주된 사무소의 소재지에서 설립등기를 마친 때
⑤ 기본 재산이 법인의 명의로 등기된 때

○ 해설

④ (○) 주된 사무소의 소재지에서 설립등기를 마친 때에 권리능력을 취득한다(제33조).

○ 정답 ④

09. 사단법인의 설립에 관한 설명으로 옳지 않은 것은? (다툼이 있으면 판례에 따름) 세무사 19년

① 사단법인은 법률의 규정에 의함이 아니면 성립하지 못한다.
② 사원자격의 득실에 관한 규정은 정관에 기재되고 등기되어야만 한다.
③ 사단법인은 그 주된 사무소의 소재지에서 설립등기를 함으로써 성립한다.

④ 사원의 지위를 상속할 수 있다는 정관규정은 유효하다.
⑤ 사단법인이 공익을 해하는 행위를 한 경우, 주무관청은 설립허가를 취소할 수 있다.

> **해설**

① (○) 제31조.
② (×) 사원자격의 득실에 관한 규정은 정관의 필요적 기재사항이지만(제40조 6호) 등기해야 할 사항은 아니다.
③ (○) 제33조.
④ (○) "사단법인의 사원의 지위는 양도 또는 상속할 수 없다"고 한 제56조의 규정은 강행규정은 아니라고 할 것이므로, 정관에 의하여 이를 인정하고 있을 때에는 양도·상속이 허용된다(대판 1992.4.14. 91다26850)..
⑤ (○) 제38조.

정답 ②

10. 사단법인의 설립에 관한 설명으로 옳지 않은 것은? _{세무사 20년}

① 민법상 법인이라도 반드시 공익을 목적으로 할 필요는 없다
② 존립시기나 해산사유를 정하지 않아서 기재하지 않은 정관은 정관으로서의 효력이 없다.
③ 설립등기는 종된 사무소 소재지에 하여서는 안 된다.
④ 사단법인의 설립행위는 서면으로 하는 요식행위이다.
⑤ 정관의 임의적 기재사항도 정관에 기재되면 필수적 기재사항과 동일한 효력을 가진다.

> **해설**

① (○) 제32조 참조.
② (×) 존립시기나 해산사유는 이를 정하고 있는 때에만 기재하면 된다(제40조 7호).
③ (○) 제33조.
④ (○) 정관을 작성하는 행위가 사단법인의 설립행위이다. 서면에 일정한 사항을 기재하고 기명날인하는 방법으로 정관을 작성(제40조)하여야 하기 때문에, 사단법인 설립행위는 요식행위이다.
⑤ (○) 따라서 필수적 기재사항이든 임의적 기재사항이든 그것을 변경할 때에는 모두 정관변경절차를 거쳐야 한다.

정답 ②

11. 민법상 법인의 설립에 관한 설명으로 옳지 않은 것은? (다툼이 있으면 판례에 따름) 세무사 21년

① 사단법인의 설립행위는 요식행위이다.
② 사단법인 정관의 법적 성질은 자치법규이다.
③ 생전처분으로 재단법인을 설립하는 때에는 유증에 관한 규정을 준용한다.
④ 재단법인의 발기인은 법인설립인가를 받기 위한 준비행위로서 재산의 증여를 받을 수 있다.
⑤ 유언으로 부동산을 출연하여 재단법인을 설립하는 경우 제3자에 대한 관계에서는 등기를 마쳐야 출연부동산의 소유권이 법인에 귀속된다.

○ 해설

① (○) 서면에 일정한 사항을 기재하고 기명날인하는 방법으로 정관을 작성하여야 한다는 점에서(제40조 참조), 사단법인의 설립행위는 요식행위이다.
② (○) 사단법인의 정관은 이를 작성한 사원뿐만 아니라 그 후에 가입한 사원이나 사단법인의 기관 등도 구속하는 점에 비추어 보면 그 법적 성질은 계약이 아니라 자치법규로 보는 것이 타당하므로, 이는 어디까지나 객관적인 기준에 따라 그 규범적인 의미 내용을 확정하는 법규해석의 방법으로 해석되어야 하는 것이지, 작성자의 주관이나 해석 당시의 사원의 다수결에 의한 방법으로 자의적으로 해석될 수는 없다(대판 2000.11.24. 99다12437).
③ (×) <u>생전처분으로</u> 재단법인을 설립하는 때에는 증여에 관한 규정을 준용한다(제47조 1항). 반면에 <u>유언으로</u> 재단법인을 설립하는 때에는 <u>유증에 관한 규정</u>을 준용한다(동조 2항).
④ (○) 대판 1973.2.28. 72다2344.
⑤ (○) 대판 1993.9.14. 93다8054.

○ 정답 ③

12. 민법상 재단법인의 설립에 관한 설명으로 옳은 것은? (다툼이 있으면 판례에 따름) 세무사 23년

① 법인의 존립시기나 해산사유는 정관의 필요적 기재사항이다.
② 설립자가 그 목적을 정하지 않고 사망한 때에는 이해관계인 또는 검사의 청구에 의해 법원이 이를 정할 수 있다.
③ 설립자의 생전처분으로 재단법인에 출연된 물건에 하자가 있는 경우, 설립자는 그 하자를 몰랐더라도 담보책임을 진다.
④ 설립자가 생전처분으로 부동산을 출연하여 재단법인을 설립하는 경우, 출연자와 법인과의 관계에서 출연부동산의 소유권은 그 이전등기가 있어야 법인에게 귀속된다.
⑤ 재단법인의 출연자는 재단법인이 성립한 이후에도 착오를 원인으로 출연의 의사표시를 취소할 수 있다.

○ 해설

① (×) 법인의 존립시기나 해산사유는 사단법인의 경우에는 정관의 필요적 기재사항이지만(제40조 7호), 재단법인은 그렇지 않다.
② (×) 재단법인의 설립자가 그 명칭, 사무소 소재지 또는 이사임면의 방법을 정하지 아니하고 사망한 때에는 이해관계인 또는 검사의 청구에 의하여 법원이 이를 정한다(제44조). 이를 정관의 보충이라고 하는데, **목적과 자산에** 대하여는 정관보충이 인정되지 않는다.
③ (×) **생전처분으로** 재단법인을 설립하는 때에는 증여에 관한 규정을 준용하는데(제47조 1항), 증여의 경우에는 증여자는 '증여의 목적인 물건 또는 권리의 하자나 흠결에 대하여 그 흠결을 알고도 수증자에게 고지하지 않은 경우'가 아닌 한, 원칙적으로 담보책임을 지지 아니한다(제559조 1항).
④ (×) 출연재산이 부동산인 경우에도 ⅰ) 출연자와 법인 사이에는 법인의 성립 외에 등기를 필요로 하는 것은 아니지만, ⅱ) 제3자에 대한 관계에 있어서, 출연행위는 법률행위이므로 출연재산의 법인에의 귀속에는 부동산의 권리에 관한 것일 경우 등기를 필요로 한다. (대판 1979.12.11. 78다481,482 전원합의체)
⑤ (○) 착오가 있는 경우에는 출연자는 재단법인의 성립 여부나 출연된 재산의 기본재산인 여부와 관계없이 재단법인 출연의 의사표시를 착오를 원인으로 취소할 수 있다. (대판 1999.7.9. 98다9045)

○ 정답 ⑤

13. 부산에 주소를 둔 甲외 11인이 자신들을 구성원으로 하고 甲을 대표자로 하여 서울에 주된 사무소를 두는 민법상 A사단법인을 설립하고자 한다. 이에 관한 설명으로 옳은 것은? (다툼이 있으면 판례에 따름)
세무사 22년

① A법인의 설립을 위하여 작성한 정관의 법적 성질은 계약이다.
② A법인은 甲의 주소지에서 설립등기를 하여야 비로소 성립한다.
③ A법인의 정관이 유효하기 위해서는 자산에 관한 규정이 반드시 기재되어야 한다.
④ A법인은 특별한 사정이 없는 한, 총사원 3분의 2에 해당하는 8인 이상의 동의를 얻으면 해산을 결의할 수 있다.
⑤ A법인은 정관의 작성 이외에 재산의 출연을 그 설립요건으로 한다.

○ 해설

① (×) 사단법인의 정관은 이를 작성한 사원뿐만 아니라 그 후에 가입한 사원이나 사단법인의 기관 등도 구속하는 점에 비추어 그 법적 성질은 계약이 아니라 자치법규로 보는 것이 타당하다. 따라서 객관적인 기준에 따라 법규해석의 방법으로 해석되어야 하는 것이지, 작성자의 주관이나 해석 당시의 사원의 다수결에 의한 방법으로 자의적으로 해석될 수는 없다. (대판 2000.11.24. 99다12437)

② (×) 법인설립의 허가가 있는 때에는 3주간 내에 주된 사무소 소재지에서 설립등기를 하여야 한다(제49조 1항). 따라서 서울에서 설립등기를 하여야 한다.

③ (○) 제49조 2항 제6호.

④ (×) 사단법인은 정관에 다른 규정이 없는 한 총사원 4분의 3 이상의 동의가 없으면 해산을 결의하지 못한다(제78조).

⑤ (×) 재산의 출연은 재단법인의 설립요건이다. 사단법인에서는 이를 요하지 않는다.

○ 정답 ③

14. 민법상 재단법인에 관한 설명으로 옳은 것은? 세무사 17년

① 재단법인은 정관 또는 총회의 결의를 통하여 반드시 감사를 두어야 한다.
② 재단법인이 목적을 달성할 수 없는 경우, 설립자나 이사는 주무관청의 허가를 얻어 설립취지를 참작하여 그 목적 기타 정관의 규정을 변경할 수 있다.
③ 대표이사는 매년 1회 이상 사원총회를 소집하여야 한다.
④ 재단법인의 존립시기와 해산사유는 정관에 반드시 기재되어야 하는 사항이다.
⑤ 유언으로 재단법인을 설립하는 행위는 특별한 방식이 요구되지 않는 불요식행위이다.

○ 해설

① (×) 감사는 임의기관이다(제66조).

② (○) 제46조

③ (×) **사단법인**의 이사는 매년 1회 이상 통상총회를 소집하여야 한다(제69조).

④ (×) 재단법인의 존립시기와 해산사유는 사단법인의 정관의 필수적 기재사항이다. 재단법인의 경우에는 그러하지 아니하다.

⑤ (×) 유언은 엄격한 방식을 요구하는 요식행위이다.

○ 정답 ②

15. 재단법인에 관한 설명으로 옳지 않은 것은? (다툼이 있으면 판례에 따름) 세무사 21년

① 설립자가 정관에 그 변경방법을 정한 때는 그 방법에 따라 정관을 변경할 수 있다.
② 재단법인의 재산의 보전을 위하여 적당한 때에는 사무소의 소재지를 변경할 수 있다.
③ 재단법인의 기본재산에 새로운 재산을 편입하는 행위는 주무장관의 허가가 필요하다.
④ 재단법인의 설립자가 이사 임면의 방법을 정하지 않고 사망한 때는 이해관계인 또는 검사의 청구에 의해 법원이 이를 정한다.
⑤ 재단법인의 목적을 달성할 수 없는 때 이사는 주무관청의 허가 없이 그 목적 기타 정관의 규정을 변경할 수 있다.

○ 해설

① (○) 제45조 1항.
② (○) 제45조 2항.
③ (○) 대판 1991.5.28. 90다8558.
④ (○) 제44조.
⑤ (×) 재단법인의 목적을 달성할 수 없는 때에는 설립자나 이사는 **주무관청의 허가를 얻어** 설립의 취지를 참작하여 그 목적 기타 정관의 규정을 변경할 수 있다(제46조).

○ 정답 ⑤

16. 甲이 생전처분으로 그 소유의 X부동산을 출연하여 민법상 A재단법인을 설립하고자 한다. 이에 관한 설명으로 옳은 것을 모두 고른 것은? (다툼이 있으면 판례에 따름) 세무사 22년

ㄱ. 甲이 A법인의 명칭을 정하지 않고 사망한 경우, 이해관계인의 청구에 의해 법원이 이를 보충할 수 있다.
ㄴ. X부동산의 소유권은 A법인의 설립등기와는 무관하게 甲의 출연의 의사표시가 있은 때로부터 A법인에 귀속된다.
ㄷ. A법인의 성립 후, 기본재산인 X부동산에 관한 저당권 설정행위에 대해서는 특별한 사정이 없는 한 주무관청의 허가를 얻어야 한다.

① ㄱ ② ㄴ
③ ㄷ ④ ㄱ, ㄷ ⑤ ㄴ, ㄷ

○ 해설

ㄱ (○) 재단법인의 설립자가 그 명칭, 사무소소재지 또는 이사임면의 방법을 정하지 아니하고 사망한 때에는 이해관계인 또는 검사의 청구에 의하여 법원이 이를 정한다(제44조).

ㄴ (×) 생전처분으로 재단법인을 설립하는 때에는 출연재산은 법인이 성립된 때로부터 법인의 재산이 된다(제48조 1항). 따라서 설립등기를 하여야 재단법인에게 귀속된다.

ㄷ (×) 민법상 재단법인의 기본재산에 관한 저당권 설정행위는 특별한 사정이 없는 한 정관의 기재사항을 변경하여야 하는 경우에 해당하지 않으므로, 그에 관하여는 주무관청의 허가를 얻을 필요가 없다. (대판 2018.7.20. 2017마1565)

○ 정답 ①

제3절 법인의 능력

17. 법인의 불법행위책임에 관한 설명으로 옳은 것은? 　　　세무사 18년

① 대표권이 없는 이사의 행위로는 법인의 불법행위가 성립하지 않는다.
② 감사의 불법행위에 대해서도 법인의 불법행위가 성립한다.
③ 대표자의 행위가 외형상 비법인사단의 행위로 보이지만 개인의 이익을 위한 것인 경우, 비법인사단의 불법행위는 성립하지 않는다.
④ 법인의 불법행위책임이 인정되는 경우, 그 사항의 결의에 찬성한 사원은 특별한 사정이 없는 한 법인과 연대하여 책임을 진다.
⑤ 법인이 피해자에게 불법행위에 의한 손해배상을 한 경우에 대표기관에 대하여 구상권을 행사할 수 없다.

○ 해설

① (○) ② (×) 법인의 불법행위책임(제35조 1항)에서 말하는 '이사 기타 대표자'는 대표기관으로서의 이사를 말하며(대판 2005.12.23. 2003다30159), 임시이사(제63조)·특별대리인·직무대행자(제52조의2, 제60조의2)·청산인(제82조, 제83조)을 포함한다. 그러나 대표권 없는 이사, 감사는 대표기관이 아니므로 그들의 행위에 대해서는 제35조 1항의 법인의 불법행위는 성립하지 않는다.

③ (×) 직무에 관한 것이라는 의미는 행위의 외형상 법인의 대표자의 직무행위라고 인정할 수 있는 것이라면, 그것이 대표자 개인의 사리를 도모하기 위한 것이었거나 혹은 법령의 규정에 위배된 것이었다 하더라도 직무에 관한 행위에 해당한다(대판 2004.2.27. 2003다15280).

④ (×) 법인의 **목적범위외의 행위로** 인하여 타인에게 손해를 가한 때에는 그 사항의 의결에 찬성하거나 그 의결을 집행한 사원, 이사 및 기타 대표자가 연대하여 배상하여야 한다(제35조 2항). 법인의 목적범위외의 행위로 인하여, 법인의 불법행위가 성립하지 않는 경우에만 사원 등의 연대책임이 성립할 수 있다.

⑤ (×) 대표기관과 법인의 관계는 위임 유사의 관계이므로, 법인은 대표기관을 상대로 선관주의의무 위반을 이유로 손해배상을 청구할 수 있다.

○ 정답 ①

18. 민법상 법인의 능력에 관한 설명으로 옳지 않은 것은? (다툼이 있으면 판례에 따름) 세무사 22년

① 법인은 그의 명예를 침해한 자에 대하여 불법행위책임을 물을 수 있다.
② 정관에서 정한 목적을 수행함에 있어서 간접적으로 필요한 행위에 대해서도 법인의 권리능력이 인정된다.
③ 법인의 대표에 관하여 무권대리에 관한 규정이 준용될 수 있다.
④ 감사의 행위에 대해서도 민법 제35조에 의한 법인의 불법행위책임이 성립한다.
⑤ 대표권남용에 대하여 상대방이 악의이면 대표권남용행위는 법인에게 그 효력이 미치지 않는다.

○ 해설

① (○) 법인의 명예나 신용을 훼손한 자는 그 법인에게 재산 이외의 손해에 대하여도 배상할 책임이 있다. (대판 2008.10.9. 2006다53146)

② (○) 법인의 권리능력은 정관상의 목적에 의하여 제한되나, '목적범위내의 행위'라 함은 정관에 명시된 목적 자체에 국한되는 것이 아니라 그 목적을 수행하는데 있어 직접, 간접으로 필요한 행위는 모두 포함되고 목적수행에 필요한지의 여부는 행위의 객관적 성질에 따라 판단할 것이고 행위자의 주관적, 구체적 의사에 따라 판단할 것은 아니다. (대판 1988.1.19. 86다카1384)

③ (○) 법인의 대표에 관하여는 대리에 관한 규정을 준용하므로(제59조 2항), 무권대리에 관한 규정도 준용된다.

④ (×) 제35조 1항의 '이사 기타 대표자'는 대표기관으로서의 이사를 말하며(대판 2005.12.23. 2003다30159), 임시이사(제63조)·특별대리인·직무대행자(제52조의2, 제60조의2)·청산인(제82조, 제83조)을 포함한다. 감사는 대표기관이 아니므로 제35조의 불법행위책임이 성립하지 않는다.

⑤ (○) 대표이사가 그 대표권의 범위내에서 한 행위는 설사 대표이사가 법인의 영리목적과 관계없이 자기 또는 제3자의 이익을 도모할 목적으로 그 권한을 남용한 것이라 할지라도 법인의 행위로서 유효하고 다만 그 행위의 상대방이 그와 같은 정을 알았던 경우에는 그로 인하여 취득한 권리를 법인에 대하여 주장하는 것이 신의칙에 반하여 무효이다. (대판 1987.10.13. 86다카1522)

○ 정답 ④

19. 민법상 법인의 불법행위책임에 관한 설명으로 옳은 것은? (다툼이 있으면 판례에 따름)   세무사 23년

① 법인의 불법행위책임에 관한 민법 제35조는 법인 아닌 사단에도 유추적용된다.
② 학교법인 대표자의 직무상 차금(借金)행위가 불법행위가 되는 경우, 법인은 민법상 사용자 배상책임을 진다.
③ 법인의 불법행위책임이 성립하는 경우, 피해자는 직접 대표자에 대해 손해배상을 청구할 수 없다.
④ 대표자의 행위가 직무에 관한 행위에 해당하지 않음을 피해자가 알고 있었다 하더라도 외형상 직무행위로 보인다면 법인은 그로 인한 손해배상책임을 진다.
⑤ 법인의 실질적 운영자로서 법인 사무를 집행함에도 대표자로 등기되어 있지 않은 자는 민법 제35조에서 정한 대표자로 볼 수 없다.

○ 해설

① (○) 대판 2003.7.25. 2002다27088.
② (×) 법인의 대표자가 직무상 불법행위를 한 경우에는 사용자책임(제756조)이 아니라 <u>법인의 불법행위책임(제35조 1항)이 성립</u>한다.
③ (×) 행위자인 대표자는 책임을 면하지 못하므로(제35조 1항), 피해자는 대표자에게도 손해배상을 청구할 수 있다. 법인과 대표자는 함께 부진정연대책임을 진다.
④ (×) 대표자의 행위가 직무에 관한 행위에 해당하지 아니함을 <u>피해자가 알았거나 또는 중과실로 인하여 알지 못한 경우에는</u> 법인에게 손해배상책임을 물을 수 없다. (대판 2004.3.26. 2003다34045)
⑤ (×) 제35조 1항의 '법인의 대표자'에는 그 명칭이나 직위 여하, 또는 대표자로 등기되었는지 여부를 불문하고 당해 법인을 실질적으로 운영하면서 법인을 <u>사실상 대표하여 법인의 사무를 집행하는 사람을 포함</u>한다. (대판 2011.4.28. 2008다15438)

○ 정답 ①

20. 민법상 A법인의 이사 甲의 불법행위로 乙에게 손해가 발생하였다. A의 불법행위 (민법 제35조)에 관한 설명으로 옳지 않은 것은? (다툼이 있는 경우 판례에 따름)   세무사 21년

① A의 불법행위가 인정되는 경우에 甲은 면책되지 않는다.
② A의 불법행위책임이 인정되는 경우에 A는 민법 제756조의 사용자책임을 부담하지 않는다.
③ 甲의 불법행위가 외형상 대표기관의 직무행위라고 볼 수 있다면, 乙이 그 행위가 직무에 관한 행위가 아님을 안 경우에도 A의 불법행위는 인정된다.
④ 甲에게 대표권이 없다면 A의 불법행위는 인정되지 않는다.
⑤ 甲이 A의 목적범위외의 행위를 한 경우라면 A의 불법행위는 인정되지 않는다.

○ 해설

① (○) 제35조 1항 2문.

② (○) 대판 2009.11.26. 2009다57033.

③ (×) 대표자의 행위가 직무에 관한 행위에 해당하지 아니함을 피해자가 알았거나 또는 중과실로 인하여 알지 못한 경우에는 법인에게 손해배상책임을 물을 수 없다. (대판 2004.3.26. 2003다34045)

④ (○) 대판 2005.12.23. 2003다30159.

⑤ (○) 제35조 2항 참조.

○ 정답 ③

제4절 법인의 기관

21. 민법상 사단법인의 사원총회에 관한 설명으로 옳지 않은 것은? 　세무사 17년

① 사원총회는 정관의 규정에 의해서도 폐지할 수 없는 사단법인의 필수기관이다.
② 법인의 정관변경은 사원총회의 전속적 권한에 속하지 않으므로, 이사회의 결의로써 정관을 변경할 수 있다.
③ 사단법인의 사무는 정관으로 이사 또는 기타 임원에게 위임한 사항이외에는 총회의 결의에 의하여야 한다.
④ 임시총회는 총 사원 5분의 1 이상이 회의의 목적사항을 제시하여 청구하는 경우에 소집될 수 있으나, 그 정수는 정관으로 증감할 수 있다.
⑤ 사원총회의 결의는 정관에서 달리 규정하지 않은 한, 서면 또는 대리인에 의할 수 있다.

○ 해설

① (○) 사원총회는 사단법인의 사원 전원으로 구성되는 최고의 의사결정기관이므로 사단법인에서는 반드시 두어야 하는 필요기관이다. 따라서 정관의 규정에 의하여도 이를 폐지하지 못한다.

② (×) 정관변경(제42조)과 임의해산(제77조 2항)은 사원총회의 전권사항이다.

③ (○) 제68조

④ (○) 제70조 2항

⑤ (○) 제73조【사원의 결의권】① 각사원의 결의권은 평등으로 한다. ② 사원은 서면이나 대리인으로 결의권을 행사할 수 있다. ③ 전2항의 규정은 정관에 다른 규정이 있는 때에는 적용하지 아니한다.

○ 정답 ②

22. 법인의 사원총회에 관한 설명으로 옳지 않은 것은? 세무사 20년

① 정관에 다른 규정이 없는 한 사원총회에서 1주일 전에 통지하지 않은 사항에 대해서는 결의할 수 없다.
② 정관으로 각 사원의 결의권이 불평등한 것으로 정할 수 있다.
③ 사단법인과 어느 사원과의 관계사항을 의결하는 경우에는 그 사원은 결의권이 없다.
④ 정관에 다른 규정이 있다면 사원총회를 거치지 않고도 임의해산할 수 있다.
⑤ 결의권은 대리인을 통하여도 행사할 수 있는데, 그 경우 당해 사원은 출석한 것으로 한다.

○ 해설

① (○) 제72조, 제71조.
② (○) 제73조 3항.
③ (○) 제74조.
④ (×) 임의해산은 총회의 전권사항이다. 따라서 정관에서 그 정족수를 다르게 정할 수 있을 뿐이며(제78조), 총회의 결의 자체를 배제할 수는 없다.
⑤ (○) 제73조 2항.

○ 정답 ④

23. 민법상 법인의 사원총회에 관한 설명으로 옳은 것은? (다툼이 있으면 판례에 따름) 세무사 21년

① 사원총회의 결의로 사단법인을 해산할 수 없도록 한 정관은 유효하다.
② 사원이 대리인에 의하여 사원총회의 결의권을 행사하는 경우에는 출석한 것으로 보지 않는다.
③ 사단법인의 이사는 매년 2회 이상 통상총회를 소집하여야 한다.
④ 사단법인과 어느 사원과의 관계사항을 의결하는 경우에도 그 사원에게 사원총회에서의 결의권이 인정된다.
⑤ 정관에 따라서 사원의 지위를 양수한 자는 사원총회에서의 결의권을 가진다.

○ 해설

① (×) 임의해산(제77조 2항)은 총회의 전권사항이며, 총회의 이 권한은 정관에 의하여서도 박탈할 수 없다.
② (×) 사원은 서면이나 대리인으로 결의권을 행사할 수 있으며(제73조 2항), 이 경우 당해 사원은 출석한 것으로 본다(제75조 2항).
③ (×) 사단법인의 이사는 매년 1회 이상 통상총회를 소집하여야 한다(제69조).
④ (×) 사단법인과 어느 사원과의 관계사항을 의결하는 경우에는 그 사원은 결의권이 없다(제74조). 토론권은 인정된다.

⑤ (○) 대판 1997.9.26. 95다6205.

정답 ⑤

24. 민법상 사단법인의 사원총회에 관한 설명으로 옳지 않은 것은? 세무사 22년

① 이사는 매년 1회 이상 통상총회를 소집하여야 한다.
② 사단법인의 사무는 정관으로 이사 또는 기타 임원에게 위임한 사항 외에는 총회의 결의에 의하여야 한다.
③ 총사원의 5분의 1 이상이 회의의 목적사항을 제시하여 총회의 소집을 요구하는 경우, 정관에 다른 규정이 없는 한 이사는 임시총회를 소집하여야 한다.
④ 총회의 의사에 관하여는 의사록을 작성하여야 하며, 이사는 의사록을 주된 사무소에 비치하여야 한다.
⑤ 총회에서의 결의가 유효하기 위해서는 원칙적으로 총회의 소집일 1주일 전까지 총회소집 통지가 과반수 이상의 사원에게 도달하여야 한다.

해설

① (○) 제69조.
② (○) 제68조.
③ (○) 제70조 2항.
④ (○) 제76조.
⑤ (×) 총회의 소집은 1주간전에 그 회의의 목적사항을 기재한 통지를 발하여야 한다(제71조). 그 소집통지는 사원전원에게 하여야 한다.

정답 ⑤

25. 甲은 A법인 (이하 'A'라 함) 의 대표이사이다. 이에 관한 설명으로 옳지 않은 것은? (다툼이 있으면 판례에 따름) 세무사 20년

① 甲으로부터 포괄적으로 업무를 위임받아 행한 사원 乙의 대행행위는 A에 대하여 그 효력이 미치지 않는다.
② A를 사실상 대표하여 법인 사무를 집행하는 자가 丙이라면 그 자의 명칭, 직위 여하를 불문하고 민법 제35조 제1항의 법인의 대표자로 볼 수 있다.
③ 甲이 자신의 자동차 구매를 위하여, A의 시설확충 명목으로 X은행으로부터 대출을 받았더라도, 甲의 차용행위는 A의 사무집행 행위에 속한다.

④ 위 ③에서 대출로 인하여 손해를 입은 X은행이 甲의 대출 목적을 알았다면, A에게 불법행위에 따른 손해배상책임을 물을 수 없다.
⑤ 위 ③에서 A가 X은행에 대하여 불법행위책임을 지는 경우, A의 사원 丁은 甲의 대출건에 관한 의결에 찬성한 것만으로도 X은행에 대하여 불법행위책임을 부담한다.

○ 해설

① (○) 이사는 포괄적인 복임권은 없다(대판 1989.5.9. 87다카2407).
② (○) 대판 2011.4.28. 2008다15438.
③ (○) 행위의 외형상 법인의 대표자의 직무행위라고 인정할 수 있는 것이라면 설사 그것이 대표자 개인의 사리를 도모하기 위한 것이었거나 혹은 법령의 규정에 위배된 것이었다 하더라도 위의 직무에 관한 행위에 해당한다(대판 1969.8.26. 68다2320).
④ (○) 법인의 대표자의 행위가 직무에 관한 행위에 해당하지 아니함을 피해자 자신이 알았거나 또는 중대한 과실로 인하여 알지 못한 경우에는 법인에게 손해배상책임을 물을 수 없다(대판 2004.3.26. 2003다34045).
⑤ (×) 제35조 2항에 따라 의결에 찬성하거나 그 의결을 집행한 사원·이사 기타 대표기관이 배상책임을 지는 것은, 대표기관의 행위가 직무집행의 범위를 벗어난 것이거나 다른 이유로 법인의 불법행위책임이 생기지 않는 경우를 전제로 한 것이다.

○ 정답 ⑤

26. 민법상 법인의 대표에 관한 설명으로 옳지 않은 것은? (다툼이 있으면 판례에 따름)

세무사 21년

① 임시이사는 법인의 대표기관이다.
② 법인의 대표기관은 정관에 정한 목적을 수행하는 데 있어 간접으로 필요한 행위를 할 수 있다.
③ 법인의 대표기관의 행위가 대표권남용인 것을 상대방이 안 경우에 법인은 상대방에 대해 계약상 책임을 지지 않는다.
④ 재단법인과 이사의 이익이 상반하는 사항에 대해서는 특별대리인이 선임되기 전까지 그 이사에게 대표권이 있다.
⑤ 이사가 여럿 있는 경우에 정관에 다른 특별한 규정이 없으면 법인의 사무집행은 이사의 과반수로써 결정한다.

○ 해설

① (○) 제63조.

② (○) 대판 2009.12.10. 2009다63236.

③ (○) 대판 1997.8.29. 97다18059.

④ (×) 법인과 이사의 이익이 상반하는 사항에 관하여는 이사는 대표권이 없으므로, 특별대리인을 선임하여야 한다(제64조).

⑤ (○) 이사가 수인인 경우에는 정관에 다른 규정이 없으면 법인의 (내부적) 사무집행은 이사의 과반수로써 결정한다(제58조 2항). 반면에 이사가 수인인 경우 정관에 다른 규정이 없으면 (대외적) 대표행위는 각자가 법인을 대표한다(제59조 1항).

○ 정답 ④

27. 법인의 이사 등에 관한 설명으로 옳은 것은? 세무사 19년

① 정관에 이사의 해임사유에 관한 규정이 있는 경우, 법인은 특별한 사정이 없는 한 정관에서 정하지 아니한 사유로 이사를 해임할 수 없다.
② 이사의 대표권에 대한 제한은 등기하여야 효력이 있다.
③ 법인의 특별대리인은 대표권이 없다.
④ 이사는 정관 또는 총회의 결의로 금지하지 아니한 사항에 대하여 포괄적 대리권을 수여할 수 있다.
⑤ 법인과 이사의 이익이 상반하는 경우, 임시이사를 둘 수 있다.

○ 해설

① (○) 법인과 이사의 법률관계는 신뢰를 기초로 한 위임 유사의 관계로 볼 수 있는데, 제689조 1항에서는 위임계약은 각 당사자가 언제든지 해지할 수 있다고 규정하고 있으므로, 법인은 원칙적으로 이사의 임기만료 전에도 이사를 해임할 수 있지만, 이러한 민법의 규정은 임의규정이므로 법인이 자치법규인 정관으로 이사의 해임사유 및 절차 등에 관하여 별도의 규정을 두는 것도 가능하다. 그리고 이와 같이 법인이 정관에 이사의 해임사유 및 절차 등을 따로 정한 경우 그 규정은 이사의 신분을 보장하는 의미를 가지고 있으므로, 법인으로서는 이사의 중대한 의무위반 또는 정상적인 사무집행 불능 등의 특별한 사정이 없는 이상, 정관에서 정하지 아니한 사유로 이사를 해임할 수 없다(대판 2013.11.28. 2011다41741).

② (×) 이사의 대표권은 정관에 의하여 제한할 수 있으며(제59조 1항 단서) 정관에 기재하지 않은 대표권제한은 무효이다(제41조). 등기는 이사의 대표권제한을 가지고 제3자에게 대항하기 위한 대항요건이다(제60조).

③ (×) 법인과 이사의 이익이 상반하는 사항에 관하여는 이사는 대표권이 없고, 특별대리인을 선임(제64조). 이 특별대리인은 단순한 대리인이 아니고 법인을 대표하는 기관이다.

④ (×) 이사는 정관 또는 총회의 결의로 금지하지 아니한 사항에 한하여 타인으로 하여금 **특정한 행위**를 대리하게 할 수 있다(제62조).

⑤ (×) <u>이사가 없거나 결원이 있는 경우에 이로 인하여 손해가 생길 염려 있는 때에는 법원은 이해관계인이나 검사의 청구에 의하여 **임시이사**를 선임하여야 한다</u>(제63조). 이해상반행위에 대해서는 **특별대리인을 선임**한다(제63조).

O 정답 ①

28. 민법상 법인의 이사에 관한 설명으로 옳지 않은 것은? (다툼이 있으면 판례에 따름) 세무사 17년

① 사단법인에는 이사를 두어야 한다.
② 법인의 이사가 그 직무에 관하여 타인에게 손해를 가한 경우, 법인은 그 손해를 배상하여야 한다.
③ 임시이사는 이사가 없거나 결원이 있어서 법인이나 제3자에게 손해가 생길 우려가 있을 경우에 이해관계인이나 검사의 청구에 의하여 법원이 선임한다.
④ 이사가 수인인 경우에는 정관에 다른 규정이 없으면 법인의 사무집행은 이사 각자가 단독으로 결정한다.
⑤ 이사는 정관이나 총회의 결의로 금지하지 않은 사항에 한하여 타인으로 하여금 특정한 행위를 대리하게 할 수 있다.

O 해설

① (○) 제57조 [이사] 법인은 이사를 두어야 한다.
② (○) 제35조 [법인의 불법행위능력] ① 법인은 이사 기타 대표자가 그 직무에 관하여 타인에게 가한 손해를 배상할 책임이 있다. 이사 기타 대표자는 이로 인하여 자기의 손해배상책임을 면하지 못한다.
③ (○) 제63조.
④ (×) 이사가 수인인 경우에는 정관에 다른 규정이 없으면 법인의 (내부적) <u>사무집행은</u> 이사의 과반수로써 결정한다(제58조 2항). 반면에 이사가 수인인 경우 정관에 다른 규정이 없으면 (대외적) **대표행위는** 각자가 법인을 대표한다(제59조 1항).
⑤ (○) 제62조.

O 정답 ④

29. 민법상 법인의 기관에 관한 설명으로 옳은 것은? (다툼이 있으면 판례에 따름)

세무사 20년

① 감사는 법인의 대표기관이 아니지만, 그 성명과 주소는 등기하여야 한다.
② 이사의 사임 의사표시가 효력을 발생하기 위해서는 이사회의 결의나 관할관청의 승인이 있어야 한다.
③ 검사는 법인의 특별대리인 선임을 청구할 수 없다.
④ 이사의 대표권 제한에 관한 정관 규정이 등기되어 있지 않으면, 법인은 그 규정과 관련하여 제3자의 선의·악의를 불문하고 그에게 대항할 수 없다.
⑤ 감사는 재산상황에 관한 부정을 발견한 때에 이를 총회에 보고할 수는 있으나, 총회를 소집할 수는 없다.

○ 해설

① (×) 감사는 법인을 대표하는 기관이 아니므로 그의 성명·주소는 등기사항이 아니다(제49조 2항 참조).
② (×) 학교법인의 이사는 법인에 대한 일방적인 사임의 의사표시에 의하여 법률관계를 종료시킬 수 있고, 그 의사표시는 수령권한 있는 기관에 도달됨으로써 바로 효력을 발생하는 것이며, 그 효력발생을 위하여 이사회의 결의나 관할관청의 승인이 있어야 하는 것은 아니다(대판 2003.1.10. 2001다1171)..
③ (×) 법인과 이사의 이익이 상반하는 사항에 관하여는 이사는 대표권이 없으므로 특별대리인을 선임하여야 하는데, 특별대리인은 **이해관계인이나 검사의 청구에 의하여** 법원이 선임한다(제64조).
④ (○) 법인의 정관에 법인 대표권의 제한에 관한 규정이 있더라도 이를 등기하지 않으면, **선의냐 악의냐에 관계없이** 제3자에 대하여 대항할 수 없다(대판 1992.2.14. 91다24564).
⑤ (×) 제67조 3호, 4호.

○ 정답 ④

30. 민법상 법인의 기관에 관한 설명으로 옳지 않은 것은? (다툼이 있으면 판례에 따름) 세무사 22년

① 직무대행자는 법인의 통상사무에 속하는 행위를 할 수 있다.
② 법인에는 반드시 이사와 감사를 두어야 한다.
③ 대표이사로부터 포괄적으로 업무를 위임받아 이루어진 타인의 대리행위는 법인에게 그 효력이 미치지 않는다.
④ 감사는 이사의 업무집행에 관하여 부정이 있음을 발견한 때에 이를 보고하기 위하여 총회를 소집할 수 있다.
⑤ 이사의 대표권제한을 등기하지 않으면 이로써 악의의 제3자에게 대항하지 못한다.

> **해설**

① (○) 직무대행자는 가처분명령에 다른 정함이 있는 경우 외에는 법인의 통상사무에 속하지 아니한 행위를 하지 못한다. 다만, 법원의 허가를 얻은 경우에는 그러하지 아니하다(제60조의2 제1항).

② (×) 법인의 이사는 필수기관이지만(제57조), 감사는 임의기관이다(제66조).

③ (○) 제62조에 비추어 보면 비법인사단의 대표자는 정관 또는 총회의 결의로 금지하지 아니한 사항에 한하여 타인으로 하여금 특정한 행위를 대리하게 할 수 있을 뿐 비법인사단의 제반 업무처리를 포괄적으로 위임할 수는 없으므로, 비법인사단 대표자가 행한 타인에 대한 업무의 포괄적 위임과 그에 따른 포괄적 수임인의 대행행위는 제62조를 위반한 것이어서 비법인사단에 대하여 그 효력이 미치지 않는다(대판 2011.4.28. 2008다15438).

④ (○) 제67조 3호.

⑤ (○) 법인의 정관에 법인 대표권의 제한에 관한 규정이 있더라도 이를 등기하지 않으면, 선의냐 악의냐에 관계없이 제3자에 대하여 대항할 수 없다(대판 1992.2.14. 91다24564).

> **정답** ②

31. 민법상 법인의 이사에 관한 설명으로 옳은 것은? (다툼이 있으면 판례에 따름) 세무사 23년

① 신임 이사에 대한 변경등기 전에 그 이사가 한 직무행위는 법인에 대하여 무효이다.
② 이사의 대표권 제한을 등기하지 않아도 정관에 규정하였다면, 악의의 제3자에 대하여 대항할 수 있다.
③ 이사가 직무상의 특정 행위를 위해 선임한 대리인은 법인의 기관이 아니지만, 그 대리행위의 효과는 법인에 귀속한다.
④ 이사가 수인인 경우에 정관에 다른 규정이 없으면 각자가 법인의 내부적 사무집행을 결정한다.
⑤ 법인과 이사의 이익이 상반되는 사항에 대한 특별대리인은 사원총회에 의해 선임된다.

> **해설**

① (×) 법인의 설립등기만이 성립요건이고(제33조), 나머지 등기는 모두 제3자에 대한 대항요건일 뿐이다(제54조 1항). 따라서 신임이사의 성명과 주소는 등기사항이지만(제49조 2항 8호), 등기하지 않아도 적법하게 신임 이사로 선임되면 이사로서의 지위를 가지므로 그 직무행위는 법인에 대하여 유효하다.

② (×) 법인의 정관에 법인 대표권의 제한에 관한 규정이 있더라도 이를 등기하지 않으면, 선의냐 악의냐에 관계없이 제3자에 대하여 대항할 수 없다(대판 1992.2.14. 91다24564).

③ (○) 이사는 정관 또는 총회의 결의로 금지하지 아니한 사항에 한하여 타인으로 하여금 특정한 행위를 대리하게 할 수 있다(제62조). 이때 선임된 대리인은 법인의 대표기관이 되는 것은 아니지만, 그 대리행위의 효과가 법인에게 귀속됨은 물론이다.

④ (×) 이사가 수인인 경우 ⅰ) 대외적으로는 각자 대표하는 것이 원칙이지만(제59조 1항), ⅱ) 내부적 사무집행은 이사의 과반수로써 결정한다(제58조 2항).

⑤ (×) 법인과 이사의 이익이 상반하는 사항에 관하여는 이사는 대표권이 없으며, 법원은 이해관계인 등의 청구에 의하여 특별대리인을 선임하여야 한다(제64조).

○ 정답 ③

제5절 정관의 변경

32. 법인의 정관변경에 관한 설명으로 옳지 않은 것은? 세무사 19년

① 사단법인은 정관에 다른 규정이 없는 한 총사원 3분의 2 이상의 동의로 정관을 변경 할 수 있다.
② 사단법인의 정관변경은 주무관청의 허가를 얻어야 효력이 있다.
③ 재단법인의 정관은 그 변경방법을 정관에 정하지 않았더라도 언제든지 이사회 전원의 결의를 통하여 변경할 수 있다.
④ 재단법인의 정관변경은 주무관청의 허가를 얻어야 효력이 있다.
⑤ 임의적 기재사항도 정관에 기재된 이상 그것을 변경할 때에는 정관변경절차를 거쳐야 한다.

○ 해설

① (○) 제42조 1항.
② (○) 제42조 2항.
③ (×) 재단법인의 정관은 그 변경방법을 미리 정관에 정한 때에 한하여 변경할 수 있음이 원칙이다(제45조 1항).
④ (○) 제45조 3항.
⑤ (○) 필요적 기재사항은 어느 하나라도 누락되면 정관이 무효로 되는 것인 반면, 임의적 기재상항은 반드시 기재하여야 하는 것은 아니지만 기재할 수 있는 것에 불과하다. 그러나 임의적 기재사항이라도 일단 정관에 기재되면 필요적 기재사항과 효력에 있어서 차이가 없으며, 따라서 그것을 변경할 때에도 정관변경절차에 의하여야 한다.

○ 정답 ③

33. 민법상 법인의 정관 변경에 관한 설명으로 옳지 않은 것은? (다툼이 있으면 판례에 따름)

세무사 23년

① 사단법인의 정관 변경은 사원총회의 전속적 권한에 속한다.
② 정관상 임의적 기재사항을 변경할 때에는 정관변경절차를 거치지 않아도 된다.
③ 사단법인의 정관에 그 변경 방법이 없어도 정관 변경이 가능하다.
④ 재단법인의 기본재산을 변경하기 위해서는 정관 변경이 필요하다.
⑤ 정관 변경은 주무관청의 허가를 얻어야 효력이 발생한다.

○ 해설

① (○) 정관의 변경(제42조)과 임의해산(제77조 2항)은 사원총회의 전권사항이므로 정관에 의하여도 다른 기관의 권한으로 하지 못한다.
② (×) 임의적 기재사항도 정관에 기재된 이상, 이를 변경하려면 정관변경의 절차를 거쳐야 한다.
③ (○) 재단법인은 설립자의 설립의사에 따라 운영되는 타율적 법인이므로 원칙적으로 그 변경방법을 정관에 정한 때에 한하여 정관변경을 할 수 있지만(제45조 1항), 사단법인은 그때그때 필요에 따라 사원총회의 결의로 정관변경이 가능하다.
④ (○) 재단법인의 기본재산은 정관의 필요적 기재사항이므로(제43조), 기본재산을 변경하려면 정관변경이 필요하다.
⑤ (○) 제42조 2항, 제45조 3항.

○ 정답 ②

34. 법인의 정관과 그 변경에 관한 설명으로 옳지 않은 것은? (다툼이 있으면 판례에 따름)

세무사 20년

① 재단법인의 설립자가 그 명칭을 정하지 아니하고 사망한 경우에도 법인 성립이 가능하다.
② 재단법인의 기본재산 처분을 위한 매매계약 성립 후 주무관청의 사후허가가 있더라도 그 계약은 무효이다.
③ 재단법인의 설립자는 법인의 목적을 달성할 수 없는 경우, 주무관청의 허가를 얻어 목적 기타 정관의 규정을 변경할 수 있다.
④ 사단법인은 정관으로 총사원 2분의 1 이상의 동의에 의한 사원총회 결의로 정관변경이 가능하도록 정할 수 있다.
⑤ 사단법인과 재단법인 모두 정관변경 시 주무관청의 허가를 받아야 효력이 있다.

○ 해설

① (○) 제44조.
② (×) 반드시 기본재산의 매매 등 계약 성립 전에 감독청의 허가를 받아야만 하는 것은 아니고, 매매 등 계약 성립 후에라도 감독청의 허가를 받으면 그 매매 등 계약이 유효하게 된다(대판 1998.7.24. 96다27988).
③ (○) 제46조.
④ (○) 제42조 1항 단서.
⑤ (○) 제42조 2항, 제45조 3항.

○ 정답 ②

제6절 법인의 소멸

35. 사단법인과 재단법인의 공통된 해산사유를 모두 고른 것은? 세무사 17년

| ㄱ. 총회의 결의 | ㄴ. 법인의 목적달성 |
| ㄷ. 설립허가의 취소 | ㄹ. 대표이사에 대한 직무집행정지처분 |

① ㄱ, ㄴ ② ㄱ, ㄷ
③ ㄱ, ㄹ ④ ㄴ, ㄷ ⑤ ㄷ, ㄹ

○ 해설

ㄴ (○) ㄷ (○) 사단법인과 재단법인에 공통된 해산사유는 존립기간의 만료, 법인의 목적의 달성 또는 달성불능, 기타 정관에 정한 해산사유의 발생, 파산 또는 설립허가의 취소 등이다(제77조 1항).

○ 정답 ④

36. 민법상 법인의 소멸에 관한 설명으로 옳은 것은? (다툼이 있으면 판례에 따름) 세무사 23년

① 법인은 해산으로 권리능력을 상실한다.
② 법원은 직권으로 청산인을 해임할 수 없다.
③ 법인의 해산과 청산은 주무관청이 검사·감독한다.
④ 해산등기 없이도 법인의 해산 사실을 제3자에게 대항할 수 있다.
⑤ 법인은 채권신고기간내의 변제금지로 인한 채권자의 지연손해에 대하여 배상책임을 진다.

◯ 해설

① (×) 법인의 소멸이란 법인이 권리능력을 상실하는 것을 말한다. ⅰ) 법인의 적극적 활동을 정지하는 '해산절차', ⅱ) 법인의 잔존재산을 정리하는 '청산절차'라고 하는데, 법인은 청산절차를 종료하여야 소멸한다.
② (×) 중요한 사유가 있는 때에는 법원은 직권 또는 이해관계인이나 검사의 청구에 의하여 청산인을 해임할 수 있다(제84조).
③ (×) 법인의 해산 및 청산은 법원이 검사, 감독한다(제95조). 반면에 법인의 사무는 주무관청이 검사, 감독한다(제37조).
④ (×) 등기하여야 제3자에게 대항할 수 있다(제85조, 제54조).
⑤ (○) 청산인은 채권신고기간 내에는 채권자에 대하여 변제하지 못한다. 그러나 법인은 채권자에 대한 지연손해배상의 의무를 면하지 못한다(제90조).

◯ 정답 ⑤

37. 민법상 법인의 해산 및 청산에 관한 설명으로 옳은 것은? 세무사 17년

① 파산에 의하여 법인이 해산하는 경우에는 원칙적으로 파산선고 당시의 이사가 청산인이 된다.
② 법인의 해산 및 청산에 관한 사무에 대해서는 주무관청이 이를 감독한다.
③ 청산인이 알고 있는 법인의 채권자라도 채권신고 기간 내에 채권신고를 하지 않으면 청산에서 배제된다.
④ 청산인은 채권신고기간 내에는 채권자에게 변제하지 못하므로, 청산인이 채권신고기간 내에 이행기가 도달한 채권을 변제하지 않더라도 법인은 지연손해배상의무를 부담하지 않는다.
⑤ 청산 중의 법인은 변제기에 이르지 않은 채권이라도 변제할 수 있으나, 이 경우 조건부 채권 기타 가액이 불확정한 채권에 관해서는 법원이 선임한 감정인의 평가에 의하여 변제하여야 한다.

○ 해설

① (×) 제82조 [청산인] 법인이 해산한 때에는 파산의 경우를 제하고는 이사가 청산인이 된다. 그러나 정관 또는 총회의 결의로 달리 정한 바가 있으면 그에 의한다.
② (×) 법인의 해산 및 청산은 법원이 검사·감독한다(제95조).
③ (×) 제89조 [채권신고의 최고] 청산인은 알고 있는 채권자에게 대하여는 각각 그 채권신고를 최고하여야 한다. 알고 있는 채권자는 청산으로부터 제외하지 못한다.
④ (×) 제90조 [채권신고기간 내의 변제금지] 청산인은 제88조 1항의 채권신고기간 내에는 채권자에 대하여 변제하지 못한다. 그러나 법인은 채권자에 대한 지연손해배상의 의무를 면하지 못한다.
⑤ (○) 제91조 [채권변제의 특례] ① 청산 중의 법인은 변제기에 이르지 아니한 채권에 대하여도 변제할 수 있다. ② 전항의 경우에는 조건 있는 채권, 존속기간의 불확정한 채권 기타 가액의 불확정한 채권에 관하여는 법원이 선임한 감정인의 평가에 의하여 변제하여야 한다.

○ 정답 ⑤

38. 법인의 당연해산사유에 해당하는 것은? (다툼이 있으면 판례에 따름) 세무사 20년

① 설립허가 조건을 위반한 경우
② 공익을 해하는 행위를 한 경우
③ 목적 외의 사업 수행을 한 경우
④ 주무관청 허가 없이 정관을 변경한 경우
⑤ 법인 설립 후 목적달성이 불능하게 된 경우

○ 해설

① (×), ② (×), ③ (×) 설립허가 조건을 위반한 경우, 목적 외의 사업 수행을 한 경우, 공익을 해하는 행위를 한 경우 등은 법인설립허가의 취소사유이고. 한편 설립허가의 취소사유가 있다하더라도 설립허가 취소 여부는 주무관청의 재량에 달려있다(제38조). 여기서 주무관청이 취소사유에 따라 설립허가를 취소했을 때 이 설립허가의 취소에 의해 법인은 해산하게 된다. 즉 이 주무관청에 의한 법인설립의 취소가 법인의 당연해산사유인 것이다(제77조 1항).
④ (×) 주무관청의 허가 없는 정관의 변경은 그 자체로는 정관변경의 효력이 발생하지 않을 뿐이다(제42조 2항, 제45조 3항).
⑤ (○) 제77조 1항.

○ 정답 ⑤

39. 민법상 법인의 해산 및 청산에 관한 설명으로 옳은 것은? (다툼이 있으면 판례에 따름)

세무사 21년

① 비법인사단인 교회의 교인이 존재하지 않는 경우 청산법인에 관한 민법규정이 유추적용된다.
② 법인의 목적달성이 불능한 경우에는 설립허가가 취소된 경우에 한하여 법인은 해산할 수 있다.
③ 청산사무가 종료되지 않았더라도 청산종결등기가 마쳐지면 청산법인은 소멸한다.
④ 청산 중에 법인의 채무초과상태가 분명하게 되어 청산인이 파산선고를 신청하면, 그 즉시 청산인의 임무는 종료된다.
⑤ 정관으로 이사 전원의 의결에 의하여 잔여재산을 처분하도록 하였으나 이를 등기하지 않은 경우, 그 정관을 위반한 잔여재산처분은 상대방이 이에 대해 선의라면 특별한 사정이 없는 한 유효하다.

■ 해설

① (○) 대판 2003.11.14. 2001다32687.
② (×) 법인은 존립기간의 만료, 법인의 목적의 달성 또는 달성의 불능 기타 정관에 정한 해산사유의 발생, 파산 또는 설립허가의 취소로 해산한다(제77조 1항).
③ (×) 법인에 대한 청산종결등기가 경료되었다고 하더라도 청산사무가 종결되지 않는 한 그 범위 내에서는 청산법인으로서 존속한다. (대판 2003.2.11. 99다66427·73371)
④ (×) 파산관재인에게 그 사무를 인계함으로써 그 임무가 종료한다(제93조 2항).
⑤ (×) 이사 전원의 의결에 의하여 잔여재산을 처분하도록 한 정관 규정은 성질상 등기하여야만 제3자에게 대항할 수 있는 청산인의 대표권에 관한 제한이라고 볼 수 없다(대판 1995.2.10. 94다13473). 따라서 등기 여부에 관계 없이 정관의 규정에 따라 이사 전원의 의결이 있어야 하며, 이러한 청산절차에 관한 규정은 강행규정이므로 이를 위반한 잔여재산 처분행위는 무효이다.

■ 정답 ①

40. 법인의 청산에 관한 설명으로 옳지 않은 것은? (다툼이 있으면 판례에 따름)

세무사 20년

① 청산절차에 관한 규정은 강행규정이다.
② 청산법인이 청산 목적과 관계없이 한 행위는 특별한 사정이 없는 한 무효이다.
③ 청산인이 알고 있는 채권자에 대하여는 채권신고를 하지 않았더라도 청산에서 제외하지 못한다.
④ 재단법인의 정관에 잔여재산의 귀속권리자를 지정하지 아니하거나 이를 지정하는 방법을 정하지 아니한 경우, 이사 또는 청산인은 주무관청의 허가를 얻어 그 법인의 목적에 유사한 목적을 위하여 그 재산을 처분할 수 있다.
⑤ 청산사무가 종료되지 않았더라도 청산종결등기가 경료되었다면 청산법인은 소멸한다.

◯ 해설

① (◯) 청산절차에 관한 규정은 제3자의 이해관계에 영향을 미치므로 강행규정이다(대판 1995.2.10. 94다13473).

② (◯) 대판 1980.4.8. 79다2036.

③ (◯) 제89조 2문.

④ (◯) 제80조 2항 본문.

⑤ (×) 법인에 대한 청산종결등기가 경료되었다고 하더라도 청산사무가 종결되지 않는 한 그 범위 내에서는 청산법인으로서 존속한다. (대판 2003.2.11. 99다66427·73371)

◯ 정답 ⑤

41. 법인의 청산에 관한 설명으로 옳은 것은? 세무사 19년

① 청산절차에 관한 규정은 임의규정이다.
② 파산의 경우, 정관에 달리 정한 바가 없는 한 해산 당시의 이사가 청산인이 된다.
③ 청산 중의 법인은 변제기에 이르지 아니한 채권에 대하여도 변제할 수 있다.
④ 청산사무가 종료되지 않더라도 청산종결등기를 마치면 청산법인은 소멸한다.
⑤ 청산인이 알고 있는 채권자라도 채권신고 기간 내에 신고하지 않으면 청산절차에서 배제된다.

◯ 해설

① (×) 법인의 청산절차에 관한 규정은 모두 제3자의 이해관계에 중요한 영향을 미치는 것으로서 강행규정이다(대판 1995.2.10. 94다13473).

② (×) 제82조 참조. 법인이 파산으로 해산하는 경우(제77조 1항)에는 「채무자회생 및 파산에 관한 법률」이 정하는 절차에 의하여 청산하고(파산선고와 동시에 파산관재인을 선임하여 그로 하여금 파산의 구체적 절차를 수행하게 한다), 파산 외의 원인에 의하여 해산하는 경우에는 민법이 정하는 절차에 의하여 청산하게 된다.

③ (◯) 제91조 1항.

④ (×) 청산종결의 등기가 되었을지라도 청산사무가 종료되지 않은 경우에는 청산법인은 존속한다(대판 1980.4.8. 79다2036).

⑤ (×) 청산인은 알고 있는 채권자에게 대하여는 각각 그 채권신고를 최고하여야 하며, 알고 있는 채권자가 채권신고를 하지 않았더라도 청산으로부터 제외하지 못한다(제89조).

◯ 정답 ③

제6절 법인의 소멸

42. 청산인의 직무권한으로 볼 수 없는 것은?   세무사 19년

① 해산등기와 해산신고
② 파산사무의 집행
③ 채권의 추심 및 채무의 변제
④ 현존사무의 종결
⑤ 잔여재산의 인도

> **해설**
> ① (○) 제85조, 제86조.
> ② (×) 법인이 파산한 경우, 「채무자회생 및 파산에 관한 법률」에 따라 법원에 의해 선임된 파산관재인이 파산사무를 집행한다.
> ③ (○) 제87조 1항 제2호.
> ④ (○) 제87조 1항 제1호.
> ⑤ (○) 제87조 1항 제3호.
>
> **정답** ②

43. 민법상 법인의 해산 및 청산에 관한 설명으로 옳지 않은 것은? (다툼이 있으면 판례에 따름)   세무사 22년

① 사단법인은 사원이 1인으로 된 경우에 해산한다.
② 법인의 해산과 청산은 법원이 검사·감독한다.
③ 청산종결등기가 이루어지더라도 청산사무가 종결되지 않는 한 그 범위 내에서 청산법인은 존속한다.
④ 청산인이 알고 있는 채권자가 채권신고 기간 내에 채권신고를 하지 않더라도 그를 청산으로부터 제외하지 못한다.
⑤ 법인의 청산절차에 관한 민법규정에 반하는 정관규정은 무효이다.

> **해설**
> ① (×) 사단법인은 사원이 없게 되거나 총회의 결의로 해산한다(제77조 2항).
> ② (○) 법인의 해산 및 청산은 법원이 검사·감독한다(제95조).
> ③ (○) 법인에 대한 청산종결등기가 경료되었다고 하더라도 청산사무가 종결되지 않는 한 그 범위 내에서는 청산법인으로서 존속한다. (대판 2003.2.11. 99다66427·73371)
> ④ (○) 제89조.
> ⑤ (○) 청산절차에 관한 규정은 제3자의 이해관계에 영향을 미치므로 강행규정이다(대판 1995.2.10. 94다13473).
>
> **정답** ①

44. 청산인의 직무권한에 관한 설명으로 옳지 않은 것은? 세무사 21년

① 청산인은 변제기에 이르지 아니한 채권을 변제할 수 있다.
② 청산인은 청산법인의 대표기관이다.
③ 청산인은 취임한 날로부터 2월내에 3회 이상의 공고로 채권자에 대하여 2월 이상의 기간 내에 그 채권을 신고할 것을 최고하여야 한다.
④ 청산인이 알고 있는 채권자에 대해 각각 그 채권신고를 최고하였으나 채권신고가 없는 경우 청산인은 알고 있는 채권자를 청산에서 제외할 수 있다.
⑤ 법인이 해산한 때에는 파산의 경우를 제외하고 정관 또는 총회의 결의로 달리 정한 바가 없으면 이사가 청산인이 된다.

해설

① (○) 제91조 1항.
② (○) 제87조 2항 참조.
③ (○) 제88조 1항.
④ (×) 청산인은 알고 있는 채권자에게 대하여는 각각 그 채권신고를 최고하여야 하며, 알고 있는 채권자가 채권신고를 하지 않았더라도 청산으로부터 제외하지 못한다(제89조).
⑤ (○) 제82조.

정답 ④

필수지문 O X

의 의

01 신의성실의 원칙 또는 법인격 남용을 이유로 법인의 법인격이 부인되는 경우, 그것은 당해 특정사안에 한하는 것이지 법인의 법인격 자체를 전면적으로 부인하는 것은 아니다.

> **해설** 법인격 부인론은, 회사가 외형상으로는 법인의 형식을 갖추고 있으나 이는 법인의 형태를 빌리고 있는 것에 지나지 아니하고 그 실질에 있어서는 완전히 그 법인격의 배후에 있는 타인의 개인기업에 불과하거나 그것이 배후자에 대한 법률적용을 회피하기 위한 수단으로 함부로 쓰여지는 경우에는 당해 특정 사안에 한하여 배후자에게도 책임을 인정하는 제도이다.
>
> **정답** O

법인 아닌 사단 / 법인 아닌 재단

02 부도난 회사의 채권자들이 채권단을 조직하여 대표자를 선임하고 채권회수에 관한 권한을 위임하였더라도, 정관을 제정하거나 사단으로서 실체를 가지기 위한 조직행위가 없었다면 그 채권단을 권리능력 없는 사단으로 볼 수 없다.

> **해설** 종중 또는 문중과 같이 특별한 조직행위 없이도 자연적으로 성립하는 예외적인 사단이 아닌 한, 비법인사단이 성립하려면 사단으로서의 실체를 갖추는 조직행위가 있어야 한다. (대판 1999.4.23. 99다4504)
>
> **정답** O

03 종중은 자연발생적인 종족집단체로서 그 성립을 위해 특별한 명칭의 사용이나 서면화된 종중규약의 존재 등의 조직행위를 필요로 하지는 않으나, 최소한 대표자는 선임되어 있어야 성립한다.

> **해설** 종중이라 함은 원래 공동선조의 후손 중 성년 이상의 남자를 종원으로 하여 구성되는 종족의 자연발생적 집단이므로 성립을 위하여 특별한 조직행위를 필요로 하는 것이 아니며, 종중의 대표자가 계속하여 선임되어 있는 등 조직을 갖추어야 하는 것은 아니다. (대판 1995.11.14. 95다16103)
>
> **정답** ×

04 사단법인의 하부조직인 지역지부는 단일한 권리주체인 사단법인을 구성하는 부분이나 기관에 불과하므로 사단법인으로부터 독립하여 별개의 권리주체가 될 수 없다.

○ 해설 ▸ 사단법인의 하부조직의 하나라 하더라도 스스로 단체로서의 실체를 갖추고 독자적인 활동을 하고 있다면 사단법인과는 별개의 독립된 비법인사단으로 볼 수 있다. (대판 2009.1.30. 2006다60908)　　　　　　　　　　　　　　　　　　　　　　　　　　　　　○ 정답 ▸ ×

05 민법상의 조합과 법인 아닌 사단을 구별함에 있어서는 일반적으로 그 단체성의 강약을 기준으로 판단하며, 조합의 명칭을 갖고 있는 단체라도 법인 아닌 사단으로서의 실체를 가질 수 있다.

○ 해설 ▸ 민법상의 조합과 법인격은 없으나 사단성이 인정되는 비법인사단을 구별함에 있어서는 일반적으로 그 단체성의 강약을 기준으로 판단하여야 한다.(대판 1992.7.10. 92다2431)
　　　　　　　　　　　　　　　　　　　　　　　　　　　　　　　　　　　　○ 정답 ▸ ○

06 '이사의 결원으로 인하여 손해가 생길 염려가 있는 때에는 법원은 이해관계인이나 검사의 청구에 의하여 임시이사를 선임하여야 한다'는 「민법」 제63조는 법인 아닌 사단에 유추적용될 수 있다.

○ 해설 ▸ 이사의 결원으로 인하여 법인에 발생할 손해를 방지하기 위하여 임시이사를 선임할 수 있도록 한 제63조는 법인의 조직과 활동에 관한 것으로서 법인격을 전제로 하는 조항은 아니므로, 법인 아닌 사단에도 유추적용될 수 있다. (대판 2009.11.19. 2008마699 전원합의체)
　　　　　　　　　　　　　　　　　　　　　　　　　　　　　　　　　　　　○ 정답 ▸ ○

07 비법인사단의 해산에 따른 청산절차에는 사단법인의 청산인에 관한 민법 규정을 유추적용할 수 있다.

○ 해설 ▸ 비법인사단인 교회의 교인이 존재하지 않게 된 경우 그 교회는 해산하여 청산절차에 들어가서 청산의 목적범위 내에서 권리·의무의 주체가 되며, 해산 당시 그 비법인사단의 총회에서 향후 업무를 수행할 자를 선정하였다면 제82조를 유추하여 그 자가 청산인으로서 청산 중의 비법인사단을 대표하여 청산업무를 수행한다. (대판 2003.11.14. 2001다32687)　　　○ 정답 ▸ ○

08 대표자가 있는 비법인사단이 소유하는 부동산의 등기는 그 대표자를 등기권리자 또는 등기의무자로 하여야 한다.

○ 해설 종중, 문중, 그 밖에 대표자나 관리인이 있는 법인 아닌 사단이나 재단에 속하는 부동산의 등기에 관하여는 그 사단이나 재단을 등기권리자 또는 등기의무자로 한다(부동산등기법 제26조 1항).
○ 정답 ×

09 설계용역계약은 총유물의 관리 및 처분행위에 해당하여 재건축조합의 조합원총회 결의를 거쳐야 한다.

○ 해설 재건축조합이 재건축사업의 시행을 위하여 설계용역계약을 체결하는 것은 단순한 채무부담행위에 불과하여 총유물 그 자체에 대한 관리 및 처분행위라고 볼 수 없다. (대판 2003.7.22. 2002다64780)
○ 정답 ×

10 A 재건축조합의 정관에 건축설계에 관한 계약을 체결하려면 조합원총회의 결의를 요한다고 규정되어 있음에도 대표자가 조합원총회의 결의 없이 설계용역계약을 체결한 경우, A 재건축조합이 설계용역계약의 효력을 부인하려면, 상대방인 S 건설회사가 그 계약체결 당시에 조합원총회의 결의가 필요하다는 것을 알았거나 알 수 있었다는 점을 A 조합이 주장·증명하여야 한다.

○ 해설 조합 임원회의의 결의 등을 거치도록 한 조합규약은 조합장의 대표권을 제한하는 규정에 해당하므로, 거래 상대방이 대표권 제한 및 위반 사실을 알았거나 알 수 있었을 때에는 무효로 된다. 이 경우 대표권 제한 및 그 위반 사실을 알았거나 알지 못한 데에 과실이 있다는 사정은 무효를 주장하는 측(비법인사단 측)이 주장·증명하여야 한다. (대판 2007. 04. 19. 2004다60072·60089 전원합의체)
○ 정답 ○

11 비법인사단인 교회의 대표자가 권한 없이 총유물인 교회재산을 처분한 행위에 대하여도 민법 제126조의 표현대리에 관한 규정을 준용할 수 있다.

○ 해설 비법인사단인 교회의 대표자는 총유물인 교회 재산의 처분에 관하여 교인총회의 결의를 거치지 아니하고는 이를 대표하여 행할 권한이 없다. 교회의 대표자가 권한 없이 행한 교회 재산의 처분행위에 대하여는 제126조의 표현대리에 관한 규정이 준용되지 아니한다. (대판 2009.2.12. 2006다23312)
○ 정답 ×

12 공동선조와 성과 본을 같이 하는 후손은 성년이 되면 남녀 성별의 구별 없이 당연히 종중의 구성원이 된다고 보는 것이 현재의 관습법이다.

○ **해설** 공동선조의 후손 중 성년 남자만을 종중의 구성원으로 하는 종래의 관습은 변화된 우리의 전체 법질서에 부합하지 아니하여 정당성과 합리성이 있다고 할 수 없으므로, 제1조에 따라 공동선조와 성과 본을 같이 하는 후손은 성별의 구별 없이 성년이 되면 당연히 그 구성원이 된다고 보는 것이 조리에 합당하다고 할 것이다. (대판 2005.7.21. 2002다1178 전원합의체)

○ **정답** ×

13 동 선조의 후손 중 특정 지역 거주자나 지파 소속 종중원만으로 조직체를 구성하여 활동하는 종중도 가능하다.

○ **해설** 본래 종중은 자연발생적인 단체로서 선조의 사망과 동시에 자손에 의하여 성립되는 것이므로 후손 중 특정지역 거주자나 특정범위 내의 자들만으로 구성된 종중이란 있을 수 없지만, 본래의 의미의 종중은 아니나 권리능력 없는 사단으로서의 단체성을 인정할 여지가 있다. (대판 1993.5.27. 92다34193)

○ **정답** ×

14 종중 정관이나 규약에 종중 재산의 처분에 관한 규정이 없다면, 종중이 총유 토지에 관하여 지급된 수용보상금을 종중원들에게 분배하기로 하는 결의를 하였다 하더라도 그 결의는 비영리 사단으로서의 종중의 성격에 위배되어 무효이다.

○ **해설** 비법인사단인 종중의 토지에 대한 수용보상금은 종원의 총유에 속하고, 그 수용보상금의 분배는 총유물의 처분에 해당하므로, 정관 기타 규약에 달리 정함이 없는 한 종중총회의 결의에 의하여 그 수용보상금을 분배할 수 있다. . (대판 2010.9.30. 2007다747759)

○ **정답** ×

15 교회의 일부교인들이 집단적으로 교회를 탈퇴한 경우에 종전 교회의 재산은 분열 당시의 교인들의 총유에 속한다.

○ **해설** 일부 교인들이 교회를 탈퇴하여 그 교회 교인으로서의 지위를 상실하게 되면 탈퇴가 개별적인 것이든 집단적인 것이든 이와 더불어 종전 교회의 총유 재산의 관리처분에 관한 의결에 참가할 수 있는 지위나 그 재산에 대한 사용·수익권을 상실하고, 종전 교회는 잔존 교인들을 구성원으로 하여 실체의 동일성을 유지하면서 존속하며 종전 교회의 재산은 그 교회에 소속된 잔존 교인들의 총유로 귀속됨이 원칙이다. (대판 2006.4.20. 2004다37775 전원합의체)

○ **정답** ×

법인의 설립

16 법인의 존립시기나 해산사유를 정한 때에는 사단법인에서는 정관에 기재하여야 하나 재단법인에서는 기재하지 않아도 무방하다.

> **해설** 제43조 참고.
>
> **정답** ○

17 이사의 임면에 관한 사항은 정관에 반드시 기재하여야 하며, 이사의 성명과 주소는 등기하여야 한다.

> **해설** 이사의 임면에 관한 규정은 정관의 필요적 기재사항이며(제40조 6호), 이사의 성명과 주소는 등기사항이다(제49조 2항 8호).
>
> **정답** ○

18 재단법인의 설립자가 그 목적을 정하지 않고 사망한 경우, 이해관계인 또는 검사의 청구에 의하여 법원이 이를 정한다.

> **해설** 재단법인의 설립자가 그 명칭, 사무소 소재지 또는 이사임면의 방법을 정하지 아니하고 사망한 때에는 이해관계인 또는 검사의 청구에 의하여 법원이 이를 보충한다(제44조). 따라서 목적과 자산은 정관 보충의 대상이 될 수 없다.
>
> **정답** ×

19 유언으로 재단법인을 설립하는 때에는 출연재산은 유언의 효력이 발생한 때로부터 법인의 재산이 되는 것이므로, 유언으로 재단법인에 출연된 부동산에 관하여 재단법인 앞으로 소유권이전등기가 경료되지 않더라도 그 부동산은 재단법인의 소유가 되고, 따라서 유언자 사망 후 제3자가 유언자의 상속인으로부터 소유권이전등기를 경료받더라도 그 제3자는 소유권을 취득하지 못한다.

> **해설** 유언으로 재단법인을 설립하는 경우에도 제3자에 대한 관계에서는 출연재산이 부동산인 경우는 그 법인에의 귀속에는 법인의 설립 외에 등기를 필요로 하는 것이므로, 재단법인이 그와 같은 등기를 마치지 아니하였다면 유언자의 상속인의 한 사람으로부터 부동산의 지분을 취득하여 이전등기를 마친 선의의 제3자에 대하여 대항할 수 없다. (대판 1993.9.14. 93다8054)
>
> **정답** ×

법인의 능력

20 법인은 타인으로부터 상속을 받을 수는 없지만, 특정유증뿐만 아니라 포괄유증도 받을 수 있다.

○ 해설 법인의 권리능력은 ⅰ) 법률, ⅱ) 정관에 의하여 제한될 수 있으며(제34조). ⅲ) 이외에도 자연인을 전제로 하는 권리(생명권·상속권·친권 등)는 법인이 가질 수 없으므로 권리의 성질상 제한도 존재한다. 유증받을 권리능력은 성질상 법인에게도 인정된다. ○ 정답 O

21 재단법인이 그 대표기관의 선임 및 감독에 과실이 없음을 증명할 수 있는 경우, 법인은 민법 제35조의 불법행위책임을 면할 수 있다.

○ 해설 제35조 법인의 불법행위책임은 법인 자신의 행위에 대한 책임인데 제756조는 타인의 행위에 대한 책임이라는 점에서 차이가 있다. 따라서 전자의 경우에는 법인의 면책규정이 없다. ○ 정답 ×

22 대표기관의 행위에 대하여 법인이 불법행위책임을 지는 경우에도 그 행위를 한 대표기관은 개인적 책임을 면할 수 없고, 법인과 대표기관의 책임은 부진정연대채무관계에 있다.

○ 해설 법인의 불법행위책임(제35조 1항)이 성립하는 경우, 이사 기타 대표자도 손해배상책임을 면하지 못한다(제2항). 이 경우 법인과 대표자 모두 책임을 지며, 양자의 책임은 부진정연대책임에 해당한다. ○ 정답 O

23 법인의 불법행위책임에 관한 민법 제35조 제1항은 비법인사단에 유추적용된다.

○ 해설 대판 2003.7.25. 2002다27088. ○ 정답 O

법인의 기관

24 민법 제35조에서 말하는 '이사 기타 대표자'는 법인의 대표기관을 의미하는 것이고, 대표권이 없는 이사는 법인의 기관이기는 하지만 대표기관은 아니기 때문에 그들의 행위로 인하여 법인의 불법행위가 성립하지 않는다.

○ 해설 제35조 1항의 '이사 기타 대표자'는 대표기관으로서의 이사를 말하며(대판 2005.12.23. 2003다30159), 임시이사(제63조)·특별대리인·직무대행자(제52조의2, 제60조의2)·청산인(제82조, 제83조)을 포함한다. 감사는 대표기관이 아니다.   ○ 정답 ○

25 대표권 없는 이사의 직무에 관한 불법행위의 경우에도 법인의 불법행위책임에 관한 민법 제35조(법인의 불법행위능력)가 적용된다.

○ 해설 대표권이 없는 이사는 법인의 기관이기는 하지만 대표기관은 아니기 때문에 그들의 행위로 인하여 법인의 불법행위가 성립하지 않는다. (대판 2005.12.23. 2003다30159)
○ 정답 ×

26 법인은 이사 기타 대표자가 그 직무에 관하여 타인에게 가한 손해를 배상할 책임이 있고, 여기의 '이사 기타 대표자'에는 법인등기부상 대표자로 등기된 자에 한한다.

○ 해설 제35조 1항의 '법인의 대표자'에는 그 명칭이나 직위 여하, 또는 대표자로 등기되었는지 여부를 불문하고 당해 법인을 실질적으로 운영하면서 법인을 사실상 대표하여 법인의 사무를 집행하는 사람을 포함한다. (대판 2011.4.28. 2008다15438)   ○ 정답 ×

27 행위의 외형상 대표기관의 직무행위라고 인정될 수 있다면, 법령에 위반된 것이라도 직무에 관한 행위에 해당한다.

○ 해설 '직무에 관한 것'이라는 의미는 행위의 외형상 법인의 대표자의 직무행위라고 인정할 수 있는 것이라면 설사 대표자 개인의 사리를 도모하기 위한 것이었거나 혹은 법령의 규정에 위배된 것이었다 하더라도 직무에 관한 행위에 해당한다. (대판 2004.2.27. 2003다15280)
○ 정답 ○

28 대표이사의 불법행위가 법인의 불법행위로 되는 경우에 대표이사는 자기의 불법행위책임을 면한다.

⊙ 해설 이사 기타 대표자가 그 직무에 관하여 타인에게 가한 손해를 가한 경우, 법인은 제35조 1항의 불법행위책임이 있고, 행위자인 이사 기타 대표자도 제750조의 손해배상책임을 면하지 못한다(제35조 1항 후문). 이 경우 양자의 책임은 부진정연대책임이다. ⊙ 정답 ×

29 법인과 이사의 법률관계는 위임 유사의 관계로 볼 수 있고, 위임계약은 각 당사자가 언제든지 해지할 수 있으므로, 법인의 정관에 이사의 해임사유에 관한 규정이 있더라도 법인으로서는 특별한 사정이 없는 이상, 정관에서 정하지 아니한 사유로도 이사를 해임할 수 있다.

⊙ 해설 법인이 정관에 이사의 해임사유 및 절차 등을 따로 정한 경우 그 규정은 이사의 신분을 보장하는 의미도 아울러 가지고 있어 이를 단순히 주의적 규정으로 볼 수는 없다. 따라서 법인으로서는 이사의 중대한 의무위반 또는 정상적인 사무집행 불능 등의 특별한 사정이 없는 이상, 정관에서 정하지 아니한 사유로 이사를 해임할 수 없다. (대판 2013.11.28. 2011다41741)
⊙ 정답 ×

30 정관으로 정한 이사의 수가 여럿인 경우, 특별한 사정이 없는 한 공동으로 법인을 대표한다.

⊙ 해설 이사는 법인의 사무에 관하여 각자 법인을 대표한다(제59조 1항).
⊙ 정답 ×

31 법인의 정관에 대표권의 제한에 관한 규정이 있으면, 그 취지가 등기되지 않은 경우에도 법인은 악의의 제3자에게 대항할 수 있다.

⊙ 해설 법인의 정관에 이사의 대표권 제한에 관한 규정이 있으나, 등기되어 있지 않다면 법인은 그와 같은 정관의 규정에 대하여 선의냐 악의냐에 관계없이 제3자에 대하여 대항할 수 없다. (대판 1992.2.14. 91다24564)
⊙ 정답 ×

32 비법인사단의 대표자가 행한 타인에 대한 업무의 포괄적 위임과 그에 따른 포괄적 수임인의 대행행위는 비법인사단에 대하여 그 효력이 있다.

⊙ 해설 제62조에 비추어 비법인사단의 대표자는 정관 또는 총회의 결의로 금지하지 아니한 사항에 한하여 타인으로 하여금 특정한 행위를 대리하게 할 수 있을 뿐 비법인사단의 제반 업무처리를 포괄적으로 위임할 수는 없다. (대판 2011.4.28. 2008다15438)
⊙ 정답 ×

33 이사가 없거나 결원이 있는 경우에 이로 인하여 손해가 생길 염려 있는 때에는 법원은 이해관계인이나 검사의 청구에 의하여 특별대리인을 선임하여야 한다.

> **해설** 이사가 없거나 결원이 있는 경우에 이로 인하여 손해가 생길 염려 있는 때에는 법원은 이해관계인이나 검사의 청구에 의하여 임시이사를 선임하여야 한다(제63조).　**정답** ×

34 법원의 가처분결정에 의하여 선임된 이사의 직무대행자는 그 가처분결정에 다른 정함이 있는 경우 외에는 법인의 통상업무에 속하는 사무만을 행할 수 있다.

> **해설** 민사집행법 제300조 2항의 임시의 지위를 정하는 가처분은 권리관계에 다툼이 있는 경우에 권리자가 당하는 위험을 제거하거나 방지하기 위한 잠정적이고 임시적인 조치이므로, 가처분결정에 다른 정함이 있는 경우 외에는 법인을 종전과 같이 그대로 유지하면서 관리하는 한도 내의 법인의 통상업무에 속하는 사무만을 행할 수 있다(제60조의2 제1항 본문, 대판 1995.4.14. 94다12371 등 참조)　**정답** ○

35 감사에게는 총회를 소집할 수 있는 권한이 없다.

> **해설** 감사도 감사 업무를 보고할 필요가 있는 경우에는 총회를 소집할 수 있다(제67조 4호)　**정답** ×

36 사원총회를 소집하려고 하는 경우, 1주간 전에 그 회의의 목적사항을 기재한 통지가 도달해야 한다.

> **해설** 총회의 소집은 1주간 전에 그 회의의 목적사항을 기재한 통지를 발하고 기타 정관에 정한 방법에 의하여야 한다(제71조).　**정답** ×

37 소집권한 없는 자에 의해 소집된 종중총회에 소집권자가 참석하여 종중대표자 선임에 관하여 이의를 제기하지 않았다면, 총회소집절차상의 하자가 치유되어 대표자 선임이 유효하게 된다.

> **해설** ⅰ) 소집권한 없는 자에 의한 총회소집이라고 하더라도 소집권자가 소집에 동의하여 그로 하여금 소집하게 한 것이라면 권한 없는 자의 소집이라고 볼 수 없으나, ⅱ) 단지 소집권한 없는 자에 의한 총회에 소집권자가 참석하여 이의를 하지 아니하였다고 하여 총회의 소집절차상의 하자가 치유되어 적법하게 된다고는 할 수 없다. (대판 1994.1.11. 92다40402)　**정답** ×

정관의 변경 / 법인의 소멸

38 사단법인의 사원권의 지위를 양도·상속할 수 없다고 한 민법의 규정은 강행규정이므로, 정관으로 이에 반하는 규정을 둘 수 없다.

○ 해설 사단법인의 사원의 지위는 양도 또는 상속할 수 없다고 규정한 제56조의 규정은 강행규정이라고 할 수 없으므로, 규약이나 관행에 의하여 양도 또는 상속될 수 있다. (대판 1997.9.26. 95다6205)
○ 정답 ×

39 재단법인의 정관에서 정관의 변경방법을 정하지 않은 경우에도, 일정한 요건하에 목적 기타 정관의 규정을 변경할 수 있다.

○ 해설 재단법인의 목적을 달성할 수 없는 때에는 설립자나 이사는 주무관청의 허가를 얻어 설립의 취지를 참작하여 그 목적 기타 정관의 규정을 변경할 수 있다(제46조).
○ 정답 ○

40 재단법인이 그 기본재산을 감소시키는 경우에는 주무관청의 허가가 필요하지만, 그 기본재산을 증가시키는 경우에는 주무관청의 허가를 필요로 하지 않는다.

○ 해설 재단법인의 기본재산의 변경은 정관의 변경을 초래하기 때문에 주무부장관의 허가를 받아야 하고, 기본재산을 처분하는 행위는 물론 새로이 기본재산으로 편입하는 행위도 주무부장관의 허가가 있어야만 유효하다. (대판 1982.9.28. 82다카499)
○ 정답 ×

41 청산종결등기가 행해졌다면 청산사무가 아직 남아있다 하더라도 그 법인의 권리능력은 소멸된다.

○ 해설 법인이 해산한 후에는 제한된 범위 내에서만 권리능력을 가지며 이를 청산법인이라 한다. 법인이 소멸하는 시점은 청산등기가 경료된 때가 아니라, 청산사무가 종결된 때이다.
○ 정답 ×

법인의 등기

42 법인의 설립등기는 법인성립의 요건이지만 그 밖의 등기는 제3자에게 대항하기 위한 요건에 지나지 않는다.

○ 해설 설립등기만이 법인의 성립요건이고(제33조), 나머지 등기는 제3자에 대한 대항요건이다(제54조 1항).   정답 ○

Chapter 12
권리의 객체

Chapter 12 권리의 객체

제1절 부동산과 동산

01. 물건에 관한 설명으로 옳지 않은 것은? 　　세무사 18년

① 저당권설정자의 저당부동산에 관한 차임채권은 법정과실이다.
② 법정과실은 수취할 권리의 존속기간일수의 비율로 취득한다.
③ 국립공원의 입장료는 토지사용의 대가로서 과실에 해당한다.
④ 주물의 소유자가 아닌 다른 사람의 소유에 속하는 물건은 종물이 될 수 없다.
⑤ 전기 기타 관리할 수 있는 자연력은 물건이다.

○ 해설

① (○) 법정과실은 물건의 사용대가로 받는 금전 기타의 물건을 말한다(제101조 2항). 따라서 저당부동산에 대한 차임채권은 법정과실에 해당한다.
② (○) 제102조 2항.
③ (×) 국립공원의 입장료는 토지의 사용대가라는 민법상 과실이 아니라 수익자 부담의 원칙에 따라 국립공원의 유지·관리비용의 일부를 국립공원 입장객에게 부담시키고자 하는 것이다. (대판 2001.12.28. 2000다27749)
④ (○) 종물과 주물의 소유자는 동일인이어야 한다(제100조 1항 참고).
⑤ (○) 제98조【물건의 정의】본법에서 물건이라 함은 유체물 및 전기 기타 관리할 수 있는 자연력을 말한다.

○ 정답 ③

02. 물건에 관한 설명으로 옳지 않은 것은? (다툼이 있으면 판례에 따름) 　　세무사 20년

① 건물의 개수는 공부상의 등록에 의해서만 결정된다.
② 권원에 따라 타인의 토지에 식재한 수목의 집단도 명인방법을 갖추면 독립한 물건이 된다.
③ 독립한 부동산도 종물이 될 수 있다.
④ 당사자는 특약으로 종물만을 별도로 처분할 수 있다.
⑤ 외부적·객관적으로 특정이 가능하다면 유동집합물 전부를 하나의 물건으로 취급할 수 있다.

○ 해설

① (×) 건물의 개수는 토지와 달리 공부상의 등록에 의하여 결정되는 것이 아니라 사회통념 및 거래관념에 따라 물리적 구조, 건물의 상태 등 **객관적 사정**과 건축한 자 또는 소유자의 의사 등 **주관적 사정**을 참작하여 결정된다(대판 1997.7.8. 96다36517).
② (○) 대판 1998.10.28. 98마1817.
③ (○) 종물은 주물로부터 독립한 물건이면 되고, 반드시 동산일 필요는 없다.
④ (○) 제100조 2항은 임의규정이라고 해석되므로, 당사자는 주물을 처분할 때에 특약으로 종물을 제외할 수도 있고 종물만을 따로 처분할 수도 있다(대판 2012.1.26. 2009다76546).
⑤ (○) 대판 2004.11.12. 2004다22858.

○ 정답 ①

03. 민법상 물건에 관한 설명으로 옳지 않은 것은? (다툼이 있으면 판례에 따름) 세무사 23년

① 물건이라 함은 유체물 및 전기 기타 관리할 수 있는 자연력을 말한다.
② 관리할 수 있다는 것은 배타적 지배가 가능하여 거래객체로 될 수 있는 상태를 의미한다.
③ 토지의 정착물은 토지의 일부로 별개의 부동산이 될 수 없다.
④ 동산과 부동산은 그 요건을 달리하여 취득시효의 대상이 된다.
⑤ 부동산 이외의 물건은 동산이다.

○ 해설

① (○) 제98조.
② (○) 물건이 되려면 관리가능성, 즉 배타적 지배가 가능하여 거래객체로 될 수 있어야 한다.
③ (×) 「토지의 정착물」이란 토지에 고정적으로 부착되어 쉽게 이동될 수 없는 물건을 말한다. 토지의 정착물은 ⅰ) 토지와 별개의 독립된 부동산으로 되는 경우(건물 등)도 있고, ⅱ) 토지의 구성부분에 불과하여 독립된 물건으로 다루지 않는 경우(돌담, 도로의 포장 등)도 있다.
④ (○) 일반 점유취득시효의 기간이 부동산의 경우에는 <u>20년</u>이고(제245조 1항), 동산의 경우에는 <u>10년</u>이다(제245조 2항).
⑤ (○) 제99조 2항.

○ 정답 ③

04. 토지와는 별개의 독립한 물건에 해당하지 않는 것은? (다툼이 있으면 판례에 따름) 세무사 17년

① 지하수
② 명인방법이 갖추어진 미분리의 과실
③ 입목에 관한 법률에 의하여 소유권보존등기가 이루어진 수목
④ 최소한의 기둥과 지붕 그리고 주벽으로 이루어진 건축물
⑤ 권원에 의하여 타인의 토지에 식재한 명인방법을 갖춘 수목의 집단

> **○ 해설**
>
> ① (×) 지하수는 토지의 구성부분일 뿐이며, 독립한 물건이 아니다.
> ⑤ (○) 권원에 의하여 식재한 수목의 집단은 명인방법을 갖추면 토지에 부합하지 않으므로(제256조 단서) 독립한 물건에 해당한다.
>
> **○ 정답** ①

05. 물건에 관한 설명으로 옳지 않은 것은? (다툼이 있으면 판례에 따름) 세무사 22년

① 지하의 온천수는 토지의 구성부분이다.
② 동산과 부동산은 그 요건을 달리하지만 모두 취득시효의 대상이 된다.
③ 1필의 토지의 일부에 대해서는 이를 분할하지 않는 한 용익물권을 설정할 수 없다.
④ 입목등기부에 소유권보존등기가 된 수목의 집단은 저당권의 객체가 될 수 있다.
⑤ 건물의 신축공사를 도급받은 수급인이 사회통념상 독립한 건물이라고 볼 수 없는 정착물을 토지에 설치한 상태에서 공사가 중단된 경우, 그 정착물은 토지의 부합물에 불과하다.

> **○ 해설**
>
> ① (○) 지하의 온천수는 토지의 구성부분일 뿐이고, 독립한 물건이 아니다. 따라서 토지 소유권에 복종한다.
> ② (○) 동산과 부동산 모두 취득시효의 대상이 된다(제245조, 제246조).
> ③ (×) 1개의 물건에는 1개의 물권이 성립함이 원칙이지만(일물일권주의), 예외적으로 용익물권(지상권, 지역권, 전세권)의 경우에는 1개 부동산의 일부에 대하여도 성립할 수 있다.
> ④ (○) 입목법에 의하여 입목등기부에 소유권보존등기를 경료한 수목의 집단을 입목이라 한다. 입목은 독립한 부동산으로서 토지와 분리하여 <u>소유권·저당권의 객체가 된다</u>(입목법 제3조 2항).
> ⑤ (○) <u>건물의 신축공사를 도급받은 수급인이 사회통념상 독립한 건물이라고 볼 수 없는 정착물을 토지에 설치한 상태에서 공사가 중단된 경우에 위 정착물은 토지의 부합물에 불과하여 이러한 정착물에 대하여 유치권을 행사할 수 없다.</u> (대판 2008.5.30. 2007마98)
>
> **○ 정답** ③

제1절 부동산과 동산

제2절 주물과 종물

06. 물건에 관한 설명으로 옳지 않은 것은? (다툼이 있으면 판례에 따름) 세무사 21년

① 전기 기타 관리할 수 있는 자연력은 물건이다.
② 원칙적으로 주물의 소유자와 종물의 소유자는 동일인이어야 한다.
③ 명인방법을 갖춘 수목은 독립하여 거래의 객체가 되지 못한다.
④ 당사자는 특약으로 주물과 따로 종물만을 처분할 수 있다.
⑤ 주된 건물의 경제적 효용을 보조하기 위하여 계속적으로 이바지하는 관계에 있는 건물은 종물에 해당한다.

> **해설**

① (○) 제98조.
② (○) 대판 2008.5.8. 2007다36933등.
③ (×) 입목으로 등기하지 않은 수목의 집단은 명인방법(표찰 등을 붙여 소유자가 누구라는 것을 인식할 수 있도록 하는 표시)을 갖춘 때에는 독립한 부동산으로서 토지와 분리하여 소유권·양도담보권의 대상이 된다(대판 1998.10.28. 98마1817 등 참조).
④ (○) 종물은 주물의 처분에 수반된다는 제100조 2항은 임의규정이므로, 당사자는 주물을 처분할 때에 특약으로 종물을 제외할 수 있고 종물만을 별도로 처분할 수도 있다. (대판 2012.1.26. 2009다76546)
⑤ (○) 독립한 물건이면 부동산도 종물이 될 수 있다.

> **정답** ③

07. 물건에 관한 설명으로 옳은 것은? (다툼이 있으면 판례에 따름) 세무사 19년

① 주물과 종물은 법률적 운명을 같이 하므로 1개의 물건이 된다.
② 원상복구가 사회통념상 불가능한 상태에 이른 포락지라 하더라도 토지소유권의 객체가 된다.
③ 관리할 수 있는 자연력은 물건이 아니다.
④ 건물의 대지가 아닌 다른 인접한 필지의 지하에 설치된 정화조는 건물의 구성부분이므로 그 건물의 종물이 아니다.
⑤ 1동의 건물이 구분건물로 구성되어 있더라도 1동의 건물의 일부는 독립한 소유권의 객체가 되지 못한다.

○ 해설

① (×) 종물이 되려면, 주물로부터 독립된 물건이어야 한다. 따라서 주물의 구성부분은 종물이 아니다(대판 1993.12.10. 93다42399).
② (×) 하천에 인접한 토지가 홍수로 인한 하천류수의 범람으로 침수되어 토지가 황폐화되거나 물밑에 잠기거나 항시 물이 흐르고 있는 상태가 계속되고 원상복구가 사회통념상 불가능하게 되면 소위 포락으로 인하여 소유권은 영구히 소멸되는 것이고, 이와 같은 사정은 사권의 소멸을 주장하는 자가 입증하여야한다 (대판 1992.11.24. 92다11176).
③ (×) 민법에서 물건이라 함은 유체물 및 전기 기타 관리할 수 있는 자연력을 말한다(제98조).
④ (○) 건물을 축조하면서 건물의 사용에 필요한 부대시설인 정화조를 그 건물의 대지에 인접하여 있는 다른 필지의 지하에 설치한 경우, 정화조는 독립성이 없어 건물의 구성부분(일부)일 뿐이므로 건물의 종물에 해당하지 않는다. (대판 1993.12.10. 93다42399)
⑤ (×) 1동의 건물의 일부가 독립하여 소유권의 객체가 될 수 있으며, 이를 구분소유라고 한다(제215조).

○ 정답 ④

08. 주물과 종물에 관한 설명으로 옳은 것은? (다툼이 있으면 판례에 따름) 　　세무사 22년

① 종물만을 별도로 처분하기로 하는 당사자 사이의 특약은 효력이 없다.
② 권리 상호간에는 주물과 종물의 관계에 관한 법리가 적용될 수 없다.
③ 어느 건물이 주된 건물의 소유자의 상용에 공여되고 있더라도 주된 건물 그 자체의 효용과 직접 관계가 없으면 종물이 아니다.
④ 종물은 주물의 처분에 따른다고 하는 경우, 그 처분에 채권적 처분은 포함되지 않는다.
⑤ 주물과 종물은 그 법률적 운명을 같이 하므로 하나의 물건이다.

○ 해설

① (×) 종물은 주물의 처분에 수반된다는 제100조 2항은 임의규정이므로, 당사자는 주물을 처분할 때에 특약으로 종물을 제외할 수 있고 종물만을 별도로 처분할 수도 있다. (대판 2012.1.26. 2009다76546)
② (×) 제100조 2항의 종물과 주물의 관계에 관한 법리는 물건 상호 간의 관계뿐 아니라, 권리 상호 간에도 적용된다. (대판 2014.6.12. 2012다92159·92166)
③ (○) 주물의 상용에 이바지 한다 함은 주물 그 자체의 경제적 효용을 다하게 하는 작용을 하는 것을 말하는 것으로서 주물의 소유자나 이용자의 상용에 공여되고 있더라도 주물 그 자체의 효용과는 직접 관계없는 물건은 종물이 아니다(대판 1985.3.26. 84다카269).
④ (×) 제100조 2항의 "종물은 주물의 처분에 따른다"에서의 「처분」은, 소유권 양도·제한물권의 설정과 같은 물권적 처분뿐만 아니라 매매·대차와 같은 채권적 처분도 포함하는 넓은 의미이다.
⑤ (×) 독립성이 없는 경우에는 종물이 될 수 없다. 즉 주물의 구성부분 내지 부합물이 될 뿐이다. 종물은 독립성이 있으므로 주물과는 별개의 물건이다.

○ 정답 ③

09. 주물·종물의 법리에 관한 설명으로 옳은 것은? (다툼이 있으면 판례에 따름) 세무사 19년

① 주물 그 자체의 효용과 직접 관계가 없더라도 주물의 소유자나 이용자의 상용에 공여되고 있다면 종물이 된다.
② 원본채권이 양도되면 이미 변제기에 도달한 이자채권도 당연히 함께 양도된다.
③ 건물에 대한 저당권이 실행된 경우, 건물의 소유권이 경락인에게 이전되더라도 그 건물의 소유를 위한 대지의 임차권은 함께 이전되지 않는다.
④ 주물을 점유하여 시효취득하면 점유하지 않은 종물도 시효취득 한다.
⑤ 종물은 주물의 처분에 따른다고 하였을 때 처분에는 물권적 처분뿐만 아니라 채권적 처분도 포함된다.

> **해설**

① (×) 주물의 상용에 이바지 한다 함은 주물 그 자체의 경제적 효용을 다하게 하는 작용을 하는 것을 말하는 것으로서 주물의 소유자나 이용자의 상용에 공여되고 있더라도 주물 그 자체의 효용과는 직접 관계없는 물건은 종물이 아니다(대판 1985.3.26. 84다카269).

② (×) 이자채권은 원본채권에 대하여 종속성을 갖고 있으나 이미 변제기에 도달한 이자채권은 원본채권과 분리하여 양도할 수 있고 원본채권과 별도로 변제할 수 있으며 시효로 인하여 소멸되기도 하는 등 어느 정도 독립성을 갖게 되는 것이므로, 원본채권이 양도된 경우 이미 변제기에 도달한 이자채권은 원본채권의 양도당시 그 이자채권도 양도한다는 의사표시가 없는 한 당연히 양도되지는 않는다(대판 1989.3.28. 88다카12803).

③ (×) 건물의 소유를 목적으로 하여 토지를 임차한 사람이 그 토지 위에 소유하는 건물에 저당권을 설정한 때에는 제358조 본문에 따라서 저당권의 효력이 건물뿐만 아니라 건물의 소유를 목적으로 한 토지의 임차권에도 미친다고 보아야 할 것이므로, 건물에 대한 저당권이 실행되어 경락인이 건물의 소유권을 취득한 때에는 특별한 다른 사정이 없는 한 건물의 소유를 목적으로 한 토지의 임차권도 건물의 소유권과 함께 경락인에게 이전된다(대판 1993.4.13. 92다24950).

④ (×), ⑤ (○) 제100조 2항의 '주물의 처분에 따른다'에서 '처분'이라 함은 ⅰ) 물권적 처분(소유권 양도, 제한물권 설정)과 채권적 처분(매매, 임대차)을 포함하며, ⅱ) 법률적 운명을 같이 한다는 취지이므로 법률행위에 의한 경우뿐만 아니라 공법상의 처분(주물에 대한 압류의 효력은 종물에도 미침)도 포함한다. ⅲ) 그러나 점유 기타 사실관계에 기한 권리의 득실변경에는 적용되지 않는다(주물의 점유시효취득은 종물에 미치지 않고, 주물에 대한 유치권의 효력은 종물에 미치지 않는다).

> **정답** ⑤

제3절 원물과 과실

10. 원물과 과실에 관한 설명으로 옳지 않은 것은? (다툼이 있으면 판례에 따름) 　세무사 21년

① 천연과실에는 유기물과 인공적·무기적으로 수취되는 물건도 포함된다.
② 전세권자는 천연과실의 수취권자가 될 수 있다.
③ 주식배당금은 법정과실이다.
④ 국립공원의 입장료는 토지의 사용대가라는 민법상 과실이 아니다.
⑤ 법정과실은 수취할 권리의 존속기간일수의 비율로 취득한다.

○ 해설

① (○) 과일, 곡물, 가축의 새끼 등 자연적·유기적으로 수취되는 것뿐만 아니라 석재, 흙, 모래 인공적·무기적으로 수취되는 것도 천연과실이다.
② (○) 제303조 1항 참조.
③ (×) 민법상 법정과실은 물건의 사용대가로 받는 금전 기타의 물건이다. 따라서 일종의 권리의 과실인 주식배당금은 법정과실이 아니다.
④ (○) 대판 2001.12.28. 2000다27749.
⑤ (○) 제102조 2항.

○ 정답 ③

11. 원물과 과실에 관한 설명으로 옳은 것은?　(다툼이 있으면 판례에 따름)　세무사 20년

① 물건의 용법에 의하여 수취하는 산출물은 법정과실이다.
② 토지의 사용대가인 지료는 법정과실이 아니다.
③ 국립공원의 입장료는 민법상 과실이다.
④ 물건의 소유자가 아니면 과실수취권을 가질 수 없다.
⑤ 미분리의 과실은 명인방법을 갖춘 경우 독립한 소유권의 객체가 될 수 있다.

◦ 해설

① (×) 천연과실이다(제101조 1항).
② (×) 법정과실이라 함은 물건의 사용대가로 받는 금전 기타의 물건을 말한다(제101조 2항). 따라서 토지라는 물건의 사용대가인 지료는 대표적인 법정과실이다.
③ (×) 국립공원의 입장료는 수익자 부담의 원칙에 따라 국립공원의 유지·관리비용의 일부를 입장객에게 부담시키는 것이지, 토지의 사용대가가 아니므로 민법상 과실이 아니다. (대판 2001.12.28. 2000다27749)
④ (×) 소유권이외에 대체로 물건에 대한 사용·수익을 내용으로 하는 권리의 경우 과실수취권이 인정된다. 지상권자, 전세권자, 사용차주, 임차인 등이 그 예이다. 그밖에 선의의 점유자(제201조), 매도인(제587조), 친권자(제923조) 등에게도 인정된다.
⑤ (○) 미분리의 과실은 수목의 일부에 지나지 않지만, 판례는 이것도 명인방법을 갖춘 때에는 독립한 물건으로서 거래의 목적이 될 수 있다고 한다.

◦ 정답 ⑤

12. 민법상 물건에 관한 설명으로 옳지 않은 것은? (다툼이 있으면 판례에 따름)   세무사 17년

① 무기명채권은 부동산이 아니므로 동산에 해당한다.
② 독립한 부동산도 종물이 될 수 있다.
③ 물건의 용법에 따라 수취하는 산출물은 천연과실이다.
④ 토지의 사용대가로 받는 차임은 법정과실이다.
⑤ 주물의 소유자나 이용자의 사용에 제공되고 있는 물건이라 하더라도, 주물 그 자체의 경제적 효용과 직접적인 관련이 없는 것은 종물이 아니다.

◦ 해설

① (×) 무기명채권은 물건이 아니다. 따라서 동산도 부동산도 아니다. 권리일 뿐이다.
② (○) 주물·종물 모두 동산이든 부동산이든 무방하다.
③ (○) 제101조 1항.
④ (○) 물건의 사용대가로 받는 금전 기타의 물건은 법정과실로 한다(제101조 2항). 따라서 토지의 사용대가로 받는 차임은 법정과실에 해당한다.
⑤ (○) 제100조가 규정하는 종물이기 위하여는 주물의 상용에 이바지하는 관계에 있어야 하고, 주물의 상용에 이바지한다 함은 주물 그 자체의 경제적 효용을 다하게 하는 것을 말하는 것으로서, 주물의 소유자나 이용자의 사용에 공여되고 있더라도 주물 그 자체의 효용과 직접 관계가 없는 물건은 종물이 아니다(대판 2000.11.2. 2000마3530). 따라서 호텔의 각 방실에 시설된 TV, 전화기, 냉장고 등은 위 호텔의 경영자나 이용자의 상용에 공여됨은 별론으로 하고 주물인 호텔 자체의 경제적 효용에 직접 이바지 하지 아니하므로 종물이라고 할 수 없다(대판 1985.3.26. 84다카269).

◦ 정답 ①

13. 주물과 종물 및 원물과 과실에 관한 설명으로 옳은 것은? (다툼이 있으면 판례에 따름)

세무사 23년

① 민법상 주물의 소유자와 종물의 소유자는 동일인이 아니어도 된다.
② '종물은 주물의 처분에 따른다'는 법리는 압류와 같은 공법상의 처분에도 적용된다.
③ 물건의 사용대가로 받은 물건은 천연과실이다.
④ 천연과실은 그 원물로부터 분리하는 때 수취할 권리의 존속기간일수의 비율로 취득한다.
⑤ 민법상 법정과실의 수취에 관한 규정은 강행규정이다.

○ 해설

① (×) 주물과 다른 사람의 소유에 속하는 물건은 종물이 될 수 없다(대판 2008.5.8. 2007다36933).
② (○) 제100조 2항의 '주물의 처분에 따른다'에서 '처분'이라 함은 ⅰ) 물권적 처분(소유권 양도, 제한물권 설정)과 채권적 처분(매매, 임대차)을 포함하며, ⅱ) 법률적 운명을 같이 한다는 취지이므로 법률행위에 의한 경우뿐만 아니라 공법상의 처분(주물에 대한 압류의 효력은 종물에도 미침)도 포함한다. ⅲ) 그러나 점유 기타 사실관계에 기한 권리의 득실변경에는 적용되지 않는다(주물의 점유시효취득은 종물에 미치지 않고, 주물에 대한 유치권의 효력은 종물에 미치지 않는다).
③ (×) 천연과실은 물건의 용법에 의하여 수취하는 산출물이다(제101조 1항). 반면에 물건의 사용대가로 받는 금전 기타의 물건은 법정과실이다(제101조 2항).
④ (×) 천연과실은 그 원물로부터 분리하는 때에 이를 수취할 권리자에게 속한다(제102조 1항). 반면에 법정과실은 수취할 권리의 존속기간일수의 비율로 취득한다(제102조 2항).
⑤ (×) 과실수취에 관한 민법상 규정은 임의규정이다.

○ 정답 ②

필수지문 OX

물건의 요건 / 부동산과 동산

01 토지등기부에 분필등기가 되면 「공간정보의 구축 및 관리 등에 관한 법률」이 정하는 바에 따른 분할절차를 밟지 않아도 분필의 효과가 발생한다.

해설 토지의 개수는 지적법(現, 공간정보의 구축 및 관리 등에 관한 법률)에 의한 지적공부상의 토지의 필수를 표준으로 하여 결정되므로, 등기부에만 분필의 등기가 이루어졌다고 하여도 분필의 효과가 발생할 수 없다. (대판 1995.6.16. 94다4615)

정답 ×

02 어떤 토지가 지적공부상 1필의 토지로 등록되면 특별한 사정이 없는 한, 그 경계는 지적도상의 경계에 의하여 특정된다.

해설 지적도를 작성함에 있어서 기술적 착오로 말미암아 지적도상의 경계선이 진실한 경계선과 다르게 작성되었다는 등의 특별한 사정이 없는 한 토지 소유권의 범위는 현실의 경계에 관계없이 지적공부상의 경계에 의하여 확정되어야 한다. (대판 2012.1.12. 2011다72066)

정답 ○

03 입목에 관한 법률에 의하여 소유권보존등기가 마쳐진 입목은 토지와 분리하여 양도될 수 있으나, 저당권의 객체는 될 수 없다.

해설 입목법(입목에 관한 법률)에 의하여 입목등기부에 소유권보존등기를 경료한 수목의 집단을 입목이라 한다. 입목은 독립한 부동산으로서 토지와 분리하여 소유권·저당권의 객체가 된다(입목법 제3조 2항).

정답 ×

04 소유자가 자신의 임야에 있는 자연석을 조각하여 석불을 제작한 경우, 그 석불은 임야와 독립된 소유권의 객체가 될 수 없다.

해설 임야에 있는 자연석을 조각하여 제작한 석불은 그 임야의 일부분을 구성하는 것이라고는 할 수 없고, 임야와 독립된 소유권의 대상이 된다. (대판 1970.9.22. 70다1494)

정답 ×

05 토지소유자의 승낙을 얻지 않고 권원 없이 그 토지 위에 식재한 수목은 토지에 부합한다.

> **해설** 판례는 경작자의 권원유무에 상관 없이 토지에 부합하지 않고, 독립된 부동산으로서 경작자가 원시취득한다고 본다(명인방법도 不要). 반면에 권원 없이 식재한 수목은 타인의 토지에 부합하여 토지의 일부가 된다.
> **정답** ○

06 타인의 농지를 권원 없이 경작한 경우 그 농작물은 경작자의 소유에 귀속되는데, 두 사람이 서로 자기에게 경작권이 있다며 동일한 농지를 공동으로 권원 없이 경작한 경우, 먼저 명인방법을 갖춘 사람이 그 농작물의 소유권을 취득한다.

> **해설** 타인의 농지를 가사 권원 없이 경작을 하였다 하여도 그 경작으로 인한 입도는 명인방법을 갖추었는지의 여부에 상관없이 그 경작자의 소유에 귀속되고 피차 자기에게 경작권이 있다 하여 동일한 농지를 서로 경작함으로써 결국 동일한 농지를 공동경작을 한 경우에는 그 입도에 대한 소유권은 위의 공동경작자의 공유에 속한다. (대판 1967.7.11. 67다893)
> **정답** ×

07 단층건물의 신축공사를 도급받은 수급인이 사회통념상 독립한 건물이라고 볼 수 없는 정착물을 토지에 설치한 상태에서 공사가 중단된 경우, 그 정착물은 토지의 부합물에 불과하다.

> **해설** 건물의 신축공사를 도급받은 수급인이 사회통념상 독립한 건물이라고 볼 수 없는 정착물을 토지에 설치한 상태에서 공사가 중단된 경우, 위 정착물은 토지의 부합물에 불과하여 이러한 정착물에 대하여 유치권을 행사할 수 없다. (대판 2008.5.30. 2007마98)
> **정답** ○

08 명인방법을 갖춘 미분리의 과실은 타인의 소유권의 객체가 될 수 있다.

> **해설** 미분리의 과실은 ⊙ 원칙적으로는 수목의 일부일 뿐이며, 독립한 물건이 아니다. ⓒ 그러나 명인방법을 갖추면 독립한 물건으로 다룬다. 즉, 토지로부터 독립한 소유권의 객체가 된다.
> **정답** ○

09 특별한 사정이 없는 한, 토지의 일부에 대해서는 전세권을 설정할 수 없다.

> **해설** 독립된 1개의 물건에 대하여는 1개의 물권이 성립한다(1물1권주의). 그러나 예외적으로 제한물권(지상권, 지역권, 전세권)은 1개의 물건의 일부에 대하여도 성립할 수 있다.
> **정답** ×

주물과 종물

10 주물의 소유자나 이용자의 사용에 공여되고 있더라도 주물 그 자체의 효용과 직접 관계가 없는 물건은 종물이 아니다.

○해설 제100조의 '주물의 상용에 이바지한다'함은 주물 그 자체의 경제적 효용을 다하게 하는 것을 말하는 것으로서, 주물의 소유자나 이용자의 사용에 공여되고 있더라도 주물 그 자체의 효용과 직접 관계가 없는 물건은 종물이 아니다. (대판 2000.11.2. 2000마3530)
○정답 ○

11 주물이 부동산인 경우, 종물은 반드시 동산이어야 한다.

○해설 독립된 물건이기만 하면, 건물(주물)에 딸려 있는 창고(종물)처럼 부동산도 종물이 될 수 있다.
○정답 ×

12 건물을 축조하면서 건물의 사용에 필요한 부대시설인 정화조를 그 건물의 대지에 인접하여 있는 다른 필지의 지하에 설치한 경우, 위 정화조는 위 건물의 상용에 공하기 위하여 건물에 부속시킨 시설물로서 위 건물에 대한 종물로 보아야 한다.

○해설 정화조는 독립된 물건이라고 할 수 없어 건물의 구성부분일 뿐이다. (대판 1993. 12.10. 93다42399)
○정답 ×

13 "종물은 주물의 처분에 따른다."라는 「민법」 제100조 제2항은 임의규정이다.

○해설 종물은 주물의 처분에 수반된다는 제100조 2항은 임의규정이므로, 당사자는 주물을 처분할 때에 특약으로 종물을 제외할 수 있고 종물만을 별도로 처분할 수도 있다. (대판 2012.1.26. 2009다76546)
○정답 ○

14 주물 위에 저당권이 설정된 경우 그 저당권의 효력은 설정 당시에 존재하는 종물에 한하여 인정된다.

○해설 주물 위에 저당권이 설정된 경우에는 저당권의 효력은 종물에도 미친다(제358조). 저당권 설정 전에 종물로 되었는지 그 후에 종물로 되었는지를 묻지 않는다(대판 1971.12.10. 71마757).
○정답 ×

15 저당권의 실행으로 부동산이 경매된 경우, 그 부동산에 부합된 물건의 소유권은 매각대금을 다 낸 매수인이 취득한다.

> **해설** 주물 위에 저당권이 설정된 경우에는 저당권의 효력은 종물에도 미치므로(제358조), 경매로 인하여 매수인이 매각대금을 완납하면 경매목적물뿐만 아니라, 그 부합물에 대하여 이전등기를 경료하지 않아도 매각대금 완납시에 그 소유권을 취득한다. **정답** ○

16 건물에 대한 저당권의 효력은, 특별한 사정이 없는 한, 그 건물의 소유를 목적으로 하는 지상권에도 미친다.

> **해설** 제358조 본문은 "저당권의 효력은 저당부동산에 부합된 물건과 종물에 미친다"고 규정하고 있는바, 이 규정은 저당부동산에 종된 권리에도 유추적용된다. (대판 1995.8.22. 94다12722) **정답** ○

17 주물이 인도되어 질권의 목적물로 된 경우 종물 역시 질권자에게의 인도여부와 관계없이 질권의 효력을 받는다.

> **해설** ⅰ) 제100조 2항을 종물에 관한 제187조의 '법률규정'으로 이해해서는 안 된다(양창수·권영준 276면; 김병재 주해2권 71면은 반대) ⅱ) 따라서 주물에 질권이 법률행위로 설정된 경우 별도로 종물의 인도가 필요하며(제330조), ⅲ) 건물소유권이 법률행위로 양도된 경우, 토지사용권으로서 임차권 양도는 인정되지만, 토지사용권으로서 지상권은 제186조의 일반원칙에 따라 지상권이전의 부기등기를 요한다. **정답** ×

18 특별한 사정이 없는 한, 원본채권이 양도된 경우에 그 원본채권에서 발생한 이자채권 중 변제기에 도달한 이자채권은 당연히 양수인에게 양도된다.

> **해설** 원본채권이 주된 권리이고 이자채권은 종된 권리이다. 그러므로 주물종물이론에 따라 원본채권이 양도되면 이자채권도 함께 양도된다. 다만, 이미 변제기에 도달한 이자채권은 완전히 독립된 채권으로 별도로 함께 양도한다는 특별한 약정이 없는 한 양수인에게 양도되지 않는다. **정답** ×

원물과 과실

19 하나의 원물에 관하여 소유권자와 용익권자가 경합하는 경우에 용익권자의 과실수취권이 우선한다.

○ 해설 법률규정상 원물 소유자 이외의 자가 과실수취권을 가지는 경우로는 선의의 점유자(제201조), 지상권자(제279조), 전세권자(제303조), 유치권자(제323조), 질권자(제343조), 저당부동산을 압류한 저당권자(제359조), 아직 목적물을 인도하지 아니한 매도인(제587조), 사용차주(제609조), 임차인(제618조), 친권자(제923조), 수증자(제1079조) 등이다. 한편 소유권과 제한물권이 충돌하는 경우 제한물권이 우선한다. ○ 정답 ○

20 임금은 법정과실이다.

○ 해설 법정과실이란, 물건의 사용대가로 받는 금전 기타의 물건을 말한다(제101조 2항). 그 예로는 건물사용 대가인 차임, 토지사용 대가인 지료, 금전사용 대가인 이자 등이 있다. 임금은 노동의 대가일 뿐이고, 물건의 사용대가가 아니므로 물건이 아니다. ○ 정답 ×

21 천연과실은 수취할 권리의 존속기간 일수의 비율로 취득한다.

○ 해설 법정과실은 수취할 권리의 존속기간일수의 비율로 취득한다(제102조 2항). 임의규정이므로 당사자가 다른 약정을 할 수는 있다. ○ 정답 ×

고 태 환

【저자약력】
- 고려대학교 법과대학 법학과 졸업
- 고려대학교 일반대학원 법학과 석사과정 수료(민법전공)
- 전) 베리타스 법학원 사법시험 민법 전임
- 전) 프라임 법학원 사법시험·변호사시험·법원행정고등고시 민법·민사소송법 전임
- 전) 합격의 법학원 법무사시험 민법·민사소송법 전임
- 현) 시대고시 법무사시험 민사집행법 전임
- 현) 윌비스 한림법학원 경찰간부후보생시험 민법 전임
- 현) 합격의 법학원 변리사시험 민법 전임
- 현) 에듀윌 세무사시험 민법 전임
- 충북대, 인하대, 제주대 등 지역인재 특강

【주요저서】
- 로스쿨 민법 (2009, 베리타스 +L)
- Racing 기본법전 (2013, 도서출판 열공)
- 신민법강의와 함께 보는 민법기출 몽땅 (2014, 도서출판 열공)
- Racing 조문판례 가족법 (제2판, 2015, 도서출판 열공)
- Racing 조문판례 민법 (제6판, 2017, 도서출판 열공)
- 도깨비 민사소송법 (2017, 도서출판 학연)
- 헌법조문 및 부속법령과 판례 (2020, 법률저널)
- 공인노무사 민법 (2021, 법률저널)
- 세무사 상법 (2021, 좋은책)
- 세무사 객관식 민법 (2023, 좋은책)
- 리딩판례와 함께 보는 민법조문 (2021, 에듀비)
- 변리사 일기일회OX (제2판, 2022, 에듀비)
- 변리사 논점정리 10개년기출문제해설 (제3판, 2023, 에듀비)
- 변리사 기본민법 (제3판, 2023, 에듀비)
- 세무사 민법(제3판)(2023. 글샘) 등 다수

세무사 객관식 민법

발행일 : 2023년 8월 10일 (제3판)
발행인 : 이 기 철
발행처 : 도서출판 글 샘
주　소 : 서울시 관악구 호암로 582 B01호(신림동, 해동빌딩)
연락처 : 전화 : 02-6338-9423, 010-3771-9423. 팩　스 : 02-6280-9423
등록일 : 2017.08.30. 제2017-000052호
E-mail : gulsam2017@naver.com

저자와 협의하여 인지를 생략함

파본은 바꿔드립니다. 본서의 무단전제·복제 행위를 금합니다.
정가 : 28,000원　ISBN : 979-11-88946-90-7(93360)

「이 도서의 국립중앙도서관 출판시도서목록(CIP)은 서지정보유통지원시스템 홈페이지(http://seoji.nl.go.kr)와 국가자료공동목록시스템(http://www.nl.go.kr/kolisnet)에서 이용하실 수 있습니다